KB213034

글로벌 항공객실업무론
Global Airline Cabin Service

글로벌 항공객실업무론

Global Airline Cabin Service

김미영·서효원·손태복·신경희·유정선·이은희
이지윤·전진명·정희경·최수형·한서윤

일러두기

본 교재는 항공사 객실 승무원에 관한 전반적인 학습과 IATAInternational Air Transport Association의 항공객실 관련 자격증 취득을 위한 내용을 다루고 있습니다. IATA 공인교육센터Authorized Training Center의 국내 교육과 관련된 자격증 취득을 목적으로 출간되었습니다. 이 교재는 IATA Airline Cabin Crew Training의 내용을 바탕으로 구성되었으며, 최신판 교재나 규정 변경 사항을 참고하여 작성되었습니다.

교재는 항공사 객실 승무원으로서 필요한 지식과 기술을 체계적으로 제공하며, 실제 업무에 필요한 다양한 사례와 정보를 포함하고 있습니다. 학습자는 이 교재를 통해 항공사 객실 승무원으로서의 기본적인 업무 절차, 고객 서비스 기술, 비상 상황 대처 방법 등을 익힐 수 있습니다. 또한, 최신 항공 산업 동향과 규정을 반영하여 학습자들이 항공사 승무원으로서의 전문성을 갖추도록 돕고자 합니다.

관련 자격증 정보는 IATA 국제(글로벌) 자격증은 Airline Cabin Crew Training으로, IATA에서 주관하며 영어 시험(캐나다, 몬트리올, 년 6회, 온라인시험)으로 진행됩니다. 민간 자격증은 IATA 공인교육센터에서 주관하며 수시 및 단체 시험(대학이나 교육기관)으로 한국어 시험으로 진행됩니다.

머리말

항공산업은 글로벌 경쟁이 가속화되는 형태로 빠르게 발전해 왔으며 항공사 간의 경쟁은 더욱 더 치열해지고 있습니다. 항공사는 경쟁우위를 확보하기 위하여 최신기종 도입, 편리한 스케줄, 서비스 품질 향상 등의 경쟁력을 강화하고 있습니다. 그 중에서도 항공사 서비스 품질과 관련하여 핵심역량을 갖춘 인적자원 확보와 관리의 중요성이 더욱 더 중요해지고 있습니다.

항공사 객실승무원은 고객만족 형성에 중요한 업무를 담당하는 최일선 직원으로서 항공산업의 흐름에서 융합적인 역할을 수행해야 하므로 다면적 사고가 필요합니다. 항공객실승무원의 역할을 정확하게 이해하기 위해서는 초기 항공산업의 발전부터 현재의 운영까지 글로벌 항공객실업무에 대해 심도있고 체계적으로 분석하고 연구해야 합니다. 이를 위해 본 교재는 글로벌 항공객실업무의 다차원적 역량을 향상시키기 위해 고안되었으며 이론적 통찰력과 현장실무 내용이 혼합되어 있습니다.

본 교재에서는 이를 총 10개의 장으로 구성하여 항공산업의 이해, 항공운송 및 비행운영, 승무원의 책임과 협동, 비정상 및 비상 상황 관리, 의료 응급상황, 위험물, 항공보안, 고객 서비스와 승객과의 상호 작용, 케이터링 및 기내 소매 서비스, 객실 승무원의 경력개발로 구분하여 기술하였습니다. 또한 저자 일동은 현장 관점과 통찰력을 제공하여 학문적 이론과 현장 실무 간의 격차를 해소하였습니다.

해당 분야의 학습자, 교육자 및 전문가에게 귀중한 리소스가 되기를 희망합니다. 항공산업은 역동적이고 끊임없이 변화하고 있으며 그 중 글로벌 항공객실업무는 지속가능한 성장을 위해 매우 중요합니다. 우리는 본 교재가 독자들에게 자신의 역할을 탁월하게 수행하고 항공산업의 발전에 기여할 수 있는 지식, 기술 및 성장 활력을 제공할 것이라고 확신합니다.

본서를 통해 항공산업의 미래를 새롭게 그려가는 주역으로 성장하는 데 있어 도움이 되기를 바랍니다. 감사합니다.

2024년 8월
저자

차례

제1장

항공산업의 이해

1 항공산업 발전의 이해

1) 항공기

수상비행기, Sikorsky S-42

항공기의 초기 발전은 20세기 초에 시작되었다. 이 시기 지속적인 제어가 가능한 첫 항공기가 등장하며, 승객을 태우고 짧은 비행을 하는 것이 항공산업의 새로운 장을 열었다. 세계 최초의 상업 항공 서비스는 1914년 미국 플로리다에서 시작되었으며, 세인트피터즈버그에서 탬파로의 18마일을 23분 만에 수상비행기로 비행하며, 기차로 11시간 걸리던 거리를 단축시켜 항공 운송의 속도와 효율성을 증명했다.

제1차 세계대전은 항공기 기술 발전의 중요한 계기가 되었다. 전쟁 동안 개발된 강력한 엔진은 군용 항공기의 속도를 크게 증가시켰으며, 전쟁 후에는 많은 군용 항공기가 민간 항공기로 개조되어 상업적으로 사용되기 시작했다. 이는 항공 운송의 본격적인 시작을 알렸다.

1918년에 시작된 첫 항공 우편 서비스는 미국 내에서 빠른 확장을 경험하며, 항공을 통한 신속한 통신과 우편 운송이 가능해졌다. 이는 항공 우편 서비스의 상업적 가치와 운송 속도의 장점을 입증하는 중요한 발전이었다.

1933년 보잉 247의 출시는 항공 여행의 장거리 비행에 중요한 영향을 미쳤다. 이 항공기는 속도와 안전성이 향상되었으며, 기내 온도 조절, 에어컨, 소음 방지 시설을 갖추고 있어 승객의 편안함을 크게 향상시켰다.

Boeing 247

또한, 1936년에 출시된 더글러스 DC-3은 승객에게 따뜻한 음식을 제공할 수 있는 조리

실을 갖춘 최초의 항공기 중 하나였으며, 초기에 21명의 승객을 수용할 수 있었다.

제트 시대의 시작은 1940년대 후반으로, 항공기 제조업체들은 높은 고도에서 매우 빠르게 여행할 수 있는 기압 조절이 가능한 제트라이너의 제조를 시작했다.

더글러스 DC-3

영국 드하빌랜드는 1949년에 첫 승객용 제트 항공기를 제조하였고, 이는 1952년에 서비스를 시작하여 대서양을 빠르게 횡단하는 능력을 보여주었다.

드하빌랜드

보잉 707은 1958년에 도입되어 대서양 횡단 서비스를 시작하며 항공 여행의 새로운 시대를 열었다. 이 항공기는 140명에서 189명의 승객을 수용할 수 있었으며, 두 배 반 더 큰 보잉 747은 416명을 수용할 수 있는 기능을 갖추고 있었다. 이 두 모델은 전 세계 항공 여행의 양상을 변화시켰다.

보잉 707

최근의 항공기는 연료 효율성과 환경 보호를 강조하며, 에어버스 380과 보잉 787 드림라이너, 에어버스 350 같은 항공기는 기술적 혁신과 함께 운영의 효율성을 증가시켰다.

보잉 747-200

에어버스 380

에어버스 350

항공기의 경량화, 재활용 가능한 재료 사용, 대체 연료 개발 등이 주요한 연구 분야로, 항공산업의 지속 가능성과 비용 효율성 향상에 기여하고 있다. 이러한 진보는 현대 항공산업의 지향점을 명확히 하며, 항공 여행의 미래 방향을 제시하고 있다.

2) 항공사

세계 최초의 항공사는 1909년 11월 16일 독일에서 설립된 DELAG로, 주로 관광 목적으로 비행을 시작하였다. 이후 베를린에서 독일 서부로 운항하며 항공 교통의 가능성을 탐색했다. 1920년대에는 전 세계적으로 다수의 항공사가 설립되었고, 이 중 KLM 네덜란드 항공, 호주의 콴타스 항공, 콜롬비아의 아비앙카 항공, 체코항공 등은 오늘날까지도 운영 중이다. 이들 항공사의 출현은 초기에 많은 도전에 직면했음에도 불구하고 항공 여행의 잠재성을 입증했다.

1952년까지는 항공사들이 일등석만을 제공하였지만, 좌석 등급제 도입으로 투어리스트 클래스와 코치 클래스(일반석)가 생겨나 항공 여행이 대중화되기 시작했다.

1950년대 후반
TWA Super Constellation의 일등석

이에 따라 평균 항공 요금이 20~25% 저렴해졌고, 좌석 배치는 일등석에 비해 25% 더 많은 승객을 수용할 수 있게 되었다. 이는 항공 여행을 더 많은 사람들에게 접근 가능하게 만들었고, 항공사 서비스의 다양성을 증가시켰다.

이지젯의 에어버스 319

예를 들어, 영국의 저비용 항공사인 이지젯은 유럽 전역의 노선에서 스타벅스 커피를 제공함으로써 큰 투자 없이도 승객 만족도를 높일 수 있었다.

터키항공은 대륙 간 횡단 비행에서 승객에게 초고속 무선 인터넷을 무료로 제공하는 최초의 항공사가 되어, 장시간 비행 중 피로를 줄이고 승객 경험을 향상시켰다.

현대 항공산업의 중요한 발전 중 하나는 디지털 기술의 통합이다. 많은 항공사들이 종이 기반의 일상 업무를 디지털 태블릿으로 대체하여 환경을 보호하고 비용을 절감하는 동시에 고객 서비스의 질을 향상시켰다. 이러한 기기는 승객 데이터와 비행 정보 관리를 용이하게 하며, 필요한 서비스를 신속하게 제공할 수 있도록 도와준다.

항공업계는 또한 여러 항공사 간의 제휴를 통해 승객이 원활하게 여행할 수 있게 하고 있다. 대표적인 항공 공동체로는 Star Alliance, Oneworld, Sky Team이 있으며, 이들은 전 세계 항공 일정의 대부분을 담당하고 있다. 이러한 제휴는 승객에게 다양한 비행 옵션을 제공하며, 여러 목적지로 일관된 여행 경험을 가능하게 한다.

Star Alliance, Oneworld, Sky Team

항공사들은 또한 고객 중심의 혁신적 서비스 개발을 통해 시장에서의 성공을 도모하고 있다. 이를 통해 항공 여행은 단순한 이동 수단을 넘어, 편안하고 즐거운 경험을 제공하는 서비스 산업으로 자리 잡고 있다. 이러한 발전은 객실 승무원들의 헌신적인 노력과 지속적인 지원 없이는 불가능할 것이다.

3) 객실승무원

세계 최초의 객실승무원은 1912년 독일의 항공사에서 고용된 하인리히 쿠비스였다. 그는 베를린에서 독일 내 여러 지역으로 운항하는 관광 여행용 항공편에서 서비스를 담당했다. 초기에는 쿠비스 혼자서 모든 서비스를 수행했으나, 업무 증가로 요리사와 보조 직원들이 팀에 합류했다. 특히 한덴부르크 항공기는 72명의 승객을 수용할 수 있었으며, 1937년 착륙 시도 중 폭발해 큰 참사로 이어졌지만, 쿠비스는 승객과 승무원이 안전하게 대피할 수 있도록 도왔다.

하인리히 쿠비스

1922년 영국의 다임러 에어웨이는 크로이던에서 파리로 첫 비행을 시작하며 '캐빈보이즈'를 도입했다. 이들은 체크인, 우편물 및 수하물 관리를 담당했다. 1930년에는 보잉 항공운송이 간호사 출신의 엘렌 처치를 고용하면서 '스튜어디스'라는 개념을 도입했으며, 이는 객실승무원의 역할이 확대되는 계기가 되었다.

엘렌 처치

미국의 대공황 기간 동안, 객실승무원은 주로 여성들이 지원하는 직업이었다. 1935년 한 광고에는 2,000명의 여성이 지원했다. 당시의 객실승무원은 엄격한 신체 기준에 따라 선발되었으며, 연간 네 번의 신체검사를 통과해야 했다.

1930년, 보잉항공수송회사의
최초 승무원들

1950년대에는 여러 항공사와의 제휴를 통해 승객이 더욱 편리하게 여행할 수 있게 되었다. 이제 승객은 하나의 항공권으로 여러 목적지로 여행할 수 있으며, 여러 항공사를 이용해도 체크인이나 짐 문제로 불편을 겪지 않았다. 이런 제휴는 승객에게 다양한 비행 옵션을 제공하며, 서로 다른 항공사 간에 서비스 수준을 일치시키기 위한 노력이 지속되고 있다.

현재는 '스튜어디스' 대신 '객실승무원'이라는 성 중립적인 용어가 사용되며, 응급 상황에서 승객을 도우며 치료하는 것이 주 역할이었다.

현대 항공산업에서 객실승무원의 역할은 전문화되고 다양화되었다. 항공 보안 규정 강화 이후 객실승무원은 심폐소생술, 응급처치, 화재 진압 등의 교육을 받으며, 승객의 편안함을 증진시키는 서비스도 제공한다. 디지털 기술의 발달로 객실승무원은 전자 기기를 사용하여 승객 서비스를 관리하고, 개인화된 서비스를 제공하는 능력이 요구된다. 또한, 다양성과 포용성을 강조하며, 전 세계 다양한 승객의 요구를 충족시키는 데 중점을 두고 있다.

싱가포르 항공 승무원

4) 항공사의 종류

항공산업은 서비스의 다양성을 바탕으로 발전하며, 항공사들은 특정한 운송 분야에 집중하게 되었다. 항공사는 주로 정기 항공사, 전세 항공사, 저비용 항공사, 그리고 기업 항공사로 구분될 수 있으며, 각각은 시장 내에서 독특한 역할을 수행한다. 이 분류는 항공사가 제공하는 서비스의 종류에 따라 정해지며, 서비스 방식에 따라 각각의 항공사는 다른 시장 요구를 충족시키는 전략을 취하고 있다. 또한, 운영방식에 따라 정기 항공사와 부정기 항공사, 서비스 방식에 따라 FSC Full Service Carrier와 LCC Low-Cost Carrier로 구분하고 있다.

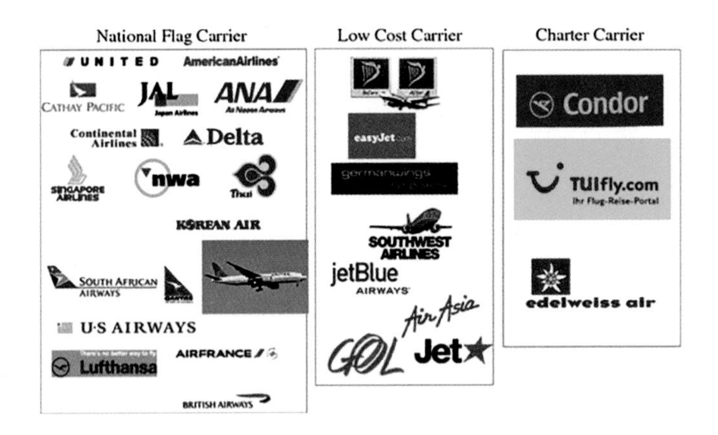

항공사의 종류

정기항공사

정기 항공사는 스케줄대로 운행되며, 예약 시스템을 통해 승객이 직접 티켓을 구매할 수 있는 항공사이다. 이들은 고객이 예측 가능한 서비스를 기대할 수 있도록 일관된 품질과 안전성을 유지하며, 국제 노선을 운영하기 위해 특정 국가들과의 협약을 필요로 한다. 일부 국가에서는 국가적 이익을 지원하고 관광 산업을 촉진하기 위해 국가적 항공사를 운영하기도 한다. 1978년 이전에는 항공 운임과 노선이 엄격하게 규제되었으나, 미국에서 규제 완화 정책이 도입된 이후, 많은 항공사들이 자율적으로 요금과 일정을 설정할 수 있게 되었다. 이로 인해 경쟁이 촉진되고 항공사들은 보다 다양한 서비스를 승객에게 제공할 수 있게 되었다.

전세항공사

전세 항공사는 주로 여행사나 대형 행사를 위해 전세기를 운영한다. 이들은 특정 계절이나 이벤트에 맞춰 비행 스케줄을 조정하며, 여행 패키지의 일부로 항공 서비스를 제공한다. 큰 여행사는 때로 자체 항공사를 운영하거나 여러 전세 항공사와 협력하여 비용 효율성을 극대화한다. 작은 여행사는 구조적, 재정적 한계로 인해 독립 전세 항공사의 서비스를 이용하는 경우가 많다. 전세 항공사는 계약에 따라 다양한 수준의 서비스를 제공하며, 항공사가 여유를 가질 때에는 정기 항공사도 전세 서비스를 제공해 추가 수익을 창출하기도 한다.

저비용항공사

저비용 항공사는 경제적인 운임과 필수 서비스 외의 추가 비용을 부과하는 비즈니스 모델을 채택하여, 비용을 절감하고 서비스를 간소화한다. 이러한 항공사는 대부분의 서비스를 온라인으로 판매하여 중간 유통 비용을 없애고, 필수적인 이동 수단 외의 서비스에 대해 추가 요금을 부과한다. 저비용 항공사의 객실승무원은 기내에서 다양한 상품과 서비스를 판매하는 등 더 다양하고 활동적인 업무를 수행한다.

티웨이항공, 저비용항공사

기업 또는 개인 제트 항공사

기업 또는 개인 제트 항공사는 일반적으로 부유한 개인이나 대기업이 운영하며, 비즈니스 약속이나 개인적인 목적으로 사용된다. 이러한 항공사의 객실승무원은 승객의 요구에 맞춰 맞춤형 서비스를 제공하며, 승객은 더욱 편안하고 개인화된 항공 여행을 기대할 수 있다.

전반적으로 항공사는 시장 요구에 맞춰 다양한 서비스 모델을 개발하고 있으며, 각 항공사 형태에 따라 서비스와 비즈니스 전략이 크게 다를 수 있다. 항공사들은 지속적으로 변화하는 시장 환경에 적응하면서 고객의 요구를 충족시키는 혁신적인 방법을 모색하고 있다.

2 규제조직

항공산업은 글로벌 환경에서 운영되며, 각 항공사는 국제 기준에 따라 명확한 규제와 지침을 준수한다. 국제기구와 각국의 규제기관이 플랫폼을 통해 기본적인 규제 원칙을 개발할 수 있도록 지원하는 것은 항공산업이 글로벌 산업으로 기능하게 하는 데 중요하다.

국제항공운송협회(IATA)

IATA International Air Transport Association는 1945년에 설립된 국제 항공사 민간 협회로, 전 세계 항공 교통의 80%를 담당하는 320개의 회원 항공사로 구성되어 있다. IATA의 목적은 항공 운송 프로세스를 단순화하고 승객 편의를 향상시켜 항공사의 효율성과 경제성을 높이는 것이다. 이 조직은 항공사 객실 승무원의 의무와 절차, 객실 안전 및 운영 표준을 규정하고 정기적으로 평가한다. 또한, Cabin Safety Task Force를 통해 객실 안전 지침을 작성하고 전문가들과 회의를 통해 문제를 논의한다. IATA는 국제선 운임, 주요 국제공항의 운항 조절, 공항시설 사용료 등에 대해 항공사의 의견을 대변하며, 이는 ICAO와 구분되는 역할로, 항공사의 경제성과 운영 효율성에 중점을 둔다.

국제민간항공기구(ICAO)

ICAO International Civil Aviation Organization는 1944년에 설립되었으며, 민간 항공의 안전과 질서 있는 개발을 촉진하는 국제 기구이다. 이 기구는 항공 안전, 보안 및 효율성과 관련된 국제 표준 및 규정을 설정한다. ICAO는 회원국이 항공 안전을 위해 협력하여 표준과 지침을 개발하고, 각 국가 및 항공사는 이를 자국의 필요와 상황에 맞게 적용할 수 있는 유연성을 제공한다.

국가항공국(NAA)

각 국가의 국가항공국National Aviation Authority*은 국가별로 다르지만, 항공사가 따라야 할 표준과 규정을 개발하고 채택하는 역할을 한다. 이들은 외국 항공사를 규제할 수 있는 권한을 갖고 있으며, 항공사는 운영 매뉴얼과 항공운항사업 허가증을 국가항공국에 제출해야 한다. 이 문서들은 항공사의 모든 운영 절차와 정책을 상세히 설명한다.

유럽항공안전청(EASA)

유럽항공안전청은 2002년에 설립된 유럽연합의 기구로, EU 회원국 간의 항공 규정을 표준화하고, 항공기 및 부품의 유형 인증, 항공 제품의 유지 보수 및 제조 관련 조직의 승인 등을 담당한다. EASA는 유럽 연합 내에서 일관된 승객 안전성을 확보하기 위해 노력하며, 회원국의 안전 규칙 이행을 모니터링한다.

연방항공국(FAA)

미국의 민간 항공 안전을 책임지는 기관인 연방 항공국FAA, Federal Aviation Administration은 1958년 연방 항공법에 의해 '연방 항공청'이라는 이름으로 설립되었으며, 1967년 교통부(DOTDepartment of Transportation)의 일부가 되면서 현재의 이름을 채택했다. FAA의 주요 역할은 민간항공의 안전을 촉진하기 위한 규제, 새로운 항공 기술을 포함한 민간 항공의 개발 및 촉진, 민간 및 군용 항공기를 위한 항공 교통 관제

* 나라에 따라 민간항공국(Civil Aviation Authority, CAA)이라고 함

및 항법 시스템의 개발 및 운영, 국가 항공 시스템과 민간 항공의 연구 및 개발, 항공기 소음 및 기타 환경적 영향을 통제하기 위한 프로그램의 개발 및 시행, 그리고 미국 상업 우주 운송의 규제 등을 포함한다. 이 기관은 항공의 안전성과 효율성을 높이기 위해 다양한 프로그램과 규제를 관리하고 있다.

3 항공사의 조직

항공사의 조직 구조 이해는 객실승무원에게 중요하다. 원격 근무로 본사와 떨어져 있어도 다양한 부서와 효과적으로 상호 작용해야 한다. 금융, 마케팅, 커뮤니케이션 등 부서의 이해는 업무 수행에 직접적 영향을 준다. 객실승무원은 조직 구조를 잘 알고 관련 부서와 협력해야 하며, 이 지식은 역할 수행에 도움이 된다.

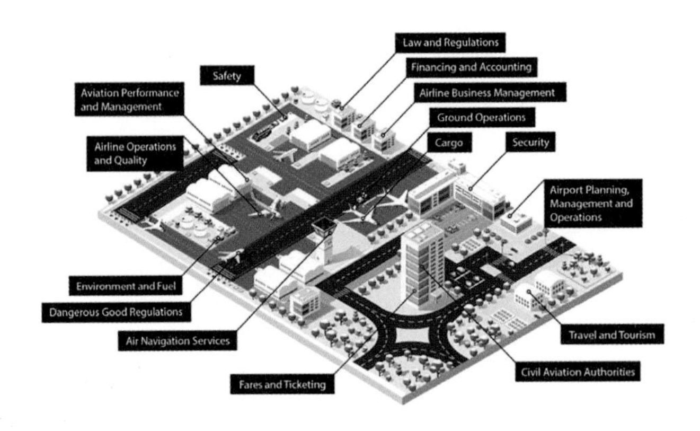

1) 항공사의 주요 직위

항공사의 조직 구조는 항공 운영의 안전과 효율성을 보장하는 데 필수적이다. 주요 직위는 다음과 같다.

- 비행운영디렉터는 항공기의 안전한 운영을 총괄한다.
- 비행운영책임자/수석 조종사는 모든 조종사의 성능과 훈련을 책임진다.

- 기내 서비스 책임자는 객실 내 모든 활동과 객실승무원의 업무 수행 및 교육을 담당한다.
- 보안 책임자는 항공사의 보안 정책과 절차를 관리한다.
- 운영관리책임자는 항공기와 승무원의 운영 및 이동을 관리한다.

2) 객실승무원 교육부

객실 승무원 후보자는 항공사에 입사하면 객실 승무원 교육부와 정기적으로 연락하며 교육을 받게 된다. 이 교육부는 국제민간항공기구(ICAO) 및 국가 기관의 요구사항에 맞는 교육 프로그램을 개발하고 제공한다. 훈련 기간은 보통 2~4주이며, 모든 과정을 마치면 정기적인 평가와 최종 시험을 통과해야 한다. 자격을 취득한 후에는 매년 반복 교육을 받아야 하며, 3년마다 추가 교육을 이수해야 한다.

IATA는 항공사가 객실승무원의 직무 수행을 정기적으로 평가하도록 권장한다. 라인 평가는 훈련 강사가 실제 항공편에 탑승해 객실승무원의 절차 이해도를 확인하는 과정이다. 객실승무원은 안전 장비와 절차에 대한 질문에 답변하고, 최신 항공 지식과 기술을 습득해야 한다.

3) 로스터링부

객실승무원 후보자가 모든 시험에 합격하고 비행 자격을 갖추면 개인용 캘린더인 로스터가 생성된다. 로스터는 2주에서 1개월 간의 근무 스케줄을 표시하며, 약 10일 전에 통보된다. 로스터에는 여행의 보고 시간, 출발시각, 항공편 번호, 도착시각 및 같이 근무할 승무원 정보가 포함된다.

로스터링부는 승무원의 질문이나 문제를 해결하고 항공편을 배정하는 업무를 수행한다. 승무원이 항공기 유형에 대한 자격을 갖추었는지, 비행시간 제한을 고려하여 항공편을 할당하며, 법적 요건과 항공사 규정을 준수한다.

객실승무원은 까다로운 환경에서 근무하기 때문에 비행 근무 시간 제한 및 휴식에 관한 규정이 있다. 피로와 관련된 인적 오류를 방지하기 위해 비행시간 제한이 설정되어 있으며, 이는 승무원이 피로를 관리할 수 있도록 돕는다. 이러한 규정은 항공 안전을 보장하며, 항공사와 승무원은 이를 준수할 책임이 있다. 항공사는 승무원이 피로 관리에 대한 교육을 받고 이를 잘 이해할 수 있도록 해야 한다.

4) 크루잉과 운영부

크루잉/운영 부서는 항공사의 비행 프로그램 유지와 관리를 담당하는 주요 부서이다. 이 부서는 승무원과 가장 자주 접촉하며, 항공편 지연이나 변경 시 승무원을 재배치하고 다시 준비시키는 역할을 한다.

예를 들어, 승무원이 아침 7시에 도착할 예정인 항공기가 11시에 도착할 경우, 필요한 휴식 시간을 확보할 수 없어 저녁 8시에 예정된 비행에 참여할 수 없게 되면 해당 비행을 다른 승무원에게 재할당한다. 또한, 각 승무원에게는 대기나 예비 임무 기간이 부여되어, 이 기간 동안 짧은 시간 내에 업무를 수행할 준비를 해야 한다. 크루잉/운영 부서는 필요시 적합한 대기 승무원을 선택하여 재배치하는 역할도 담당한다.

5) 객실승무원 관리부

각 항공사는 객실승무원이 준수해야 하는 업무수행 기준을 설정하며, 여기에는 안전 표준, 외모, 자세 및 고객 서비스 등이 포함된다. 객실 사무장은 객실승무원의 관리자로서 승무원의 성과와 능력을 평가하고 이를 객실승무원 관리부에 보고한다. 이 부서는 객실승무원에게 피드백을 제공하고 개인적 문제를 해결하는 역할을 한다.

태블릿 도입으로 객실 사무장의 업무가 효율적으로 지원되고 있다. 태블릿은 전통적인 서류 작업을 대체하여 여행 보고서, 승객 피드백, 안전 피드백 등을 관리한다. 또한, 태블릿은 승무원과 조종사의 비행 시간을 정확히 계산하여 비행 시간 제한을 관리하는 데 도움을 준다. 태블릿에는 사건과 사고 기록, 비행 감사 양식 등이 저장되어 승객 탑승 시간이나 케이터링 확인이 가능하다.

태블릿 애플리케이션을 통해 승무원은 온라인 평가나 교육을 수행할 수 있으며, 언제 어디서나 접근할 수 있는 매뉴얼과 참조 가이드를 제공받는다. 또한, 객실승무원은 태블릿을 통해 바, 케이터링, 면세품 목록 등을 쉽게 관리하고 고객 맞춤 서비스를 수행할 수 있다. 이 장치는 포스POS로도 사용되어 면세품 판매 및 결제를 수행한다.

이러한 기술적 지원에도 불구하고, 객실승무원이 항공사의 대표적인 얼굴로서 인간 관계의 중요성은 여전히 강조된다. 어떠한 기술적 접근도 직접적인 인간 교류를 대체할 수 없다는 것이 중요하다.

6) 기내서비스부

기내 서비스부는 항공기 탑승 시 승객이 경험하는 모든 서비스를 관리한다. 객실승무원은 이 부서와 협력하여 승객에게 제공되는 식사, 음료 및 기타 서비스에 대한 피드백과 개선 제안을 전달한다. 각 식사는 전문 영양사(또는 요리사 chef)가 구성하고 요식업체가 준비하여 항공기 내 오븐에 맞게 조절된다. 음료는 항공편과 문화에 따라 선택되며, 적절한 양이 탑재된다. 케이터링 장비는 항공편에 맞게 적재되며, 비행 중에도 제대로 작동하도록 관리된다.

갤리 탑재는 항공기 무게와 균형에 영향을 미치므로 출발 전에 카트와 트롤리를 이동시키지 않아야 한다. 기내 청소는 항공편마다 정확하게 수행되며, 항공사는 각 공항의 청소업체와 계약을 맺고 있다. 물품 관리는 베개, 담요, 헤드셋 등을 포함하며, 이는 항공사가 제공하는 일관된 서비스의 일부이다. 면세품은 기내 서비스부가 제품 범위를 정기적으로 검토하고 변경하여 매출을 극대화한다.

기내 엔터테인먼트 관리도 기내 서비스부의 책임이다. 상영될 영화나 프로그램을 결정하고, 적절한 오디오 엔터테인먼트를 선택한다. 모든 서비스는 항공기에 탑재된 시스템을 통해 운영된다.

7) 안전부

ICAO는 모든 항공사가 안전관리시스템(SMS)을 운영할 것을 권고하며, 이는 대부분의 국가 항공 기관에서 채택되었다. 항공사는 안전부를 설치하여 안전 정책 및 절차를 설정하고, 항공기 운영 중 나타나는 안전 위험요인과 위기를 감지 및 관리하며, 정책과 절차가 일관되게 적용되고 있는지 검사한다. 또한, 객실승무원을 포함한 모든 직원에게 안전 의식을 강조한다.

객실승무원의 의견, 질문, 보고서는 항공사의 정책 및 절차 개선에 유용하며, 기내 환경의 안전을 향상시키는 데 필요한 정보를 제공한다. 심각한 사고 발생 시, 객실승무원은 안전 보고서를 제출하고 안전부의 브리핑에 참석해야 한다. 브리핑에서 각 승무원은 사고 상황과 자신의 행동 결과에 관해 설명하며, 사건의 원인과 올바른 대응을 명확히 이해하는 기회를 갖는다. 이 과정은 모든 관련 직원이 참석하여 사건의 원인과 대응을 명확히 이해하도록 돕는다.

8) 품질부

ICAO는 모든 항공사가 법규준수 모니터링 시스템Compliance Monitoring System을 운영하도록 권고하며, 이는 대부분의 국가항공국에서 채택되었다. 이 시스템은 조직이 설계한 절차의 준수 여부를 모니터하여 안전한 활동을 보장한다. 품질부서는 운영자 권한, 매뉴얼, 로그, 기록, 훈련 표준, 관리 시스템 절차 및 매뉴얼의 준수 여부를 모니터하는 기능을 한다.

9) 유지관리부

유지관리부는 항공기 객실의 좌석, 조명, 엔터테인먼트 시스템, 카펫, 화장실 및 안전 장비를 유지 관리한다. 객실승무원은 비행 중 발견한 모든 결함을 기술/기내 기록서에 기록할 책임이 있다. 착륙 후 유지관리팀은 이 기록서를 검토하여 보고된 결함을 체계적으로 수리한다. 수리 완료 후, 유지관리팀은 작업 내용을 기록서에 상세히 기록한다. 객실승무원의 명확하고 정확한 기록은 유지관리 담당자가 문제를 이해하고 효과적으로 수리하는 데 매우 중요하다.

10) 공항램프서비스부

공항램프서비스부는 항공기가 공항에 도착하고 출발하는 전 과정을 관리한다.

이 부서와 객실승무원은 항공기 턴어라운드 절차에서 긴밀히 협력하며, 객실승무원은 일상 업무에서 이 팀과 정기적으로 협의한다. 공항램프서비스 직원은 항공기의 이륙 준비 및 착륙 후 다양한 작업을 수행한다.

턴어라운드 코디네이터Turnaround Coordinator, TCO 또는 지상 운항 관리자는 항공기 도착 및 출발과 관련된 모든 프로세스를 감독한다. 이들의 업무에는 수하물 및 화물 적재와 하역, 연료 보급, 청소, 요식업, 물 공급 서비스, 승객 탑승 및 하기가 포함된다. 객실승무원은 이 업무 담당자와 긴밀히 협력하여 정시 서비스를 제공한다.

지상 조업사는 공항 체크인부터 탑승 게이트, 도착지에서의 수하물 리클레임까지 승객의 모든 여정을 관리한다. 객실승무원은 승객 좌석 배치 문제가 발생할 경우, 지상 조업사 직원과 함께 해결한다. 이는 좌석이 중복으로 배정되거나 승객이 좌석 교환을 요청할 때 발생할 수 있다.

보안 서비스(검색)업체는 공항 터미널 내에서 보안 검색을 수행하고, 항공기가 지상에 있을 때 항공기 보호 업무를 담당한다. 항공사는 각 공항에서 보안 검색과 지원을 제공하기 위해 보안 업체와 계약을 맺는다. 객실승무원은 승객이 수상한 행동을 하거나 허용되지 않는 물건을 소지한 경우 보안 서비스와 연락을 취해 문제를 해결한다.

연습문제

01 세계 최초의 항공사는 1909년 11월 16일 독일에서 설립된 무엇인가?

A. KLM
B. Qantas
C. DELAG
D. Avianca

02 세계 최초의 객실승무원은 1912년 독일의 항공사에서 고용된 누구인가?

A. 엘렌 처치
B. 하인리히 쿠비스
C. 한덴부르크
D. 프레데릭 존스

03 정기 항공사의 특징 중 하나로 옳은 것은 무엇인가?

A. 주로 여행사나 대형 행사를 위해 전세기를 운영한다.
B. 경제적인 운임과 필수 서비스 외의 추가 비용을 부과한다.
C. 스케줄대로 운행되며 예약 시스템을 통해 승객이 직접 티켓을 구매할 수 있다.
D. 일반적으로 부유한 개인이나 대기업이 운영하며 맞춤형 서비스를 제공한다.

04 ICAO의 역할로 옳지 않은 것은 무엇인가?

A. 항공 안전, 보안 및 효율성과 관련된 국제 표준 및 규정을 설정한다.
B. 회원국이 항공 안전을 위해 협력하여 표준과 지침을 개발하도록 지원한다.
C. 항공사 객실승무원의 의무와 절차에 대한 규정을 제공한다.
D. 회원국 간의 항공 규정을 표준화하고, 항공기 및 부품의 유형 인증을 담당한다.

05 항공사 조직 구조에서 비행운영책임자/수석 조종사의 주요 역할은 무엇인가?

A. 항공기의 안전한 운영을 총괄한다.
B. 객실 내 모든 활동과 객실승무원의 업무 수행 및 교육을 담당한다.
C. 모든 조종사의 성능과 훈련을 책임진다.
D. 항공사의 보안 정책과 절차를 관리한다.

06 객실승무원 관리부의 주요 역할로 옳지 않은 것은 무엇인가?

A. 객실승무원의 성과와 능력을 평가하고 피드백을 제공한다.
B. 승무원의 개인적 문제를 해결하는 역할을 한다.
C. 기내 청소를 담당하는 업체와 계약을 맺는다.
D. 객실승무원의 외모와 자세, 고객 서비스 기준을 설정한다.

정답과 해설

번호	정답	해설
1	C	세계 최초의 항공사는 1909년 11월 16일 독일에서 설립된 DELAG로, 주로 관광 목적으로 비행을 시작하였다.
2	B	세계 최초의 객실승무원은 1912년 독일의 항공사에서 고용된 하인리히 쿠비스였다. 그는 베를린에서 독일 내 여러 지역으로 운항하는 관광 여행용 항공편에서 서비스를 담당했다.
3	C	정기 항공사는 스케줄대로 운행되며, 예약 시스템을 통해 승객이 직접 티켓을 구매할 수 있는 항공사이다. 이들은 일관된 품질과 안전성을 유지하며, 국제 노선을 운영하기 위해 특정 국가들과의 협약이 필요하다.
4	D	ICAO는 국제 민간 항공의 안전과 질서 있는 개발을 촉진하는 기구로, 항공 안전, 보안 및 효율성과 관련된 국제 표준 및 규정을 설정한다. 항공기 및 부품의 유형 인증을 담당하는 역할은 유럽항공안전청(EASA)에 해당한다.
5	C	비행운영책임자/수석 조종사는 모든 조종사의 성능과 훈련을 책임진다.
6	C	객실승무원 관리부는 객실승무원의 성과와 능력을 평가하고 피드백을 제공하며, 외모와 자세, 고객 서비스 기준을 설정하는 역할을 한다. 기내 청소는 항공사의 청소업체와의 계약을 통해 이루어진다.

제2장

항공운송 및 비행운영

1 공항과 승객

1) 공항의 구조

공항은 랜드사이드Landside, 에어사이드Airside, 터미널Terminal 세 구역으로 운영된다. 랜드사이드는 공공 구역으로 주차장, 렌터카 서비스, 체크인 카운터, 상점, 식당 등이 포함된다. 에어사이드는 보안 구역으로 활주로, 유도로, 에이프론 등을 포함한다. 터미널은 도착 및 출발 구역으로 나뉘며, 승객은 이곳에서 항공편에 접근하거나 이동한다.

활주로는 항공기의 크기와 무게에 따라 다양한 재료로 포장되며, 이착륙 시 바람의 방향에 따라 정렬된다. 대형 국제 공항은 길이가 2,000미터 이상인 활주로를 여러 개 갖추고 있다.

공항 터미널에는 다양한 상업 시설이 위치해 승객들에게 편의를 제공한다. 객실승무원은 홈 베이스로 돌아올 때 에어사이드나 랜드사이드의 승무원 보고 센터에서 업무를 보고한다. 다른 공항에서는 항공사 지침에 따라 체크인 데스크, 항공기, 또는 지정된 장소에서 업무를 보고한다. 공항의 구조적 요소는 객실승무원의 일과에 중요한 역할을 한다.

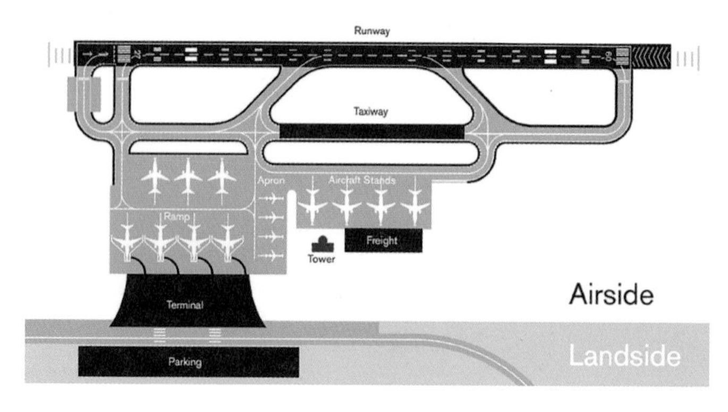

공항의 주요구역

2) 공항 터미널 출발구역

공항의 출발 구역은 승객이 안전하고 원활하게 항공기에 탑승할 수 있도록 설계되었다. 이 과정은 매일 수많은 항공편과 여행자를 처리해야 하기 때문에 복잡하다. 일부 공항은 탑승 수속과 보안 검색을 위해 승객들이 출발 2시간에서 4시간 전에 도착할 것을 요구한다. 이 기간 동안 공항에서 보내는 시간은 승객에게 피로를 유발할 수 있지만, 터미널 내에 다양한 편의 시설이 마련되어 있으면 승객들이 보다 여유롭고 즐겁게 항공기 탑승을 준비할 수 있다. 따라서 공항의 랜드사이드와 에어사이드에 있는 시설들은 승객들이 탑승 전 편안하게 시간을 보낼 수 있게 하는 중요한 역할을 한다.

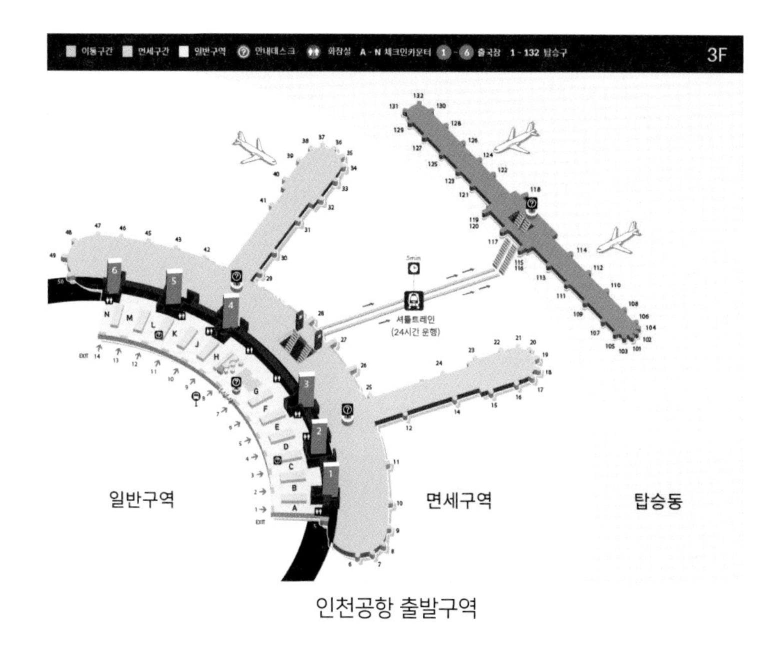

인천공항 출발구역

탑승수속

공항 터미널의 출발 구역, 일명 체크인 구역은 승객들이 항공사를 찾아 예약을 확인하고 등록하는 중심적인 장소로, 중앙 홀이나 긴 복도에 다수의 체크인 카운터가 배열되어 있으며 각 카운터 뒤에는 수하물 처리 시스템이 구비되어 있다. 승객은 공항에서 직접 체크인하거나 온라인으로 체크인할 수 있는데, 공항에서는 항공사 카운터에서 좌석 배정과 수하물 접수를 포함한 다양한 서비스를 제공받는다.

체크인 완료 후 승객은 탑승권을 받아 출발 게이트로 이동한다. 공항 내 셀프 체크인 키오스크를 이용해 탑승권과 수하물 태그를 직접 인쇄하고, 수하물 드랍오프 카운터에 가방을 제출한다. 온라인 체크인 시 항공사 웹사이트에서 탑승권을 인쇄하며, 필요한 식사 옵션과 수하물 수량을 선택하고 좌석을 예약한다.

공항 탑승 수속 키오스크

일부 항공사는 이동 탑승권을 제공하며, 큰 도시에서는 도심 체크인 서비스를 통해 공항 방문 전에 수하물을 사전에 접수할 수 있는 옵션을 제공하여 승객의 편의를 도모한다.

랜드사이드(상업 시설 및 서비스 시설)

체크인을 마친 승객과 허가된 직원만이 보안 검색대를 통과해 공항의 에어사이드로 진입할 수 있다. 에어사이드는 보안이 적용된 구역으로, 공항 터미널 내부에서 항공기에 탑승하는 곳까지 포함한다. 반면에 랜드사이드는 일반인도 접근 가능한 공항 구역으로, 터미널의 입구, 체크인 카운터, 수하물 수취 지역 등이 포함된다. 랜드사이드에는 레스토랑, 바, 환전소, 은행 등의 상업 시설과 공공 안내 데스크, 비행 정보 디스플레이 등의 비상업적 서비스가 마련되어 있다.

보안 검색

보안 검색 구역에서는 보안 요원이 다양한 장비로 승객과 기내 반입 수하물에 위험한 품목이나 물질이 있는지 검사한다. 일반적으로 사용되는 방법은 다음과 같다.

- X-레이 장비 : 대부분의 휴대 수하물과 주머니 속 물품을 검사한다.
- 폭발성 증기 탐지기 : 기내 휴대 수하물을 검사한다.
- 승객 전신 금속 탐지기 및 휴대용 탐지기 : 승객의 소지품과 몸에 금속이 있는지 확인한다.

- 매뉴얼 검사 : 더 자세한 조사가 필요할 때, 승객과 수하물을 수동으로 검사한다.
- 전신 스캐너 : 일부 공항에서는 신체에 있는 물질을 탐지하기 위해 사용한다.

보안 심사 요건은 국가마다 다르므로, 객실 승무원은 각 공항의 보안 절차를 숙지해야 한다. 승객이 보안 검색대를 효율적으로 통과할 수 있도록 안내하고, 긴 줄로 인해 항공기 탑승에 문제가 생기지 않도록 돕는 것이 중요하다.

정부 통제구역(국제선 승객)

정부 통제구역에서는 국제선 승객의 여행 서류 검사가 출국 전에 이루어진다. 정부 직원은 지정된 카운터에서 승객의 여권과 탑승권을 확인한다.

에어사이드(상업시설)

보안 검색을 통과하면, 대형 공항에서 다양한 상업 시설을 이용할 수 있다. 체크인과 보안 검색을 마친 승객은 상점에서 편안하게 시간을 보낼 수 있다. 랜드사이드와 에어사이드의 상업 시설은 유사한 서비스와 상품을 제공한다.

출발 게이트

출발 게이트는 특정 항공편의 승객이 모여 항공기에 탑승하는 지정된 지역이다. 대기 시간이 길어질 수 있어 여러 좌석이 배치되어 있다.

우선 탑승 검사

지상직원은 탑승 시작을 알리고, 우선 탑승 검사를 통해 승객을 최종 확인한다. 이 과정에서 지상직원이 승객의 탑승권을 검사하고, 여권과 여행 서류를 확인할 수 있다.

탑승

공항과 항공기 유형에 따라 탑승 방식이 달라질 수 있다. 주요 탑승 방식은 다음과 같다.

- 승객용 제트브리지 : 제트브리지는 기후 변화로부터 승객을 보호하고 보안을 강화한 탑승 방식이다. 에이프런 지역에서 지상 운송 차량과의 사고 위험이 없어 안전하며, 다른 항공편 승객과 섞이지 않는다. 승객들에게 가장 선호되는 방식이다.
- 운송 차량 : 출구 옆 에이프런에 주차된 차량을 타고 항공기로 이동하여 스텝카를 통해 계단으로 항공기에 탑승한다.
- 도보 이동 : 출구에서 항공기까지 도보로 이동하는 방식이다. 안전 및 보안상의 위험이 있을 수 있어 지상직원이 승객을 안내하고 모니터한다. 주로 지역 제트기 및 프로펠러 구동 항공기가 운영되는 터미널과 게이트에서 이용한다.

Boarding Stairs

3) 공항 터미널 도착구역

모든 승객은 항공기에 탑승하기 전에 보안 검사를 통과하기 때문에 도착 구역에서는 거쳐야 하는 절차가 간소하다. 주요 과정은 국제선 도착 승객의 입국 심사와 세관 통과이다. 각 항공사는 승객의 원활한 입국을 위해 각국의 출입국 규정을 숙지해야 한다.

입국심사

국제선 도착 승객은 입국심사를 거쳐야 한다. 도착 국가와 승객의 국적에 따라 비자와 입국 카드가 필요할 수 있으며, 일부 승객은 여권만으로 입국할 수 있다. 항공사는 필요한 서류 없이 도착한 승객에 대해 과징금을 받을 수 있다. 입국 카드는 출입국 검사 홀에 비치되어 있고, 객실 승무원이 착륙 전에 배포할 수 있다. 출입국 심사관은 여권과 여행 서류를 확인하고, 입국 목적을 확인하기 위한 짧은 인터뷰를 진행한다. 영국의 "전자 여권 게이트ePassport Gates"처럼 안면 인식 기술을 사용해 신원을 확인하는 자동화 시스템도 있다.

수하물 회수

Baggage reclaim hall

대형 공항의 수하물 회수 홀에는 여러 개의 수하물 수취대Baggage Carousel가 있다. 컨베이어 벨트를 통해 수하물을 회수하며, 항공편 번호와 벨트 번호 등의 정보가 제공된다. 작은 공항에서는 수하물 수취대가 없어 수하물을 바닥에 놓거나 벽에 있는 구멍을 통해 전달하기도 한다.

검역과 세관

각국은 야생 동물과 농업을 보호하기 위해 검역 시스템을 운영한다. 유제품, 육류, 과일, 채소, 식물 등에는 제한이 있을 수 있다. 세관은 반입되는 물품과 현금을 감시하며, 추가 세금 없이 반입할 수 있는 재화와 상품의 양을 제한한다. 일부 품목의 수입을 금지하는 규정도 있어, 객실 승무원은 이를 숙지해야 한다.

도착홀

도착홀은 일반인이 승객을 기다리는 장소이다. 도착홀에는 자동차 대여, 버스 여행, 기차표, 환전소, 리무진 서비스, 호텔 예약, 식당 등 다양한 편의시설이 마련되어 있다.

2 코드사용

항공산업의 효과적인 운영에는 커뮤니케이션 시스템이 핵심이다. 매일 수천 편의 항공편과 수백만 명의 승객이 있지만, 승객이 잘못된 항공기에 탑승하는 경우는 거의 없다. 이는 항공 커뮤니케이션 시스템이 효율적으로 작동하기 때문이다. 이 시스템의 중요한 구성 요소 중 하나는 항공사, 항공편, 공항, 도시 등의 지정 코드를 사용하는 것이다. 이 코드는 수십 년 동안 사용되어 왔으며, 오류 없는 환경을 만드는 데 필수적이다.

항공업계 전반에서 이 코드를 사용하며, 객실승무원도 업무 중에 이 코드를 사용하여 특정 항공편과 목적지를 식별한다. 모든 승무원이 이 코드를 로스터(근무일지)나 다른 여행 서류에서 사용하기 때문에, 이를 기억하고 활용하는 것이 중요하다.

1) 항공사 코드

1945년 국제항공운송협회(IATA)가 설립되었을 당시에는 31개국 57개 항공사로 구성되어 있었다. IATA의 초기 역할 중 하나는 항공사가 티켓 요금 및 예약을 관리하도록 돕는 것이었다. 이 역할을 수행하기 위해 IATA는 도시와 항공사 코드를 지정하였고, 이 코드들은 현재에도 사용되고 있다. 이러한 코드는 시간표, 티켓, 항공편 번호, 예약 시스템 등에 활용된다. 항공사 코드는 문자, 숫자 또는 두 가지를 조

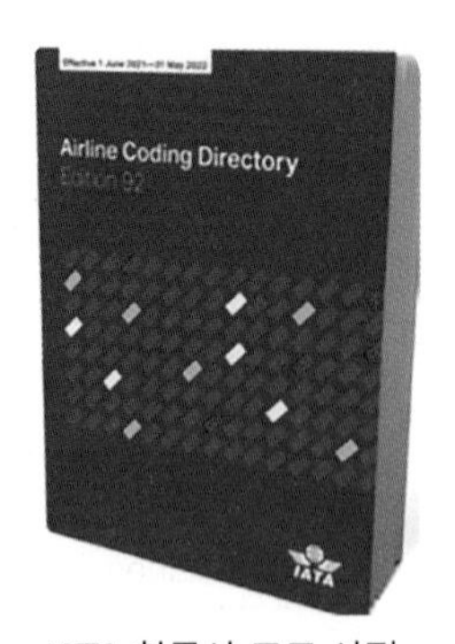

IATA 항공사 코드 사전

합한 2자리 또는 3자리로 구성된다.

객실승무원은 모든 항공사의 코드를 숙지할 필요는 없지만, 코드쉐어 협약을 맺고 있는 항공사들의 코드를 알아두는 것이 승객을 돕는 데 도움이 된다.

This board at Geneva Airport

항공사코드

항공사명(영문)	항공사명	IATA 2자리 코드	IATA 3자리 코드	국가명
American Airlines	아메리칸 항공	AA	001	미국
Delta Air Lines	델타 항공	DL	006	미국
United Airlines	유나이티드 항공	UA	016	미국
British Airways	브리티시 에어웨이즈	BA	125	영국
Lufthansa	루프트한자	LH	220	독일
Air France	에어 프랑스	AF	057	프랑스
KLM	KLM 항공	KL	074	네덜란드
Qantas	콴타스 항공	QF	081	호주
Emirates	에미레이트 항공	EK	176	아랍에미리트
Qatar Airways	카타르 항공	QR	157	카타르
Singapore Airlines	싱가포르 항공	SQ	618	싱가포르
Cathay Pacific	캐세이 퍼시픽	CX	160	홍콩
Japan Airlines	일본 항공	JL	131	일본
ANA	ANA 전일본공수	NH	205	일본
China Eastern Airlines	중국동방항공	MU	781	중국
China Southern Airlines	중국남방항공	CZ	784	중국
Korean Air	대한항공	KE	180	한국
Asiana Airlines	아시아나항공	OZ	988	한국
T'way Air	티웨이항공	TW	176	한국
Air Canada	에어 캐나다	AC	014	캐나다
Southwest Airlines	사우스웨스트 항공	WN	526	미국
Aeromexico	아에로멕시코	AM	139	멕시코

LATAM Airlines	라탐 항공	LA	045	칠레
Ryanair	라이언에어	FR	184	아일랜드
easyJet	이지젯	U2	648	영국
Etihad Airways	에티하드 항공	EY	607	아랍에미리트
Turkish Airlines	터키항공	TK	235	터키
Austrian Airlines	오스트리아항공	OS	257	오스트리아
Finnair	핀에어	AY	105	핀란드
Air New Zealand	에어 뉴질랜드	NZ	086	뉴질랜드
Saudi Arabian Airlines	사우디아라비아 항공	SV	065	사우디아라비아
Aeroflot	아에로플로트	SU	555	러시아

2) 항공편 번호

승객이 항공기에 탑승하려면 항공편 번호를 알아야 한다. 항공편 번호는 예약 서류, 항공권, 탑승권, 출발 홀 및 게이트 구역의 출발 표시 화면에 나타난다. 항공편 번호는 항공사의 두 자리 또는 세 자리 코드와 항공사가 지정한 항공편 번호로 구성된다. 예를 들어, 아시아나 항공사의 코드는 OZ이다. 항공편 번호 OZ202는 아시아나 항공이 인천에서 로스앤젤레스까지 운항하는 항공편이다.

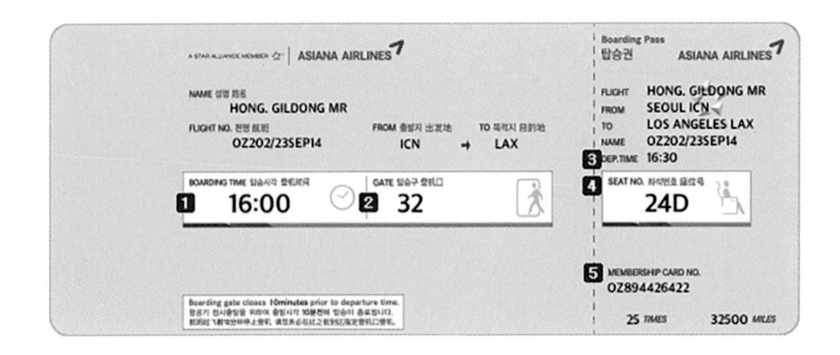

때로는 다른 항공사와 코드쉐어 협약을 맺은 경우 동일한 항공편에 두 개의 항공편 번호가 있을 수 있다. 핀에어는 아메리칸 항공과 코드쉐어 협약을 맺었는데, 이는 아메리칸 항공이 핀에어의 일정 수의 좌석을 예약하여 아메리칸 항공의 운임으로 판매함을 의미한다. 예를 들어, 아메리칸 항공의 웹사이트에서는 AA6025

항공편이 헬싱키에서 출발하여 뉴욕에 도착하는 것으로 표시된다. 다른 항공편 번호지만, 같은 항공편을 의미한다.

승객은 특정 항공사를 이용할 것으로 생각하고 항공권을 구매했는데, 실제로는 다른 항공사의 항공편으로 여행해야 할 때 혼란을 겪을 수 있다. 따라서 객실승무원은 최상의 서비스를 제공하여 승객들의 만족도를 높여야 한다.

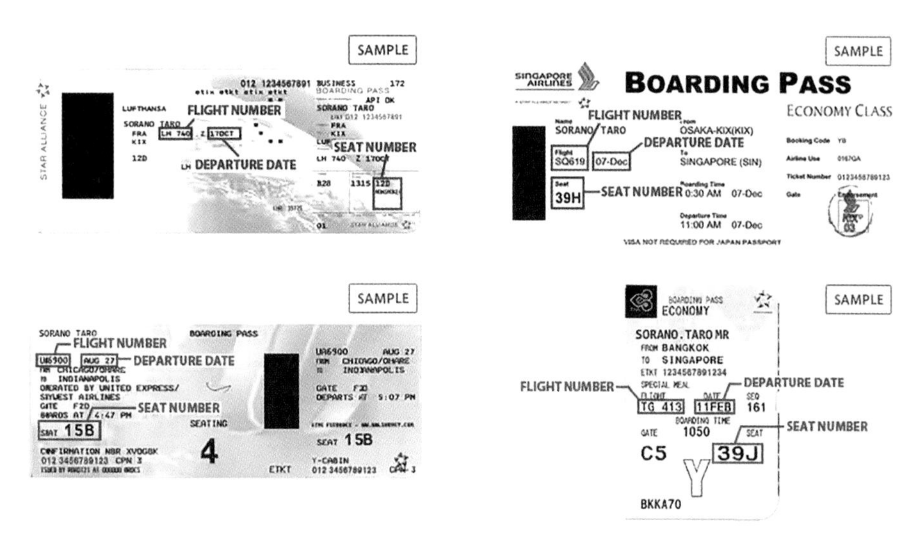

출처 : https://www.ana.co.jp/ko/kr/amc/ana-international-flights/examples-of-documents/

3) 공항코드

공항은 고유한 3문자 코드를 사용하여 출발지와 도착지를 구분하고, 티켓팅과 수하물 처리의 혼란을 방지한다. IATA는 공항 코드를 관리하며, 일단 지정된 코드는 특별한 사유가 없는 한 변경하지 않는다. 공항 이름이 변경되어도 IATA 코드는 유지된다. 공항 코드는 대부분 공항 이름을 축약하여 만들어지나, 모든 코드가 직접적으로 공항 이름과 연결되지는 않는다. 예를 들어, 캐나다의 공항 코드는 'Y'로 시작하며, 밴쿠버 국제공항은 YVR, 토론토의 레스터 B. 피어슨 국제공항은 YYZ로 표시된다.

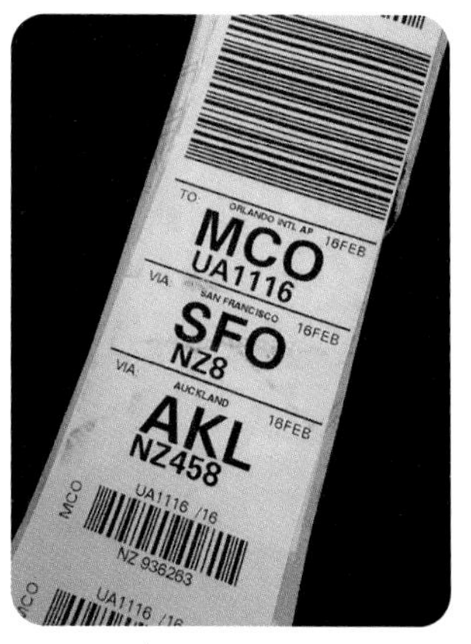

baggage tag

공항은 다양한 방식으로 이름이 지어진다. 프랑스의 샤를 드골 공항(CDG)이나 파키스탄의 이슬라마바드 국제공항(ISB) 같은 경우 지역명을 사용한다. 또한, 유명 인물의 이름을 사용하기도 하며, 인도의 인디라 간디 국제공항(DEL)이나 미국의 존 F. 케네디 국제공항(JFK)이 그 예이다. 호주의 찰스 킹스포드 스미스 국제공항(SYD) 같은 공항은 항공 역사 속 인물의 이름을 따서 명명되기도 한다.

공항코드

공항명(영문)	공항명(한글)	공항IATA 코드	도시명	국가명
Los Angeles International Airport	로스앤젤레스 국제공항	LAX	Los Angeles	미국
John F. Kennedy International Airport	존 F. 케네디 국제공항	JFK	New York	미국
O'Hare International Airport	오헤어 국제공항	ORD	Chicago	미국
Heathrow Airport	히드로 공항	LHR	London	영국
Charles de Gaulle Airport	샤를 드골 공항	CDG	Paris	프랑스
Changi Airport	창이 공항	SIN	Singapore	싱가포르
Haneda Airport	하네다 공항	HND	Tokyo	일본
Narita International Airport	나리타 국제공항	NRT	Tokyo	일본
Incheon International Airport	인천국제공항	ICN	Seoul	대한민국
Suvarnabhumi Airport	수완나품 공항	BKK	Bangkok	태국
Hong Kong International Airport	홍콩 국제공항	HKG	Hong Kong	중국
Dubai International Airport	두바이 국제공항	DXB	Dubai	아랍 에미리트
Sydney Kingsford Smith Airport	시드니 킹스포드 스미스 공항	SYD	Sydney	호주
Vancouver International Airport	밴쿠버 국제공항	YVR	Vancouver	캐나다
Toronto Pearson International Airport	토론토 피어슨 국제공항	YYZ	Toronto	캐나다
Munich Airport	뮌헨 공항	MUC	Munich	독일
Frankfurt Airport	프랑크푸르트 공항	FRA	Frankfurt	독일
Madrid-Barajas Airport	마드리드 바라하스 공항	MAD	Madrid	스페인
Zurich Airport	취리히 공항	ZRH	Zurich	스위스
Milan Malpensa Airport	밀란 말펜사 공항	MXP	Milan	이탈리아

Rome Fiumicino Airport	로마 피우미치노 공항	FCO	Rome	이탈리아
Amsterdam Airport Schiphol	암스테르담 스키폴 공항	AMS	Amsterdam	네덜란드
Brussels Airport	브뤼셀 공항	BRU	Brussels	벨기에
Vienna International Airport	빈 국제공항	VIE	Vienna	오스트리아
Istanbul Ataturk Airport	이스탄불 아타튀르크 공항	IST	Istanbul	터키
Doha Hamad International Airport	도하 하마드 국제공항	DOH	Doha	카타르
Cairo International Airport	카이로 국제공항	CAI	Cairo	이집트
Moscow Sheremetyevo Airport	모스크바 셰레메티예보 공항	SVO	Moscow	러시아
New Delhi Indira Gandhi International Airport	뉴델리 인디라 간디 국제공항	DEL	New Delhi	인도
Mexico City International Airport	멕시코시티 국제공항	MEX	Mexico City	멕시코

4) 도시코드

도시 코드는 여러 공항이 있는 대도시에 사용되어 여행자가 도시 기준으로 항공편을 선택할 수 있게 한다. 예를 들어, 런던의 경우 개트윅(LGW)과 히드로(LHR)가 있으며, 런던의 IATA 코드는 LON이다. 파리는 샤를 드골(CDG)과 오를리(ORY)를 포함하며, 파리의 코드는 PAR로 표현된다. 서울은 인천(ICN)과 김포(GMP)를 가지고 있으며, 서울의 코드는 SEL이다. 도쿄는 나리타(NRT)와 하네다(HND)가 있고, 도쿄의 코드는 TYO이다. 이 코드를 사용하면 컴퓨터 예약 시스템을 통해 특정 공항이 아닌 도시 전체의 항공편을 검색할 수 있어 선택의 폭이 넓어진다.

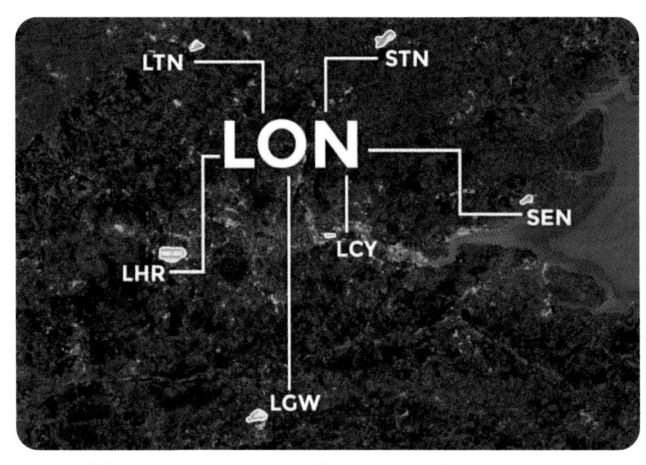

출처 : https://www.airwaysmag.com/legacy-posts/how-airport-codes-work

3 보안 검색

검색 구역은 터미널 건물 안과 에어사이드 진입 지역에 위치한다. 승무원 버스가 보안 검색대에 접근하면, 모든 직원은 개인 소지품을 가지고 버스에서 내려 검사를 받는다. 보안 직원은 버스를 검색하고, 검사가 완료되면 직원은 다시 버스에 탑승한다.

보안 검사 시 직원과 승객에게 동일한 규칙이 적용된다. 규칙은 다음과 같다.

- 노트북 및 휴대전화를 수하물에서 분리한다.
- 100ml 이하 용기에 담긴 화장품 및 액체를 투명 비닐봉지에 담아 제시한다.
- 겉옷과 신발을 벗는다.
- 신체에서 동전을 포함한 금속 물체를 제거한다.

모든 품목은 금속 탐지기 통과 전에 바구니에 넣어 X-레이 기계로 검사한다. 일부 공항에서는 승객과 직원에 대한 추가 보안 검사를 수행한다. 위탁수하물은 X-레이 기계로 검사하며, 화물 및 케이터링 물품도 검색한다.

공항 보안 검사를 쉽게 통과하고 항공기 지연을 방지하기 위해, 기내 반입 수하물과 위탁수하물을 정확히 준비해야 한다. 예상치 못한 지연이나 우회에 대비해

세면용품을 소지하는 것을 권한다. 보안 규정은 국가마다 다르지만, 점차 표준화되고 있다. 표준화된 규칙은 다음과 같다.

액체, 에어로졸, 젤 등은 각 품목이 100ml를 넘지 않아야 하며, 모든 품목의 합계는 1리터를 초과하면 안 된다. 이 항목들은 재밀봉 가능한 투명 비닐봉투에 넣어야 한다. 개인 약물은 의사의 처방전과 함께 소지할 경우 허용된다. 공항 약국에서는 보안 통과 가능한 품목을 판매하지만 가격이 비싸다.

보안 규정상 날카로운 물건의 운송을 금지한다. 여기에는 가위, 손톱깎이, 면도기 등이 포함되지만, 일회용 면도기는 허용된다. 건강, 안전, 재산, 환경에 해를 끼칠 수 있는 위험물은 반입할 수 없다. 보안 검사대를 통과할 때는 다음과 같이 행동한다.

- 보안 요원에게 항공사 신분증을 보여준다.
- 물이나 액체 병을 버린다.
- 노트북을 가방에서 꺼내 별도의 바구니에 놓는다.
- 액체가 든 밀봉된 플라스틱 백을 바구니에 넣는다.
- 겉옷, 벨트, 금속 물체를 제거해 바구니에 넣는다.
- 국가에 따라 신발을 벗는다.
- 가방과 바구니를 X-레이 기계에 올려놓는다.
- 보안 요원이 금속 탐지기 아치를 통과하도록 부를 때까지 기다린다.

통과 후, 보안 요원이 소지품을 수집할 수 있도록 확인한다. 때로는 신체검사를 직접 하여 숨겨진 항목을 확인할 수 있다. 일부 공항에서는 전신 스캐너를 사용해 물건이나 무기가 숨겨져 있는지 확인할 수 있다. 몸수색 후 물건을 수거하고 항공기로 갈 수 있다.

4 항공시간의 이해

항공사는 전 세계의 모든 시간대를 아우르며 비행하므로, 시간표에는 항상 현지 시각이 표시된다. 객실승무원은 효과적으로 활동을 계획하기 위해 시간대와 현지 시각을 이해해야 한다. 시간은 업무의 모든 영역에서 중요한 요소이다.

- 시간표 : 승객은 출발 및 도착 시각에 맞춰 특정 항공사를 선택한다.
- 승무원 로스터 및 비행 업무 : 객실승무원은 시간을 정확하게 인지하고 업무 일지와 할당된 업무를 정확히 읽어야 한다. 항공 시간 시스템을 이해하지 못하면 항공기를 놓치거나 지연을 초래할 수 있다.
- 비행 계획 : 항공기는 매일 같은 비행편을 운영하지 않으므로, 항공사의 계획부는 각 비행편의 도착 시각을 알아야 한다. 계획부서는 항공기 착륙 후 청소, 요리, 정비 등이 차질 없이 이루어지도록 계획한다.

승객은 비행기 도착 시각을 객실승무원에게 자주 묻는다. 객실승무원은 여러 시간대를 계산하고 24시간제에 능숙해야 한다.

1) 24시간제

24시간제는 오전과 오후를 구분하는 혼란을 방지하는 가장 일반적인 시간 기록 형식이다. 자정부터 다음 자정까지를 하루로 보고 이를 24시간으로 표시한다. "군사 시간(미국 및 캐나다)", "대륙 시간(영국)", "국제 표준 표기법"으로도 불린다. 항공업계에서는 일반적으로 24시간제를 사용한다.

24시간제 시계는 00에서 23 사이의 번호로 구성된다. 군대와 응급 서비스에서는 자정을 2400 또는 0000으로 표시하기도 한다. 디지털 시계, 시계 및 컴

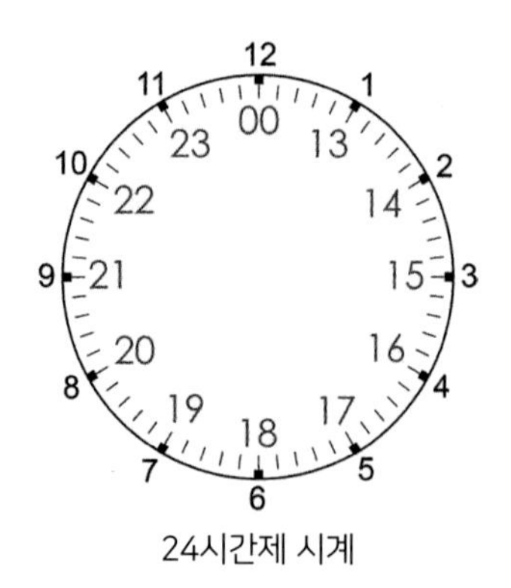

24시간제 시계

퓨터 장비에서는 자정을 새로운 날의 시작으로 간주하고 0000으로 표시한다.

항공사는 모든 항공편 관리를 위해 24시간 시계를 사용하므로 객실승무원은 이를 능숙하게 사용할 수 있어야 한다. 예를 들어, 아침 6시 출발 항공편은 24시간제로 06:00으로 표시된다. 이는 하루의 첫 번째 6시간이 완료되는 시점이다. 오후 5시 30분에 도착하는 항공편은 24시간제로 17:30으로 표기된다. 이는 정오 이후로부터 5시간 30분이 지난 시각이다.

2) 표준시간제

시계가 발명되기 전에는 사람들은 태양의 위치에 따라 시간을 판단했고, 이를 '시태양시'라고 불렀다. 이는 지리적 위치에 따라 달랐기 때문에 같은 국가 내에서도 도시마다 시간이 달랐다. 예를 들어, 보스턴과 뉴욕의 정오 시태양시는 약 8분의 차이가 있다.

1800년대 초반, 신뢰할 수 있는 시계가 도입되면서 태양시와 시계 시간을 조합해 사용하기 시작했다. 철도가 전국적으로 확산되면서 모두가 동일한 시간에 일을 시작해야 했기에 1847년 영국의 철도 회사들은 그리니치 표준시(GMT)를 표준 시간으로 채택했다. 그리니치 표준시는 1675년에 설정되었으며, 태양이 그리니치 천문대를 기준으로 북쪽에서 남쪽으로 지나는 시간을 기준으로 한다. 이 시간은 배들이 어디에 있든 자신의 위치와 시간을 계산할 수 있게 해준다.

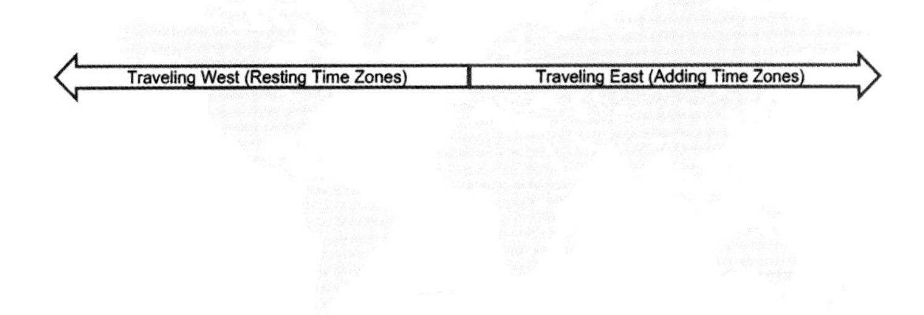

그리니치 표준시는 1880년 영국 전역에서 공식적으로 채택되었으며, 때때로 Z

시간 또는 줄루 시간으로도 불린다. 하루는 그리니치 자오선에서 시작해 24개의 시간대로 나뉜다. GMT보다 한 시간 늦은 시간대는 GMT+1, 두 시간 빠른 시간대는 GMT-2로 표시된다. 몇 가지 시간대 계산 예는 다음과 같다.

- 런던의 시간이 13시일 때, 로스앤젤레스는 GMT-8 시간대에 속하므로 05:00이다.
- 시드니가 21시일 때, 오클랜드는 GMT+12에 위치하여 오클랜드는 23:00이다.
- 오클랜드가 10시일 때, 리마는 GMT-5에 위치하여, 리마의 시간은 전날 17:00이다.

3) 일광절약시간제

많은 국가에서 일광절약시간제Daylight Saving Time, DST 또는 서머타임을 사용해 여름 동안 시계를 한 시간 앞당겨 하루를 더 길게 활용한다. 이 제도를 적용하면 태양은 표준 시간보다 한 시간 늦게 떠오르고 진다. 모든 국가에서 이 제도를 사용하는 것은 아니다. 일광절약시간제는 봄과 가을에 시계를 각각 한 시간 앞당기고 뒤로 돌린다.

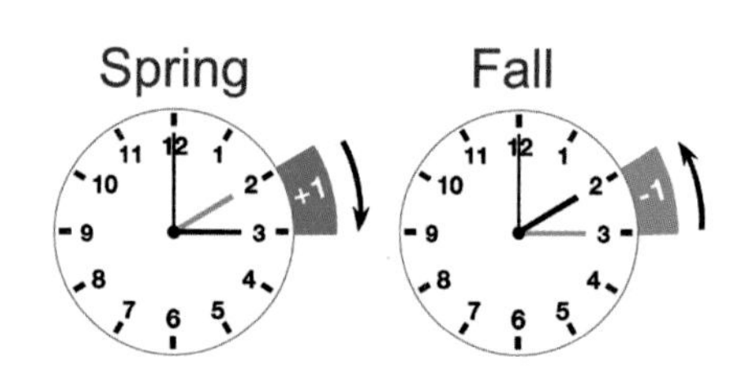

Daylight Saving Time

일광절약시간제는 국가마다 다른 날짜에 시작되므로, 항공기 시간표가 실제 비행 시간보다 짧거나 길게 보일 수 있다. 이는 승객들에게 혼란을 초래할 수 있다. 예를 들어, 영국 런던에서 미국 뉴욕으로 가는 비행은 영국 시각으로 12:00에 출발해 7시간 후 19:00에 도착한다. 이는 미국 시각으로 14:00, 즉 GMT-5이다. 그러나 미국이 영국보다 일주일 먼저 일광절약시간제를 시작하면 이 일주일 동안 비행기는 뉴욕에 15:00에 도착하게 되며, GMT-4로 일시적인 시차 조정이 이루어진다.

객실승무원은 시간대와 일광절약시간제의 변화를 잘 알고 있어야 한다. 이를 통해 승객들에게 정확한 정보를 제공하고, 혼란을 최소화할 수 있다.

4) 국제표준시

티켓과 일정표에 표시된 모든 시간은 출발 도시와 도착 도시의 현지 시각으로 표시된다. 항공사와 승무원은 표준 시간을 사용해 시간을 정확하게 계산하고 운영을 원활하게 관리해야 한다. 원자시계를 사용하는 과학적 접근법으로, 그리니치 표준시(GMT)는 지구의 회전에 따른 약간의 차이로 100% 정확하지 않다는 사실이 확인되었다. 따라서 시계에 윤초를 추가해 정확성을 보장한다. 1963년부터 GMT를 대체해 100% 정확한 국제표준시(UTC)Coordinated Universal Time가 공식적으로 사용되기 시작했으며, 인터넷, 컴퓨터, 항공 분야에서 널리 사용된다.

UTC는 항공사 운영의 핵심 요소로, 전 세계 모든 항공편의 시간 관리를 표준화한다. 객실승무원은 UTC를 이해하고 이를 통해 전 세계 다양한 시간대를 정확히 해석할 수 있어야 한다. 이는 특히 국제선 비행에서 중요하다. 승객들에게 정확한 도착 시간을 제공하고, 항공기 스케줄을 효율적으로 관리하는 데 도움을 준다. UTC를 기반으로 한 시간 관리 능력은 객실승무원의 필수 역량 중 하나이다.

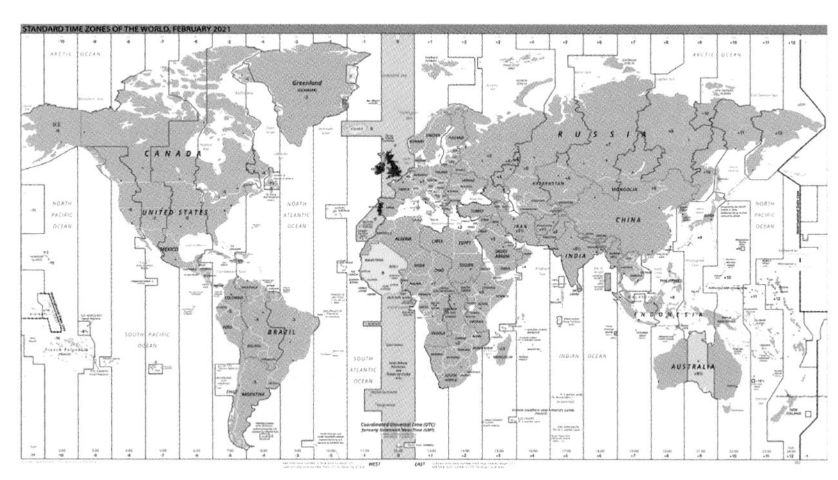

UTC time zones

5) 날짜변경선

날짜변경선은 본초 자오선의 맞은편에 위치한 가상의 선으로, 이곳에서 새로운 날짜가 시작된다. 이 선을 기준으로 동쪽과 서쪽으로 이동할 때마다 날짜가 변경

된다. 날짜변경선의 서쪽은 동쪽보다 하루 늦다. 이 선은 대략 경도 180°에 위치하며, 국가를 가로지르지 않도록 조정되어 같은 국가 내에서 같은 날짜를 유지하게 한다. 이는 GMT+12에 해당하는 시간대의 경계이다.

비행 중 날짜변경선을 지나는 승객은 도착 날짜에 혼란을 겪을 수 있다. 예를 들어, 로스앤젤레스에서 금요일 밤 출발하여 뉴질랜드 오클랜드로 향하는 승객은 남서쪽으로 날짜변경선을 건너게 된다. 동쪽으로 날짜변경선을 건너면 24시간을 더하고 날짜를 하루 앞당긴다. 반면, 서쪽으로 날짜변경선을 건너면 24시간을 빼고 날짜를 하루 되돌린다.

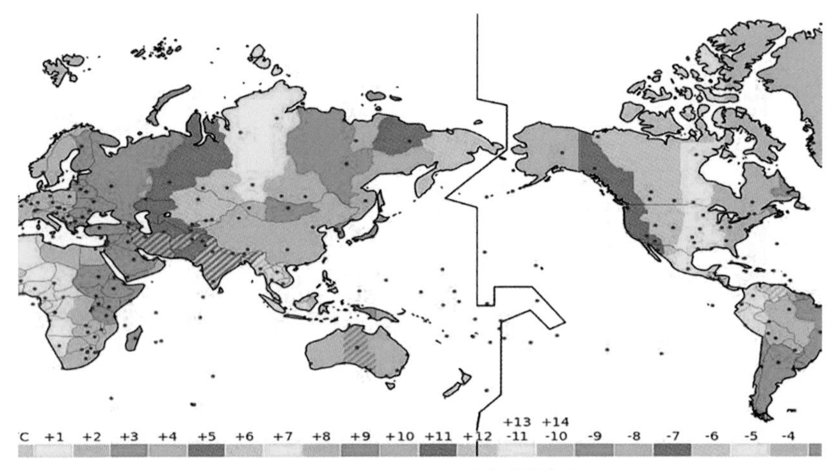

International Date Line(날짜변경선)

5 턴어라운드

항공사는 수익 극대화를 위해 항공기의 지상 대기 시간을 최소화하고자 한다. 이를 위해 턴어라운드 시간을 줄이는 것이 중요하다. 턴어라운드는 다음 비행 준비를 위해 항공기 주변에서 이루어지는 여러 작업을 포함한다.

항공기가 착륙하기 전에 항공사는 지상 관리팀에 도착을 알리고, 운항 승무원은 지상 관제와 무선으로 주기 위치를 지정받는다. 지상 도착팀은 필요한 장비와 인력을 갖추고 항공기를 맞이한다. 여기에는 초크, 콘, GPU, 벨트로더, 수하물 트롤리, 하역 장비 등이 포함된다. 또한, 턴어라운드 코디네이터, 항공기 기술자, 케이터링, 청소, 급유, 물 보충, 화장실 서비스를 담당하는 직원들도 준비에 참여한다.

항공기가 지정된 주기지역으로 이동하면, 램프 서비스팀이나 공항 비행장 운영팀의 지원을 받아 안내된다. 이 과정에서 마샬러는 항공기를 주기 위치로 유도하기 위해 시각적 신호를 사용한다. 마샬러는 반사 안전 조끼, 방음용 귀마개, 헬멧, 조명 장치, 장갑 등을 착용한다. 마샬러의 주요 업무는 항공기의 이동을 지시하는 것으로, 항공기가 회전, 속도 감소, 정지, 엔진 정지 등을 할 수 있도록 신호를 보낸다. 이러한 신호는 국제민간항공기구(ICAO)의 규정에 따라 표준화되어 있다.

항공기가 착륙하고 스탠드에 도착하면, 객실승무원은 다음 비행 준비를 시작한다. 지상 지원팀은 승객 하기와 수하물 하역을 도우며, 승무원 교체와 기내 보안 검사, 청소를 신속히 수행한다. 또한, 엔진과의 안전 거리 유지, 이물질 사고 방지를 위한 쓰레기 처리 등 안전 문제도 중요하다.

마지막으로 승무원은 항공기 내에서 승객들의 안전과 편안함을 보장하기 위해 최종 점검을 한다. 이는 승객 수 확인, 휴대 수하물 검사, 필요한 안내 등을 포함한다. 이러한 절차는 다음 비행이 예정대로 안전하게 이루어질 수 있도록 보장하는 데 필수적이다.

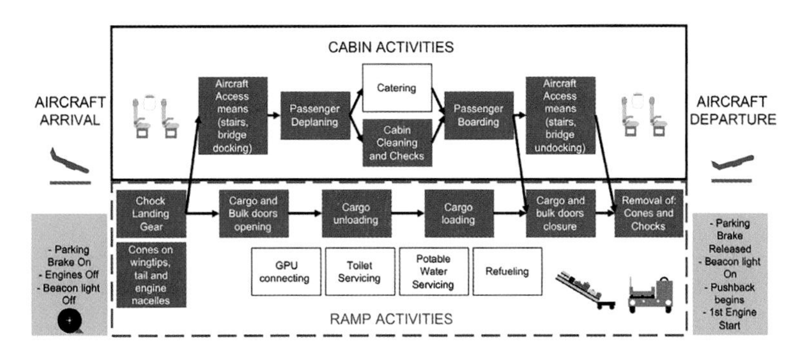

Flowchart of aircraft turnaround

연료 공급 절차

연료 공급 절차는 특별한 안전 예방 조치를 필요로 한다. 보조 전원 장치나 엔진이 작동 중일 때 연료를 주입하는 경우 철저한 안전 절차가 수반된다. 승객이 탑승 중이거나 기내에 있을 때도 연료 주입 및 배출 작업이 이루어진다. 또한, 연료 오염을 방지하기 위해 필요한 모든 주의 사항을 준수하여 안전하게 연료를 관리한다. 이러한 절차들은 항공기 운영의 안전성을 유지하는 데 매우 중요하다.

케이터링 교환

케이터링 업체는 사용한 용품을 제거하고 새로운 것으로 교체한다. 항공사의 기내 서비스부는 갤리 위치별로 필요한 품목 계획을 제공하며, 케이터링 팀은 이를 따라 장비를 싣는다. 기내 공간이 제한적이고, 항공기의 무게와 균형 유지를 위해 객실승무원은 케이터링 트롤리를 다른 위치로 옮기지 않아야 한다.

청소(크리닝)

청소팀은 항공사가 제공하는 세부 사항에 따라 항공기 객실, 갤리, 화장실 등을 청소한다. 청소 수준은 주어진 시간에 따라 달라지며, 네 가지 유형으로 구분된다.

- 경유 크리닝 : 승객이 연결 지점에서 기내에 머무는 동안 진행되는 기본 청소로, 화장실 청소 및 쓰레기통 비우기가 포함된다.
- 턴어라운드 크리닝 : 항공기의 화장실, 기내 좌석 구역, 갤리, 조종실을 깨끗이 청소하고 승객을 위한 캐빈 드레싱을 포함한다.
- 야간정차 크리닝 : 항공기가 야간 정차 등으로 오랜 시간 지상에 있을 때 수행한다.
- 딥 크리닝 : 정기적으로 실시하며, 카펫 청소, 말리기, 좌석 커버 변경 등을 포함한다.

급수 서비스

깨끗한 식수를 담은 차량은 항공기에 연결되어 식수 탱크를 채운다. 이 과정은 승객과 승무원에게 안전한 식수를 공급하기 위해 필수적이다.

화장실 서비스

화장실 서비스 차량은 항공기에 연결되어 오물 탱크를 비운다. 이는 항공기의 화장실을 청결하게 유지하고 다음 비행 준비를 돕는다.

화물 및 수하물 적재

대형 항공기는 자동 수하물 및 화물 적재 시스템을 갖추고 있다. 이 시스템은 ULD[Unit Load Device]를 활용하여 수하물을 싣고, 항공기로 운반된다. 소형 항공기의 경우, 화물 적재 직원이 수작업으로 화물을 옮긴다.

ULD(Unit Load Device)

객실승무원 사전 점검

객실승무원은 비행 전 항공기 탑승 후 안전 장비와 갤리 장비의 작동 상태를 점검한다. 문제가 있으면 즉시 객실 사무장과 정비 직원에게 보고하고, 교체가 불가능한 경우 기장에게 알린다. 법적 요구를 충족하기 위해 항공기에는 법적으로 요구되는 양보다 많은 장비가 구비되어 있다.

객실 승무원은 오븐, 온수 보일러, 수도꼭지, 기타 전기 제품, 케이터링 카트의 브레이크와 문을 점검하고, 모든 기내식과 장비가 선적되었는지 확인한다. 또한 모든 좌석벨트와 좌석쿠션이 제대로 고정되었는지, 좌석쿠션 커버 상태, 기내 조명, 비상 조명, 카펫 상태, 커튼, 각 좌석 포켓 내의 안전 카드 존재 여부를 검토한다.

화장실의 청결도와 플러시, 워터 시스템, 연기 감지기의 작동 여부를 점검하고, 이전 승객이 두고 간 물건 중 다른 승객이 무기로 사용할 수 있는 물건이 없는 지 확인한다. 점검 후, 객실승무원은 갤리 준비, 좌석 구역에 헤드셋, 잡지 또는 편의 시설을 배치한다. 이 모든 과정은 항공기의 안전과 승객 만족도를 높이는 데 기여한다.

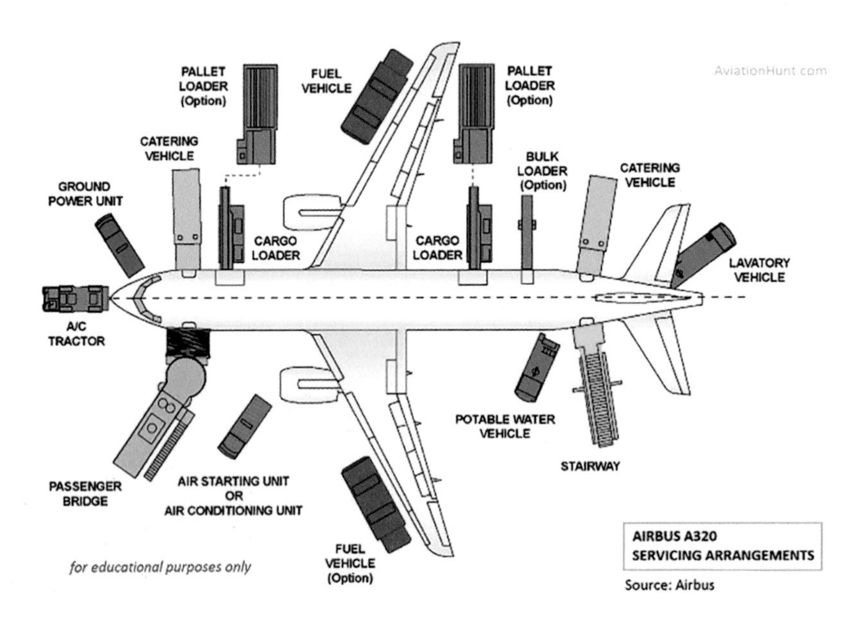

A320 항공기의 서비스 차량 위치

운항승무원 사전 검사

운항승무원은 조종실에서 비행 전 검사를 수행한다. 부조정사는 항공기 외부를 점검하여 안전 문제를 일으킬 수 있는 요인을 확인한다. 유지보수 팀이 이미 점검을 마쳤으므로, 부조정사는 시각적으로 항공기의 상태를 확인하고 액체 누출이나 손상 여부를 검사한다. 점검이 완료되고, 기장이 항공기의 안전성을 확신하면 승객은 탑승을 시작할 수 있다. 이 과정은 항공기의 안전 운항을 위해 필수적이며, 항공기의 문제를 조기에 발견하고 해결할 수 있도록 한다.

6 비행 단계

객실승무원은 비행의 각 단계를 숙지하고 조종실과 적절히 소통하여 비상사태 발생 시 신속하게 보고해야 한다. 각 단계와 관련된 업무를 이해하고 대응하는 것은 승객의 안전과 편안함을 보장하는 데 중요하다.

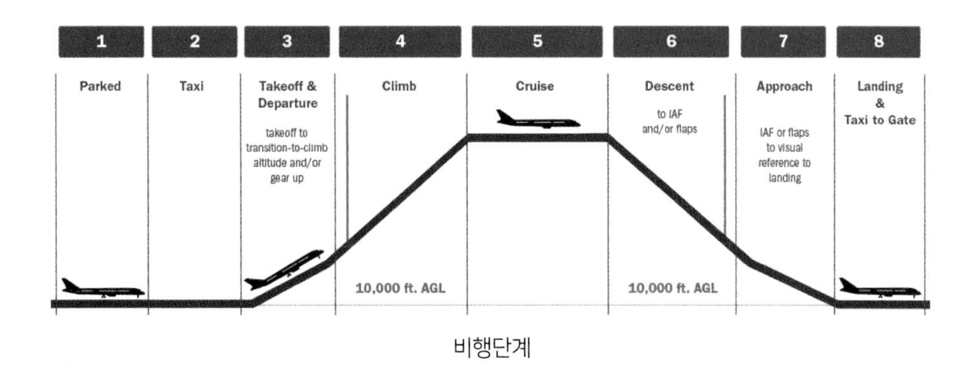

비행단계

비행 전 고객 탑승

비행 전 고객 탑승 단계에서 승무원은 비행 전 안전 및 보안 검사를 시작하고, 승객을 맞이할 준비를 한다. 이 시기에는 지상 핸들링, 엔지니어링, 케이터링 및 청소 팀이 활동하며, 연료 공급 차량, 지상 동력 및 에어컨 장치, 수하물 카트, 폐기물 및 식수 트럭이 항공기에 연결된다. 객실승무원은 출입 가능한 문을 확인하고, 기내식 트롤리Trolley*나 음료 서비스 물품 들이 출입문을 막지 않도록 주의해야 한다.

푸시백

모든 승무원과 승객이 탑승을 마치면 외부 지상 장비, 즉 항공기를 지지하고 있는 초크와 항공기 전원 공급 장치(GPU), 항공기 주위의 콘, 탑승교 또는 탑승 계단 등이 제거된다. 항공기의 문과 조종실의 문이 닫히고 잠긴 후, 견인 차량이 연결되어 항공기를 후진시키는 푸시백 작업이 시작된다. 이때 객실승무원은 출발 준비를 위해 문을 닫고 이륙 절차를 정리한다.

이륙 전과 택싱

항공기 엔진이 가동되면 항공기는 활주로로 이동한다. 이륙 전 택싱 단계에서

* 항공사에 따라 트롤리 대신 카트(Cart) 용어로도 사용하거나 혼용되어 사용함

객실승무원은 안전 브리핑을 실시하고, 모든 승객과 장비가 이륙 준비가 되었는지를 확인한 후 자신의 승무원 좌석에 앉는다.

이륙

이륙 단계는 항공기가 활주로를 질주하며 공중으로 솟구치는 과정까지를 포함한다. 객실승무원은 이륙 중 승무원 좌석 벨트(하네스)를 고정한 채 승무원 좌석에 앉아 안전상의 위험 징후를 감시한다. 또한, 만일의 상황에 대비해 안전 및 비상 절차를 머릿속으로 되짚어 보는 '30 second review'를 실시한다.

활주로 시작 지점에 있는 항공기(에어버스)

상승

상승 단계는 착륙기어가 접히면서 시작되며, 정상적인 상승 과정이 계속된다. 객실승무원은 비행기가 안정적으로 상승한 후 기내 서비스 준비를 시작할 수 있다. 상승 중에는 서비스 장비가 안전하게 보관되고 움직이지 않도록 주의해야 한다.

순항(크루즈)

상승을 마친 후 항공기는 순항 단계에 들어가며, 약 40,000피트의 고도에서 최대 625마일의 속도로 운항한다. 이 단계에서 객실승무원과 승객은 자유롭게 객실 내에서 이동할 수 있다.

착륙 전(하강)

착륙 전, 즉 하강 단계는 운항승무원이 고도를 낮추기 시작할 때부터 객실승무원이 착륙을 위한 착석 지시를 받을 때까지 이어진다. 이 단계에서는 항공기가 점차 고도를 낮추며, 객실 내 모든 활동이 착륙 준비로 전환된다.

접근

접근 단계는 객실승무원이 착륙을 위한 최종 착석 지시를 받는 순간부터 랜딩 기어가 완전히 내려가는 순간까지 이어진다. 객실승무원은 승객들이 착석하고 안전벨트를 착용하도록 지시하며, 모든 절차가 정확히 준수되도록 한다.

착륙

착륙 단계는 착륙 장치가 내려간 시점부터 항공기가 활주로에서 벗어날 때까지를 의미한다.

착륙 후(택싱)

착륙 후 게이트에 도착할 때까지 택싱 상태가 계속된다. 객실승무원은 승객에게 도착 방송을 하지만, 항공기가 갑자기 정지할 수 있으므로 착석 상태를 유지해야 한다.

비행 후 하기

승무원은 비행 후 하기 과정에서 승객들을 확인한 후 비행 안전 및 보안 검사를 완료한다. 이륙, 접근 및 착륙 단계는 특히 조종사에게 바쁜 시기로, 비행 중요단계라고 한다. 이 시점에 주의가 산만해지면 심각한 재난이 발생할 수 있으므로, 긴급상황이 발생할 수 있다. 객실승무원은 운항승무원을 방해하지 않도록 조심하며, 이 절차는 'sterile flight deck procedure'로 알려져 있다. 이 규정에 따라, 조종실 내에서 비행과 관련 없는 모든 활동과 대화가 금지되어 조종사가 항공기 운항에만 집중할 수 있도록 한다. 이는 조종사의 주의력 분산을 방지하며, 잠재적인 위험 상황에 효과적으로 대응할 수 있게 한다.

7 항공기

1) 항공기의 종류

항공기는 크게 세 가지 범주로 나뉜다.

- 상업용 운송 항공기 : 항공사 소유로 승객 및 화물을 운반하여 수익을 창출하는 대형 항공기이다. 주로 여객기와 화물기로 구분된다.
- 일반 항공기 : 상업적 목적보다는 개인이나 기업의 비상업적 용도로 사용되는 소형 항공기이다. 비즈니스, 긴급 원조, 조종사 훈련 등 다양한 목적에 활용된다.
- 군용 항공기 : 군에서 사용하는 항공기로, 다양한 크기와 기능을 갖추고 있어 군사적 목적으로 운영된다.

2) 기내구성

항공기의 내부 배열을 '기내 구성Cabin Configuration'이라고 한다. 항공사는 제공하려는 서비스와 클래스에 맞게 좌석을 배치한다. 예를 들어, 일반 항공사는 고객의 요구에 따라 특정 항공기의 좌석 수를 줄일 수 있다. 또한, 항공사는 여행 클래스에 따라 특별한 기내 시설을 설치하기도 하며, 일부 항공사는 고급 객실에 승객이 사용할 수 있는 바를 마련하기도 한다.

(1) 크기에 따른 분류

항공기는 크기에 따라 협동체 항공기, 광동체 항공기, 멀티플 데크 항공기로 구분된다.

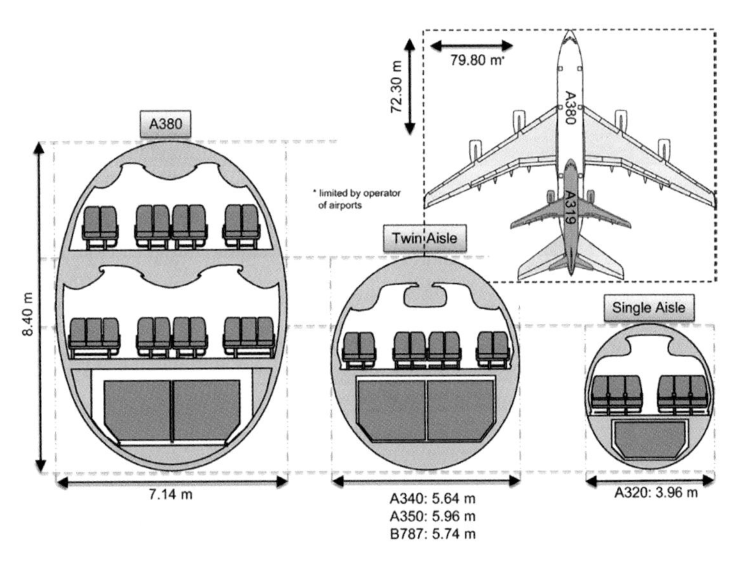

자료 : Commercial Aircraft Composite Technology

협동체 항공기(단일 통로)

약 180명의 승객을 수용할 수 있는 소형 항공기는 보통 중앙에 하나의 통로가 있다. 이런 단일 통로 항공기는 협동체Narrowbody라고 불리며, 객실의 앞, 뒤 또는 양쪽 끝에 조리실과 화장실이 위치한다. 기내가 여러 클래스로 나뉠 경우, 커튼이나 고정식 칸막이를 사용해 각 클래스의 공간을 구분한다. 이러한 유형의 항공기로는 보잉 737과 에어버스 320이 있다.

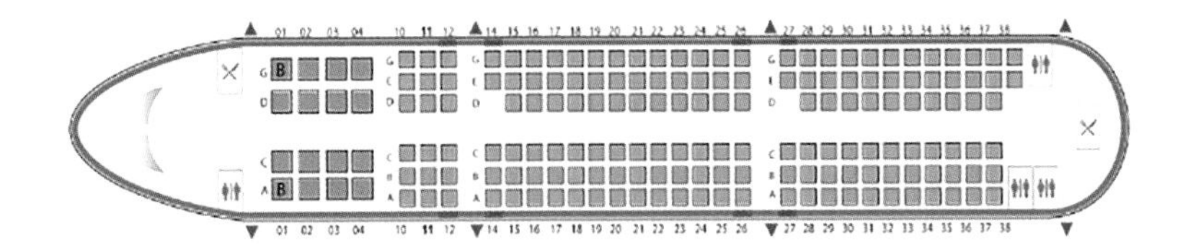

광동체 항공기(2개 통로)

대형 항공기는 일반적으로 두 개의 통로를 갖추고 있으며, 광동체Widebody 항공기로 불린다. 갤리와 화장실의 배치는 항공사의 선호에 따라 크게 달라지기 때문에, 항공기 제조사는 각 항공사의 선호와 서비스 유형을 고려하여 이들 설비의 위치를 결정한다. 이런 유형의 항공기로는 보잉 777, 787과 에어버스 350이 있다.

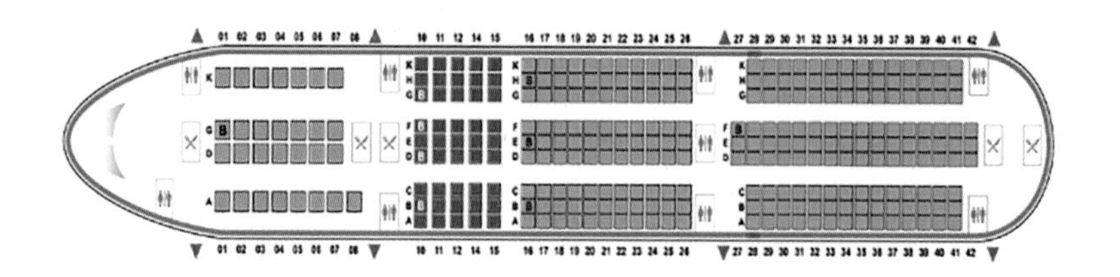

멀티플 데크 항공기

보잉 747과 에어버스 380과 같은 일부 대형 항공기는 멀티플 데크Multiple Decks 구조를 갖고 있어, 여러 층으로 이루어져 있다. 가장 하단에 있는 데크는 Main deck로 알려져 있으며, 그 위의 데크는 Upper deck로 명명된다. 또한, Main deck 아래에는 일부 공간이 객실승무원의 휴게실Crew Rest Compartment로 사용될 수 있다.

Emirates Reveals New A380 Onboard Lounge

Airbus A380
BRITISH AIRWAYS

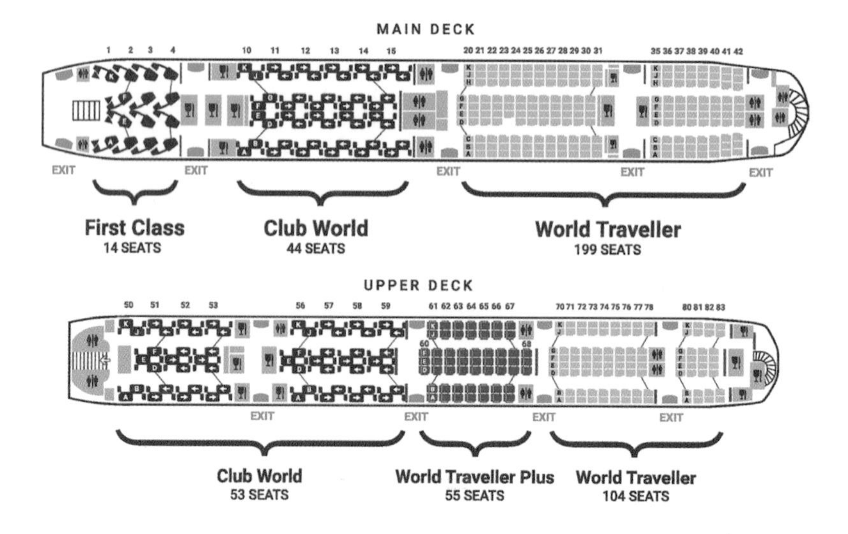

영국항공의 에어버스 380

(2) 좌석 분류

항공기 좌석은 항공사의 요구에 맞추어 다양하게 구성된다. 다음은 주요 좌석 분류와 그 특징이다.

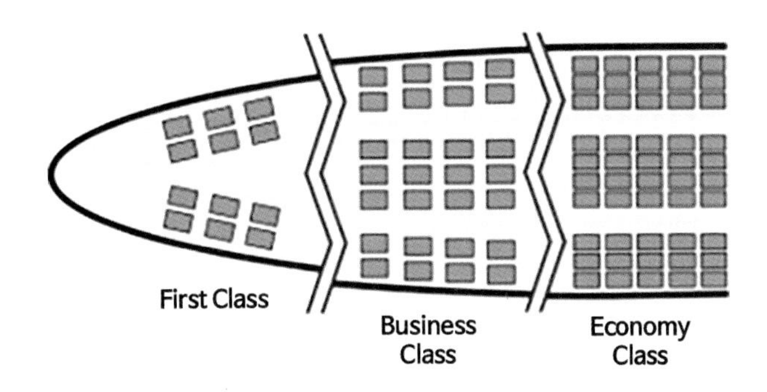

일등석(First Class)

일등석은 항공기의 앞부분에 위치하며, 개인 공간을 최대화하는 디자인을 제공한다. 승객은 평평한 침대로 전환 가능한 좌석, 편안한 식사 공간, 노트북을 사용할 수 있는 엔터테인먼트 시스템 등을 이용할 수 있다.

Singapore Airlines, First Class

비즈니스석(Business Class)

일등석에 준하는 고급 기능을 제공하며, 더 많은 승객을 수용할 수 있는 구조로 설계되어 있다. 비즈니스석은 장거리 비행에서 승객이 일하고 휴식을 취할 수 있도록 필요한 모든 편의를 제공하며, 기본적인 안전 및 서비스 기능을 갖추고 있다.

Singapore Airlines, Business Class

프리미엄 이코노미(Premium Economy)

일반석과 비즈니스석 사이의 중간 옵션으로, 일반 이코노미석보다 넓은 공간과 개선된 서비스를 제공한다. 프리미엄 이코노미석은 추가적인 다리 공간, 더 나은 식사 옵션, 강화된 고객 서비스를 제공한다.

Emirates Airline, Premium Economy

일반석(Economy Class)

가장 일반적인 좌석으로, 기본 안전 기능과 함께 조절 가능한 머리 받침, 좌석 눕히기 기능, 테이블 및 개인 물품 보관용 포켓 등을 제공한다. 일반석은 경제적인 여행 옵션을 제공한다.

United Airline, Economy Class

(3) 좌석 번호

항공사는 좌석 번호를 컴퓨터 시스템을 통해 생성한다. 각 좌석 열은 기내 앞에서 뒤로 갈수록 숫자가 커지며, 좌석 행은 문자를 사용하여 왼쪽에서 오른쪽으로 할당된다. 예를 들어, 좌석 4A는 기내 정면에서 네 번째 열의 왼쪽 창가에 위치한다.

협동체 항공기에서는 보통 A부터 F까지의 문자가 사용된다. 에어버스 319, 320, 321, 보잉 737, 보잉 757 같은 중형 항공기에서는 왼쪽 창문(A), 센터(B, E), 통로(C, D), 오른쪽 창문(F) 순서로 좌석이 배치된다.

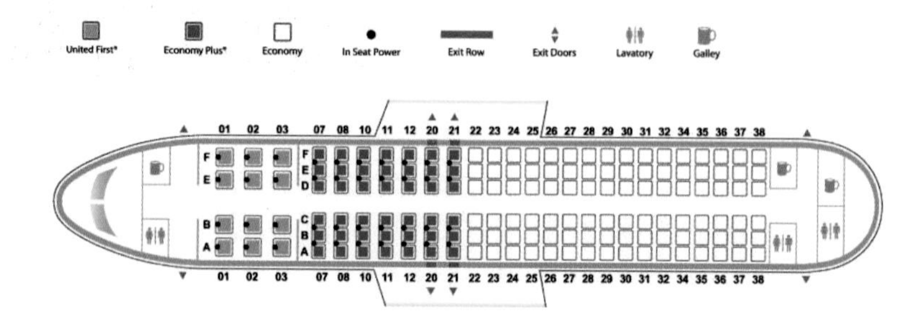

Airbus 320, Seat Map

광동체 항공기의 좌석 배치는 더 복잡하다. 보잉 747의 경우 일반적으로 3-4-3 구성을 갖추고 있어, 예를 들어, ABC, DEFG, HJK의 순서로 10개 좌석이 나란히 배치된다. 이 구성에서 문자 I는 숫자 1과의 혼동을 방지하기 위해 사용되지 않는다. 좌석 번호는 좌석 위의 오버헤드 빈Overhead Bin 또는 승객 서비스 장치의 표시등에 표시된다. 이는 항공기의 다양한 구성을 고려하여 승객과 컴퓨터 예약 시스템에 일관성을 제공한다.

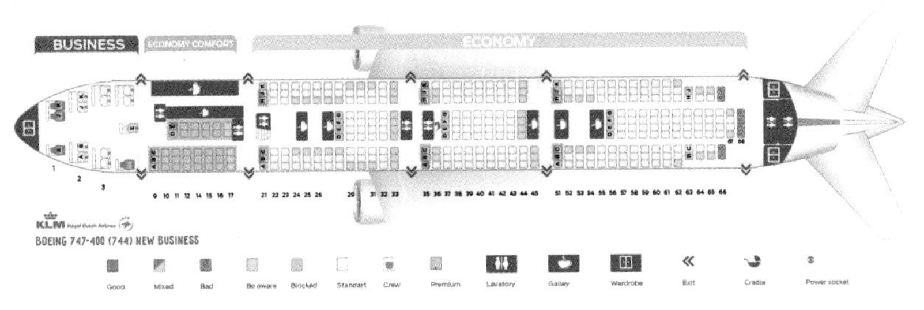

Boeing 747-400, Seat Map

(4) 기내구역(Zone)

기내는 주로 각각 짝지어진 문을 중심으로 여러 구역으로 구분된다. 이러한 구역은 승객에게 좌석 위치를 설명할 때는 사용되지 않지만, 객실승무원이 조명, 엔터테인먼트, 난방 등을 조정할 때 활용된다. 구역은 항공기 정면에서 시작하여 A로 표시되며, 기내의 짝지어진 문에 따라 B, C, D, E와 같은 문자가 할당된다. 이러한 구분은 객실의 효율적 관리를 돕는다.

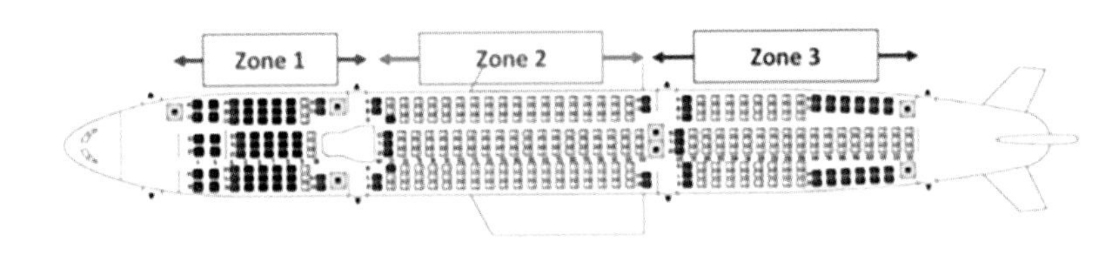

(5) 기내 설비와 구역

기내 설비와 구역에 대한 설명은 다음과 같다.

조종실 강화문	조종실과 객실을 분리하는 방탄 문으로, 내부의 조종사만 열 수 있는 전자 잠금 시스템이 설치되어 있다.	
갤리	식품 보관 및 준비 구역으로, 냉장고, 오븐, 온 음료 제조기, 싱크대 등이 설치되어 있다.	
화장실	위치를 설명하는 번호, 문자 또는 코드가 지정되며, 세면장의 문은 내부에서 잠그거나 열 수 있다.	 LAVATORY
기내 도어	승객의 탑승 및 하기에 사용되며, 일부는 케이터링 팀이 사용하는 작은 문이 있다.	
비상탈출구	기내 문보다 작으며, 비상 시 승객이 직접 열 수 있도록 설계되어 있다.	 비상구 EXIT
벌크헤드	객실 내 영구적인 칸막이로, 더 많은 공간을 제공한다.	
캐빈 디바이더	객실을 나누는 일시적인 구조물로, 객실 크기를 융통성 있게 조절할 때 사용된다.	
커튼	갤리나 화장실을 가리기 위해 설치되지만, 이착륙 시에는 열려 있어야 한다.	
오버헤드 빈 (락커)	기내 반입 수하물과 서비스 장비를 수납하는 승객 좌석 위의 보관함이다.	 Overhead lockers Safety handle Passenger service unit

독박스 (독하우스, Doghouse)	좌석 뒤나 아래에 위치한 작은 상자로, 서비스 장비나 안전 장비를 보관한다.
옷장	큰 기내수하물과 옷을 수납하는 공간으로, 주로 비즈니스 및 일등석 승객을 위해 예약되어 있다.
승무원 휴게실	장거리 비행 시 승무원이 휴식하는 공간으로, 메인 갑판, 하부 갑판 또는 천장 구역에 위치한다. 
PSU (Passenger Service Unit)	각 승객 좌석 위에 설치된 독서등, 객실승무원 호출등, 환기구, 비상 산소 호흡기를 포함한다. 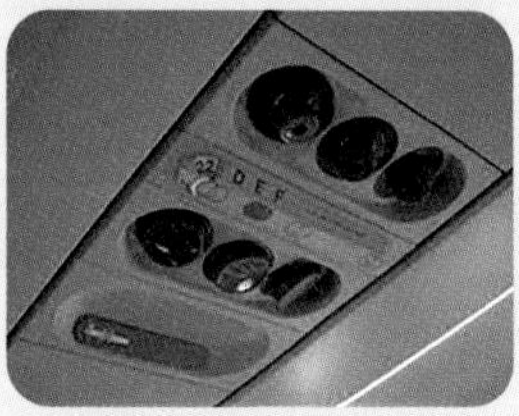
객실승무원 스테이션	객실승무원이 비상 장비를 갖추고 통신할 수 있는 장소로, 이륙 및 착륙 시 앉아 있는 곳이다. 
기내 엔터테인먼트	객실 승무원이 영화를 관리할 수 있는 관리 센터를 통해 운영된다. 일반적으로 각 좌석에 개인 TV 모니터가 설치되거나, 벌크헤드 TV 스크린을 사용하는 방식으로 제공된다.
탈출 경로 조명	모든 통로에 설치되어 있으며, 비상 시 어둠 속에서 비상구를 찾을 수 있게 도와준다. 

3) 최소장비목록

항공기와 승무원의 안전을 위해 기내에 설치된 많은 비품은 필수적이다. 객실승무원은 출발 전에 모든 장비가 제대로 작동하는지 확인해야 한다. 만약 안전 관련 장비가 작동하지 않거나 누락된 경우, 항공기 최소장비목록(MEL Minimum Equipment List)을 점검하여 출발 가능 여부를 결정한다.

이 목록은 항공기 제조업체가 발행하며, 안전한 운항을 위해 필요한 최소 장비의 세부 사항을 제공한다. MEL에는 누락되거나 손상된 장비의 수와 출발 시 변경해야 할 절차에 대한 정보가 포함되어 있다.

예를 들어, 각 비상 출구 위에 설치된 표지판 중 하나가 손상된 경우에도 항공기는 출발할 수 있지만, 해당 문을 비상 출구로 사용하지 말라는 지시가 승객에게 주어져야 한다. 만약 문 자체가 손상되거나 작동하지 않으면, 그 문에 가장 가까운 특정 수의 좌석이 비어 있어야 출발이 허용된다.

MEL은 항공기의 모든 안전 관련 시스템을 다루므로, 객실승무원이 모든 세부 사항을 알지는 못하더라도, 결함을 발견하면 즉시 기장에게 보고해야 한다. 기장은 MEL을 고려하여 출발을 결정할 수 있다.

8 비행의 원리

1) 비행 중에 비행기에 작용하는 4개의 힘

비행을 이해하려면 네 가지 기본 힘인 중력, 양력(상승력), 저항력, 추력을 이해해야 한다.

- 중력은 비행기를 지구로 끌어당기는 자연의 힘이다.
- 양력은 중력에 반대 방향으로 비행기를 밀어 올리는 힘이며, 비행기 날개에 의해 생성된다.

- 저항력은 비행기의 전진 운동에 반대되는 공기의 힘이다.
- 추력은 비행기를 앞으로 움직이는 힘으로, 비행기의 엔진이나 프로펠러가 이 힘을 만든다.

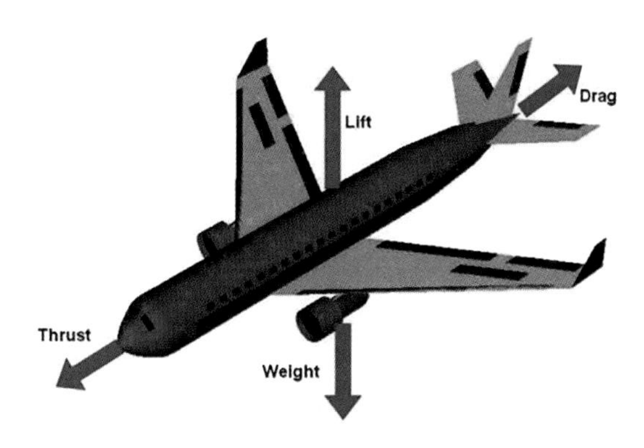

Four Forces on an Airplane

중력과 양력

비행기의 날개는 적절한 양의 양력을 최소 저항력과 함께 제공하도록 설계되어 있다. 순항 모드에서 효율적으로 작동하지만, 이륙과 착륙 시에는 속도가 시속 259km 미만으로 감소할 수 있다. 이 경우 날개의 플랩과 슬레이트를 확장해 더 많은 양력을 생성한다. 이러한 조정은 낮은 속도에서도 안정적인 이륙과 착륙을 가능하게 한다.

저항력과 추력

날개가 공기를 통과할 때만 양력이 발생한다. 엔진은 비행기를 앞으로 밀어 추력을 제공하고, 공기는 저항력으로 이 움직임에 저항한다. 추력이 커지면 항공기는 더 빠르게 전진할 수 있지만, 속도가 증가하면 저항력도 증가해 더 많은 추력이 필요하다. 제트기에서는 제트 엔진을 통과하는 가스의 빠른 이동을 통해 추력이 생성된다.

고도 및 방향

항공기가 수평 비행 중일 때, 양력과 추력은 중력과 저항력에 맞서 균형을 이룬다. 고도를 높이려면 조종사가 날개의 양력을 증가시켜야 한다. 이를 위해 조종사는 항공기의 받음각을 조절해 노즈를 약간 들어 올리고 날개가 상향 각을 이루도록 한다. 이 과정에서 추가 저항력이 발생하고, 이를 극복하기 위해 엔진 동력을 증가시켜 적절한 속도를 유지하면서 추력을 높인다. 하강 시에는 엔진 동력을 감소시켜 추력을 줄이고, 속도 감소로 인해 양력이 줄면서 항공기가 하강한다. 방향을 돌리기 위해서는 조종사가 한쪽 날개의 양력을 조절해 비행기를 기울인다. 이 방식으로 항공기는 좌회전하거나 우회전한다. 양력은 날개 표면에 직각으로 발생하며 비행 방향을 결정한다.

2) 비행기의 기본 동작

비행기는 피치Pitch, 롤Roll, 요Yaw의 세 가지 기본 동작을 통해 조종된다. 피치는 비행기의 코가 위나 아래로 움직이는 것을 말하며, 꼬리 모듈의 승강기Elevator에 의해 제어된다. 롤은 한쪽 날개가 다른 쪽보다 낮아지면서 발생하고, 이는 주 날개의 에일러론Ailerons에 의해 조정된다. 요는 비행기의 노즈가 좌우로 움직이는 것으로, 꼬리의 방향타Rudder가 이를 제어한다.

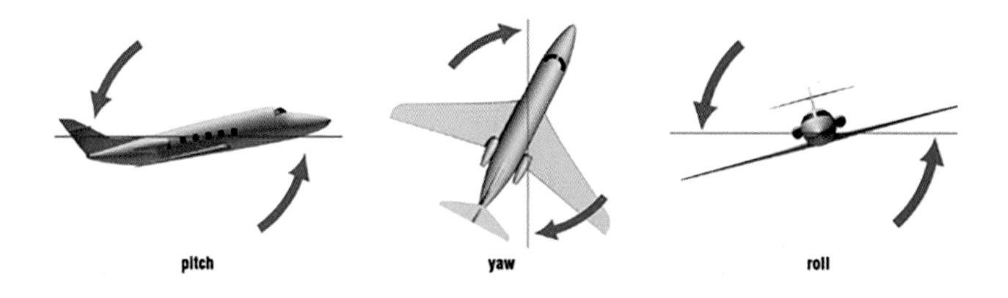

비행기는 케이블, 로드, 풀리 시스템을 통해 조종사의 조종석에서 외부 제어 장치로 연결된다. 현대의 상업용 항공기는 전기 신호식 비행 조종 제어 시스템인 플라이바이와이어Fly-By-Wire를 통해 조종된다. 이 시스템은 조종사의 입력을 항공기 컴퓨터에 전달하고, 전기 신호를 통해 액추에이터를 조정하여 조종 입력을 실행한다.

피치 조작 시, 승강기를 조정해 비행기의 코를 올리거나 내린다. 롤 동작은 에일러론을 통해 날개를 기울여 방향을 전환한다. 요 조작은 방향타와 페달을 사용하여 비행기의 노즈를 좌우로 움직인다. 이 세 가지 기본 동작을 통해 비행기는 원하는 방향과 고도를 유지하며 안전하게 비행할 수 있다.

3) 비행기의 구성

비행기는 날개, 동체, 꼬리 부분, 착륙기어, 그리고 엔진으로 구성된다. 엔진을 제외한 모든 부분은 합쳐서 비행기의 기체Airframe를 이룬다.

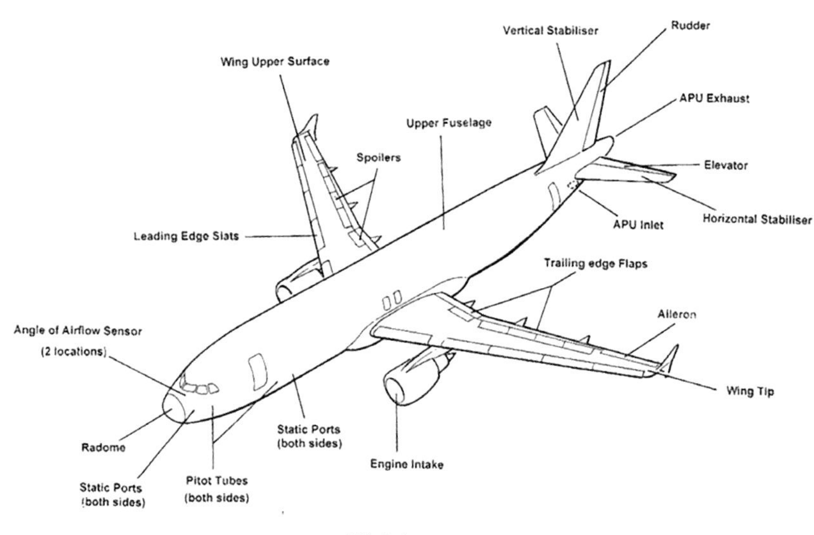

비행기의 주요 부품

날개

비행기의 날개는 양력을 생성하며, 주로 금속과 캔틸레버로 제작된다. 이륙과 착륙 시 플랩을 펼쳐 양력을 증가시키고, 슬레이트는 비행 중 양력을 증가시킨다. 에어버스 A320은 윙렛을 사용해 저항력을 줄이고 연료 효율을 높인다. 윙렛은 날개 끝에 위치해 와류를 줄이는 역할을 한다.

동체

항공기의 동체는 조종실, 승무원 공간, 승객 기내, 화물칸을 포함한다. 단일 엔진 비행기는 엔진이 동체 앞에, 다중 엔진 비행기는 날개나 동체 후면에 장착된다.

연료는 날개와 동체, 꼬리 부분의 탱크에 저장된다.

꼬리모두개

꼬리모두개는 수평 및 수직 안정판으로 구성되어 비행기의 안정성을 유지한다. 수평 안정판은 코의 상하 움직임을, 수직 안정판은 좌우 흔들림을 방지한다. 러더와 엘리베이터는 비행기의 방향을 조정하는 데 사용된다.

착륙기어

착륙기어는 트라이사이클 착륙기어로, 각 날개 아래 메인 기어와 노즈 기어로 구성된다. 고속 비행기는 저항을 줄이기 위해 접이식 착륙기어를 사용한다.

엔진

비행기 엔진은 제트, 터보프롭, 터보팬 세 종류로 구분된다. 제트 엔진은 고속 장거리 비행에 적합하고, 터보프롭 엔진은 저속 비행에서 효율적이다. 터보팬 엔진은 대형 항공기에 높은 추력을 제공하여 빠른 속도로 운행할 수 있게 한다.

9 고도생리학과 기내 압력

1) 고도생리학

인체는 지구 자연환경에 최적화되어, 대기는 주로 질소(78.09%)와 산소(20.95%)로 구성되어 있다. 대기압은 해수면에서 제곱인치당 14.7파운드의 힘으로 작용하며, 이는 중력이 가스를 지상에 머물게 하기 때문이다. 해수면에서는 공기 밀도가 높아 폐가 가스 교환을 효율적으로 수행한다. 그러나 고도가 높아질수록 공기는 희박해져 더 자주 숨을 쉬어야 충분한 산소를 섭취할 수 있다.

제트기는 약 12,100미터에서 비행하며, 이 고도에서의 산소 농도는 해수면의

21%에 불과하다. 따라서 항공기 내부는 생존 가능한 산소 수준을 유지하기 위해 공기를 공급받는다. 항공기의 내부 기압은 5,000피트에서 9,000피트 사이의 고도에 해당하는 압력을 유지하도록 설계된다.

2) 기내 압력

현대 제트 항공기는 엔진을 사용해 대량의 공기를 끌어들여 응축하고 연소시켜 기내로 보내며, 이 과정을 통해 차가운 청정 공기로 변환된다. 비행기가 상승하면서 기내 압력은 점차 떨어지며, 이는 승객이 귀에서 팝핑 소리를 느끼게 한다. 씹거나 하품을 하면 이러한 증상을 완화할 수 있다. 감기 증상이 심할 때는 고막 파열 위험이 있으므로 비행을 피해야 한다.

고도에 도달하면 에어컨 팩이 작동해 기내로 신선한 공기를 유입시킨다. 하강 중에는 유출 밸브를 통해 기내 압력을 외부 대기압과 조절한다. 공기 중의 산소량이 낮아지면 혈액과 신체에 산소 흡수가 감소해, 천식, 빈혈, 순환 장애 등 다양한 의학적 문제가 악화될 수 있다. 또한, 고도가 높아지면 신체 내 가스가 팽창해 불편함을 유발할 수 있으며, 장기적인 탈수로 인해 집중력 저하, 두통, 수면 장애 등의 증상이 나타날 수 있다. 따라서 비행 중 충분한 수분 섭취가 권장된다.

연습문제

01 공항의 출발 구역에서 승객이 항공기에 탑승하기 위해 요구되지 않는 것은 무엇인가?

A. 보안 검색을 통과한다.
B. 탑승권을 확인한다.
C. 수하물을 처리한다.
D. 승무원의 개인 캘린더를 작성한다.

02 도착 구역에서 국제선 승객이 반드시 거쳐야 하는 절차는 무엇인가?

A. 탑승권 확인
B. 입국 심사
C. 보안 검색
D. 승객 전신 금속 탐지기 통과

03 다음 중 IATA 숫자코드가 '618'인 항공사는 무엇인가?

A. Japan Airlines
B. Emirates
C. Singapore Airlines
D. Aeroflot

04 다음 중 인도의 인디라 간디 국제공항의 IATA 코드는 무엇인가?

A. BOM
B. DEL
C. BLR
D. CCU

05 다음 중 서울의 IATA 도심 코드는 무엇인가?

A. ICN
B. GMP
C. SEL
D. PUS

06 다음 중 보안 검색을 통과할 때 허용되는 품목은 무엇인가?

A. 150ml 물병
B. 손톱깎이
C. 120ml 향수
D. 큰 가위

07 24시간제로 오후 5시 30분에 도착하는 항공편의 시간은 무엇인가?

A. 05:30　　B. 17:30
C. 15:30　　D. 18:30

08 오클랜드가 GMT+12 시간대에 있을 때, 시드니가 21시라면 오클랜드의 시간은 무엇인가?

A. 19:00　　B. 21:00
C. 23:00　　D. 01:00

09 로스앤젤레스에서 금요일 밤 출발하여 뉴질랜드 오클랜드로 향하는 비행기에서 날짜 변경선을 지날 때, 도착 날짜에 대한 설명으로 옳은 것은 무엇인가?

A. 날짜가 하루 늦어진다　　B. 날짜가 하루 앞당겨진다
C. 시간만 변하고 날짜는 변하지 않는다　　D. 비행 시간이 자동으로 조정된다

10 항공기 연료 공급 절차 중 승객이 탑승 중일 때에도 이루어질 수 있는 작업은 무엇인가?

A. 청소　　B. 케이터링 교환
C. 연료 주입　　D. 화장실 서비스

11 항공기가 활주로로 이동하는 단계에서 객실승무원이 수행해야 하는 중요한 업무는 무엇인가?

A. 기내 서비스 준비　　B. 착륙 브리핑
C. 안전 브리핑　　D. 비행 후 청소

12 멀티플 데크 항공기의 가장 하단에 위치한 데크는 무엇으로 알려져 있는가?

A. 상층 데크　　B. 메인 데크
C. 갤리 데크　　D. 화장실 데크

13 프리미엄 이코노미 클래스의 특징으로 맞는 것은 무엇인가?

A. 개인 공간을 최대화하는 디자인을 제공한다.
B. 장거리 비행에서 승객이 일하고 휴식을 취할 수 있도록 설계되어 있다.
C. 일반 이코노미석보다 넓은 공간과 개선된 서비스를 제공한다.
D. 구명조끼, 좌석벨트, 독서등 등의 안전 기능이 갖춰져 있다.

14 항공기 내부에서 승무원이 비상 장비를 갖추고 이륙 및 착륙 시 앉아 있는 곳은 어디인가?

A. 객실승무원 스테이션 B. 승무원 휴게실
C. 옷장 D. 독박스(독하우스)

15 비행기에 작용하는 네 가지 기본 힘 중 비행기를 지구로 끌어당기는 힘은 무엇인가?

A. 양력 B. 중력
C. 저항력 D. 추력

16 비행기의 날개 끝에 위치해 와류를 줄이고 저항력을 줄이는 역할을 하는 것은 무엇인가?

A. 러더 B. 엘리베이터
C. 윙렛 D. 에일러론

17 비행기가 상승하면서 기내 압력은 점차 떨어지며 승객이 귀에서 팝핑 소리를 느끼게 되는 이유는 무엇인가?

A. 기내 공기 온도의 변화 B. 기내 압력의 감소
C. 산소 농도의 증가 D. 기내 습도의 증가

정답과 해설

번호	정답	해설
1	D	공항 출발 구역에서 승객은 보안 검색을 통과하고, 탑승권을 확인하며, 수하물을 처리해야 한다. 승무원의 개인 캘린더 작성은 승객과 관련이 없다.
2	B	국제선 도착 승객은 입국 심사를 거쳐야 한다. 이는 도착 국가의 출입국 규정을 확인하고 입국 목적을 확인하기 위한 절차이다. 탑승권 확인과 보안 검색은 출발 시점에서 이루어진다.
3	C	Singapore Airlines의 IATA 숫자코드는 '618'이다. Japan Airlines는 '131', Emirates는 '176', Aeroflot은 '555'이다.
4	B	인도의 인디라 간디 국제공항의 IATA 코드는 'DEL'이다. BOM은 뭄바이 국제공항, BLR은 벵갈루루 국제공항, CCU는 콜카타 국제공항의 코드이다.
5	C	서울의 IATA 도심 코드는 'SEL'이다. ICN은 인천 국제공항, GMP는 김포 공항, PUS는 부산의 김해 공항의 코드이다.
6	B	보안 규정상 날카로운 물건의 운송은 금지되지만, 손톱깎이는 허용된다. 물병은 100ml 이하, 향수도 100ml 이하이어야 하며, 큰 가위는 허용되지 않는다.
7	B	24시간제에서는 오후 5시 30분을 17:30으로 표시한다. 이는 정오 이후 5시간 30분이 지난 시각을 의미한다.
8	C	시드니는 오클랜드보다 2시간 앞서 있는 GMT+10 시간대에 위치한다. 따라서 시드니가 21시일 때, 오클랜드의 시간은 시드니보다 2시간 늦은 23:00이다.
9	B	로스앤젤레스에서 오클랜드로 비행하는 동안 동쪽으로 날짜변경선을 지나면 24시간을 더하고 날짜를 하루 앞당기게 된다.
10	C	연료 주입 작업은 승객이 탑승 중일 때도 이루어질 수 있으며, 이는 철저한 안전 절차를 준수하여 수행된다.
11	C	이륙 전 택싱 단계에서 객실승무원은 안전 브리핑을 실시하여 모든 승객과 장비가 이륙 준비가 되었는지를 확인한다.
12	B	멀티플 데크 항공기의 가장 하단에 있는 데크는 메인 데크로 알려져 있다. 보잉 747과 에어버스 A380과 같은 대형 항공기가 이 구조를 갖고 있다.
13	C	프리미엄 이코노미 클래스는 일반 이코노미석보다 넓은 공간과 개선된 서비스를 제공한다. 이는 추가적인 다리 공간, 더 나은 식사 옵션, 강화된 고객 서비스를 포함한다.
14	A	객실승무원 스테이션은 승무원이 비상 장비를 갖추고 이륙 및 착륙 시 앉아 있는 곳으로, 비상 상황 발생 시 신속하게 대응할 수 있도록 설계된 장소이다.
15	B	비행기에 작용하는 네 가지 기본 힘 중 중력은 비행기를 지구로 끌어당기는 자연의 힘이다.
16	C	윙렛은 비행기의 날개 끝에 위치해 와류를 줄이고 저항력을 줄이는 역할을 한다.
17	B	비행기가 상승하면 기내 압력이 감소하여 귀에서 팝핑 소리를 느끼게 된다. 이는 기압 차이로 인한 현상이며, 씹거나 하품을 하면 완화할 수 있다.

제3장

승무원의 책임과 협동

1 조직구조

운항승무원과 객실승무원의 협력은 비행 안전을 보장하는 데 필수적이다. 특히 응급 상황에서 그 중요성이 커진다. 이들이 팀으로 효과적으로 활동하려면 서로의 역할과 책임을 이해하고 원활한 커뮤니케이션이 필요하다. 객실승무원은 비행팀과 각 팀원의 책임 및 활동을 관리하는 조직 구조를 이해해야 한다. 이러한 지식은 승무원들이 다른 팀과 효율적으로 협력하는 데 도움이 된다.

1) 명령체계

항공기 탑승 시 승무원은 엄격한 규제 하에서 자신의 역할을 이해한다. 기장은 항공기와 승무원, 승객을 총괄하며, 비상시 승객의 안전을 확보하는 것이 주요 의무이다. 모든 비행에는 최소 두 명의 조종사가 탑승하며, 장거리 비행에서는 교대 근무 시스템이 마련되어 있다.

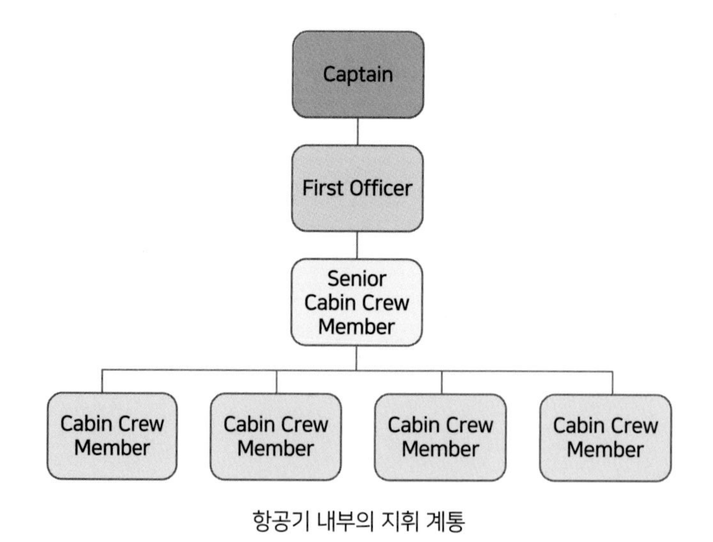

항공기 내부의 지휘 계통

객실 사무장은 객실승무원의 리더로, 기장에게 보고하며 비행 전 브리핑과 업무를 관리한다. 항공사는 필요한 최소 객실승무원 수를 결정하고, 국가항공국의 승인을 받는다. 객실승무원의 숫자는 항공기 크기와 유형에 따라 다르며, 서비스 수준을 유지하기 위해 추가 승무원을 배치할 수 있다. 객실승무원은 팀과 협력하여 응급 상황에 신속하게 대응하며, 승객의 안전과 편안함을 보장하기 위해 필요한 역할과 책임을 정확히 이해해야 한다.

싱가포르 항공사의 Cabin Crew 레벨에 따른 복장의 차이

객실승무원의 숫자는 항공기의 크기와 유형에 따라 달라지며, 최소 인원 규정을 준수해야 한다. 규정에는 다음이 포함된다.

- 항공기는 90초 이내에 대피할 수 있어야 하며, 시연에 참여한 객실승무원의 수는 운항 시 객실승무원 수와 일치해야 한다.
- 객실 구역에서 앉은 승객의 대다수가 이륙 및 착륙 시 객실승무원이 잘 볼 수 있어야 한다. 이를 '직접 보기'라고 한다.
- 각 50석당 최소 한 명의 객실승무원을 배치해야 한다.

이러한 규정은 승객의 안전을 보장하고, 응급 상황에서 신속하게 대응할 수 있게 함으로써 항공 여행의 안전성을 유지하는 데 중요하다. 승무원은 비행마다 다른 팀과 협력하여 기내에서의 모든 업무를 수행하고, 응급 상황에 신속하게 대응할 수 있도록 준비한다. 승객의 안전과 편안함을 위해 각 승무원의 역할을 이해하고, 일상적인 작업과 예상치 못한 사건을 효율적으로 처리할 수 있어야 한다.

2) 객실승무원의 책임

항공기 탑승 시 객실승무원은 항공사 정책에 따라 근무 위치가 결정되며, 이는 승무원의 경험과 선임 정도에 따라 다르다. 객실승무원의 주된 역할은 비행 중 승객과 기내 안전을 모니터링하는 것으로, 승객 간의 갈등, 의료적 문제, 기술적 오류 등에 대응해야 한다.

승무원은 비상 상황 시 기장과 직접 소통할 수 있어야 하며, 비행 전 객실승무원과 기장은 서로 소개하고 상호작용하는 것이 권장된다. 비행 준비에는 객실승무원이 필수적인 여러 점검과 준비 작업을 수행하며, 이는 비행 전 브리핑과 기내 안전 점검을 포함한다.

비행 전 과정에서 객실승무원은 다음과 같은 작업을 수행한다.

- 승무원 브리핑
- 비행 준비
- 탑승 절차 진행
- 안전 브리핑 실행
- 이륙 및 착륙 준비

각 승무원은 비행의 모든 단계에 대해 준비가 되어 있어야 하며, 이는 객실승무원이 효율적으로 작업하고 응급 상황에 대응할 수 있다.

2 승무원 커뮤니케이션

항공기 내 커뮤니케이션과 협업은 사고 예방과 관리에 중요하다. 전 세계 항공사는 이를 효과적으로 수행하기 위한 다양한 방법을 개발했다. 객실승무원은 항공사의 방법을 활용하여 기내 커뮤니케이션과 협업을 효율적으로 개선해야 한다.

1) 승무원자원관리

(1) 승무원자원관리의 이해

1970년대, 항공 사고 조사에서 인간 오류가 사고의 주요 원인임이 밝혀졌다. 이에 따라 NASA는 실패 원인으로 리더십과 팀 조정, 의사 결정을 지목했고, 항공 커뮤니티는 승무원 교육과정에 심리학자들을 도입했다. 처음에는 조종실 자원 관리(CRM) 교육이 운항승무원에게 제공되었지만, 기장의 결정이 다양한 정보에 의존함에 따라 교육 범위가 확장되어 객실승무원까지 포함되었다. 현재 CRM은 팀워크와 정보 관리를 강조하며, 효과적인 커뮤니케이션 기술을 토대로 한다.

ICAO는 모든 항공사에 CRM 교육을 의무화하고 있으며, 이는 국가항공국의 요구 사항으로 간주된다. 이 교육은 팀 구성원 간의 책임과 역할 이해를 강화하며, 서로 협력하도록 한다. 일부 항공사는 운항승무원과 객실승무원을 별도로 교육시키기도 한다. 객실승무원의 교육과정에는 CRM 원칙이 포함되어 있으며, 이는 일상 업무 중 인간의 오류 방지에 중요하다.

- CRM 교육은 승무원에게 다음과 같은 이점을 제공한다.
- 의견 교환과 도움 요청을 강화하여 인적 오류를 방지한다.
- 사전 중단 메커니즘을 통해 문제를 미리 인지하고 대응한다.
- 효과적인 문제 관리를 통해 발생한 문제를 최소화하고 해결한다.

CRM은 또한 직장 내 사기를 향상시켜 모든 승무원이 중요한 팀의 일원으로 활동하도록 장려하며, 팀 전체의 효율성과 성과를 향상시킨다. 이러한 긍정적인 작업 환경은 조직 전반의 긍정적 변화를 촉진하며, 항공사의 실적 개선으로 이어진다.

IATA CRM 교육과정

(2) CRM의 구성요소

CRM Crew Resource Management의 이해는 객실승무원에게 필수적이며, 안전하고 효율적인 업무 수행에 큰 영향을 미친다. 주요 구성 요소는 다음과 같다.

- 리더십 : 객실 사무장은 리더십 역량을 발휘하여 객실승무원의 업무를 멘토링하고 업무를 효과적으로 위임한다.

- 커뮤니케이션 : 명확하고 정확한 커뮤니케이션은 인터폰 시스템을 통해 수행되며, 기내 안전과 직접적으로 관련된다.
- 상황 인식 : 승무원은 스트레스나 피로 등의 요인에도 불구하고 주변 상황을 정확히 인식하고 적절히 반응해야 한다.
- 주장과 참여 : 객실승무원은 팀 목표를 위해 아이디어를 공유하고 비상 상황에서 적극적으로 승객을 관리한다.
- 의사 결정 : 승무원은 모든 정보를 검토하고 최적의 결정을 내리며, 그 결정 과정을 팀과 공유한다.

CRM의 구성요소

CRM은 기상악화와 같은 지체 상황에서 특히 중요하다. 이런 경우, 객실승무원은 다음과 같이 행동한다.

- 커뮤니케이션 : 지체된 비행과 관련하여 승객과 직원 간 필요한 정보를 명확히 전달하고 조치를 취한다.
- 상황 인식 : 지체가 승객 만족도에 미칠 영향을 인지하고, 관련 법규와 절차를 숙지한다.
- 적극성 및 참여 : 객실승무원은 근무 시간 관리를 유지하고, 필요한 경우 기장에게 상황을 보고한다.
- 의사 결정 : 객실승무원은 기내에서 시간을 보낼 수 있는 활동을 결정하고 필요한 준비를 한다.

CRM은 객실승무원이 항공기 내에서 효과적으로 작업을 수행하고, 승객의 불편을 최소화하는 데 중요한 역할을 한다.

(3) 항공사 전환 훈련

항공사의 전환 훈련은 승무원의 유연성, 예상치 못한 상황 대응, 문화적 다양성 인식 등을 강화한다.

- 회복력 개발 :
  - 정신적 유연성 : 항공사 직원은 CRM 훈련을 통해 변화에 유연하게 대응하는 법을 배운다.
  - 상황에 따른 적응 : 스트레스 상황에서의 적절한 행동을 강조하여, 과잉 반응이나 부적절한 망설임을 최소화한다.
- 예상치 못한 결과 대응 : 승무원은 예기치 않은 상황에 대해 적절하게 대처하고 효과적으로 반응할 수 있도록 준비된다.
- 문화적 다양성 인식 : 다문화 승무원 구성에서 문화적 차이의 이해와 존중을 강조하며, 커뮤니케이션과 문제 해결에서 발생할 수 있는 문화적 영향을 인식하도록 훈련한다.

위 요소들은 객실승무원이 다양한 비행 상황에서 효과적으로 커뮤니케이션하고, 스트레스를 관리하며, 문화적 차이를 넘어 효과적으로 협력할 수 있는 기반을 마련한다. 항공사는 승무원에게 충분한 정보를 바탕으로 결정을 내릴 권한을 부여하며, 팀 작업 환경을 강조하여 각 구성원의 의견을 중요하게 여기도록 한다. 이 접근법은 비상 상황에서 특히 중요하다.

2) 운항승무원과 객실승무원의 커뮤니케이션

항공기 운항 시 객실 승무원과 운항 승무원 간의 커뮤니케이션은 조종실 이 물리적으로 잠겨 있어 보안상의 이유로 접근이 방지된다. 이를 해결하기 위해, 항공사들은 다양한 전략을 적용하여 효과적인 소통을 보장한다.

- 보안 문제로 인한 조종실 접근 제한 : 비행 중 조종실은 보안을 위해 잠겨 있으며, 객실승무원과 운항승무원 간의 소통은 주로 인터폰 시스템을 통해 이루어진다. 예를 들어, 난기류 시 좌석벨트 착용 표시등이 켜지면, 객실승무원은 인터폰을 통해 기장에게 객실 상황을 보고한다.
- 조종실 문의 보안 강화 : 객실승무원은 보안이 강화된 조종실 문을 통해 필요할 때 접근할 수 있다. 이 문은 비밀번호 입력 시스템과 감시 카메라로 보호되며, 운항승무원은 방문자를 카메라로 확인 후 문을 열 수 있다.
- Sterile Flight Deck Procedure : 이착륙 시 적용되는 이 절차는 객실승무원이 이착륙 중에는 운항승무원에게 불필요한 방해를 주지 않도록 한다. 이 시간 동안 운항승무원은 인터폰 응답이 어려울 수 있으므로, 객실승무원은 긴급 상황이 아니면 연락을 자제해야 한다.
- 항공사의 표준 운영 절차 : 객실승무원과 운항승무원의 커뮤니케이션을 강화하기 위해 다양한 방법이 통합되었다. 예를 들어, 공동 훈련 세션, 비행 전 합동 브리핑, 조종실의 객실승무원 좌석 제공 등이 이에 포함된다. 이러한 방법들은 ICAO와 IATA에 의해 모범 사례로 추천되며, 국제적으로 인정받는 방법들이다.

이러한 조치들은 운항승무원과 객실승무원이 효과적으로 협력하고 비행 중 발생할 수 있는 여러 상황을 효과적으로 관리할 수 있도록 돕는다.

출처 https://www.cursostcp.es/contenido-del-curso-tcp-funciones-de-un-tripulante-de-cabina-antes-del-vuelo/

3) 객실승무원 간의 커뮤니케이션

비행 전 브리핑은 해당 비행편의 분위기를 결정하며, 모든 객실승무원이 참석해야 한다. 객실 사무장은 승무원의 건강 상태, 안전 지식, 필요한 장비의 준비 상태를 확인하고, 브리핑에서 서비스 내용과 비행 중 중요 변경 사항을 논의한다.

출처 https://www.cursostcp.es/contenido-del-curso-tcp-funciones-de-un-tripulante-de-cabina-antes-del-vuelo/

탑승 후, 객실 사무장은 객실승무원의 활동을 조정하고, 각 승무원은 비행 전 검사를 완료해 객실 사무장에게 보고한다.

객실 사무장은 점검 사항을 기장에게 체크리스트로 알리고, 운영 매뉴얼에 따라 손상된 장비에 대해서도 보고한다.

추가 정보는 인터폰을 통해 객실승무원에게 전달되며, 이에는 승객 수 변경, 특별한 도움이 필요한 승객, 비행 시간 변경 등이 포함된다. 객실승무원은 인터폰을 사용할 때 자신의 이름과 위치를 명확하게 알린다. 탑승 준비가, 객실 사무장은 승무원에게 탑승 시작을 알린다. 객실승무원은 지정된 위치에서 탑승을 진행하며, 승객 탑승을 확인 후 운항승무원에게 보고한다. 출발 준비와 문의 크로스체크 절차가 이어지며, 각 승무원은 탈출 장치를 확인하고, 안전 데모를 수행한 후, 이륙 준비를 완료한다. 이륙 후 객실 사무장은 'CABIN READY' 표시등을 통해 기장에게 이륙 준비 완료 상태를 알린다. 이륙 후 일정 시간이 지나면 객실승무원은 서비스를 시작하며, 비행 중에는 주로 서비스 관련 커뮤니케이션을 수행한다.

4) 공용어

ICAO는 2001년에 영어를 항공 여행의 공용어로 지정하고, 모든 조종사, 운항승무원, 항공교통관제원에게 영어 능력 시험을 의무화했다. 이 규정은 객실승무원에게도 적용되어, 모든 승무원이 영어로 효과적으로 소통할 수 있어야 하며, 장비 용어와 절차 이름을 정확하게 사용할 수 있도록 항공사가 검증한다.

5) 포네틱 알파벳

라디오 통신에서의 혼동을 방지하기 위해 포네틱 알파벳이 사용된다. 문자 'P'와 'B', 'X'와 'S', 'A'와 'E' 같이 유사하게 들릴 수 있는 글자들을 구분하기 위해, 1950년대에 ICAO가 개발한 포네틱 알파벳이 통신 내용을 명확하게 전달하는 데 사용된다.

ICAO 포네틱 알파벳

Letter	Phonetic	Letter	Phonetic
A	Alpha	N	November
B	Bravo	O	Oscar
C	Charlie	P	Papa
D	Delta	Q	Quebec
E	Echo	R	Romeo
F	Foxtrot	S	Sierra
G	Golf	T	Tango
H	Hotel	U	Uniform
I	India	V	Victor
J	Juliett	W	Whiskey
K	Kilo	X	X-ray
L	Lima	Y	Yankee
M	Mike	Z	Zulu

객실승무원은 ICAO 포네틱 알파벳을 사용하여 오해를 방지하고 정확한 의사소통을 유지하는 데 중요한 역할을 한다. 이 기술은 승객의 이름 확인, 도움 요청, 항공기 등록 번호 언급 시 특히 유용하다.

예를 들어, 승객의 이름 'Smith'는 'Sierra Mike India Tango Hotel'로, 도움 요청 시 'HELP'는 'Hotel Echo Lima Papa'로, 항공기 등록 번호 'G-ABCD'는 'Golf Alpha Bravo Charlie Delta'로 정확하게 통신해야 한다. 이러한 방식은 특히 비상 사태나 기술적 문제를 운항승무원에게 인터폰을 통해 전달할 때 명확성을 제공하며, 객실승무원이 필요한 상황에서 정확하고 명확한 의사소통을 보장하는 데 필수적이다.

3 승객 커뮤니케이션

항공 산업은 국제적인 환경에서 일하므로 객실승무원은 다양한 문화의 승객과 상호작용을 한다. 이는 흥미롭지만 동시에 다양한 문화의 사람들과 좁은 공간에서 장시간을 보내야 하기 때문에 어려움도 따른다. 객실승무원은 승객의 기대에 부응하고 문화적 갈등을 방지하며 밀폐된 기내 환경에서 발생할 수 있는 불편함을 인지해야 한다. 승객이 개인 공간을 침입받고 있다고 느낄 수 있고, 언어 장벽도 커뮤니케이션을 어렵게 할 수 있다.

객실승무원은 자신의 태도와 신체 언어를 의식하며 다음과 같은 행동을 피해야 한다.

- 눈 굴리기 : 동료와의 대화가 다른 사람을 무시하는 것으로 해석될 수 있다.
- 한숨 쉬기 : 일하는 것을 꺼리는 듯한 인상을 줄 수 있다.
- 팔짱 끼기 : 무관심하거나 방어적인 태도로 보일 수 있다.

객실승무원은 승객의 입장을 이해하고, 비행 중 스트레스를 인지하여 승객에게 편안함을 제공하는 것이 중요하다. 또한, 승객이 기내에 들어올 때부터 편안함을 느낄 수 있도록 하며, 이는 비행 중 승객과의 상호작용을 원활하게 만든다.

효과적인 커뮤니케이션을 위해 객실승무원은 언어 장벽이 있을지라도 다음과 같은 기술을 활용한다.

- 눈 맞춤 : 승객의 말에 관심을 보이며 공감을 표현한다.
- 개방된 자세 : 팔짱을 피하고 손을 보이는 곳에 두어 편안한 자세를 취한다.
- 미소 : 진정한 미소는 호의적인 태도와 긍정적인 분위기를 전달한다.

객실승무원은 다양한 문화의 승객을 맞이할 때 문화적 민감성을 유지해야 하며, 문화적 차이가 커뮤니케이션, 문제 해결 및 상황 이해에 미칠 수 있는 영향을 인식한다. 예를 들어, 특정 문화에서는 일반적으로 긍정적인 신체 언어가 부정적으로 받아들여질 수 있다. 항공사는 국제 노선에서 근무하는 객실승무원에게 다양한 문화에 대한 이해를 돕는 문화 역량 강좌를 제공하여 이러한 문제를 해결하려 한다.

1) 대인 관계 기술

승무원의 업무는 다양한 규범, 가치, 언어를 가진 사람들이 전문성을 바탕으로 협력하는 환경에서 이루어진다. 팀의 효율성은 다양한 시각을 통합해 우수한 의사 결정을 내릴 수 있는 능력에 의존하며, 구성원 간의 대인 관계 기술에 크게 좌우된다. 팀 내의 인간 관계 문제나 스트레스는 성과에 중요한 영향을 미치며, 이를 관리하는 것은 필수적이다. 대인 관계 기술은 개발이 시간과 노력을 요구하고, 어떤 사람들은 이 기술을 다른 이들보다 자연스럽게 잘 활용할 수 있다. 특히 도전적인 상황에서 이러한 기술의 발달 정도가 중요하게 작용한다.

(1) 긍정적인 대인 관계 기술

승무원의 효과적인 커뮤니케이션과 팀워크는 항공 산업에서 필수적이다. 이를 지원하는 긍정적인 대인 관계 기술은 다음과 같다.

- 명확한 커뮤니케이션 : 비행 중 승객에게 안전 절차를 명확히 설명해야 한다.
- 적극적인 청취와 응답 : 승무원은 불분명한 상황에서 구체적인 질문을 통해 필요한 정보를 명확히 한다.
- 건설적인 피드백 : 객실 사무장은 문제에 대해 구체적 피드백과 개선 방안을 제시한다.
- 전문성 유지 : 객실승무원은 승객의 불만을 전문적으로 처리하며 문제 해결을 도모한다.
- 적응력과 융통성 : 비상 상황 시 다른 승무원의 업무를 임시로 인수할 준비가 되어 있어야 한다.
- 타인 존중 : 모든 팀원의 의견과 감정을 존중하며 자유롭게 의견을 나눌 수 있는 환경을 조성한다.
- 편견 인식 : 다양한 배경을 가진 승객과의 상호작용 시 자신의 선입견을 인지하고 공정하게 대응한다.
- 개방성 : 다양한 아이디어와 제안에 열려 있으며, 새로운 제안을 수용하여 서비스를 개선할 기회를 모색한다.
- 갈등 관리 : 객실승무원은 갈등을 전문적으로 해결하여 문제를 효과적으로 다룬다.

- 도움 제공 : 동료가 어려움을 겪을 때 적극적으로 도움을 제공하여 문제를 성공적으로 해결한다.
- 최선의 결정 내리기 : 필요에 따라 절차에서 벗어나 최선의 결정을 내릴 수 있어야 한다.
- 결정 지지 : 팀 리더의 결정을 신뢰하고 지지하여 팀의 일치된 행동을 보장한다.

이 원칙들은 승무원이 스트레스가 많은 항공 환경에서 효과적으로 작동하도록 지원하며, 항공기 내에서 긍정적인 승객 경험과 안전을 보장하는 데 중요하다.

(2) 부정적인 대인 관계 요인

승무원의 업무는 고도의 집중력과 커뮤니케이션 능력을 요구한다. 다음은 승무원들이 효과적으로 업무를 수행하는 데 도움이 되는 9가지 주요 요소와 설명이다.

- 피로 : 연속적인 근무와 불규칙한 스케줄로 인한 피로는 승무원의 판단력과 성과를 저하시킨다. 피로 관리 프로그램을 통해 실수를 최소화한다.
- 작업량 : 짧은 비행 동안에도 많은 승객에게 서비스를 제공해야 한다. 작업량을 효율적으로 관리하고 동료의 도움을 요청한다.
- 스트레스 : 스트레스가 많은 환경에서 근무하므로 스트레스 관리 기술을 배워 적용한다.
- 두려움 : 실수를 두려워해 필요한 정보를 보고하지 않을 수 있다. 정기적인 훈련과 팀워크 강화를 통해 극복한다.
- 문화적 차이 : 다양한 문화적 배경을 가진 승객과의 상호작용은 특별한 도전을 제공한다. 문화 간 커뮤니케이션 기술을 개발한다.
- 이해 부족 : 객실승무원과 운항승무원 간 상호 이해 부족은 팀워크를 방해할 수 있다. 각 부서의 역할과 책임을 이해하고 존중한다.
- 편견 : 개인적인 편견은 효과적인 커뮤니케이션을 방해할 수 있다. 편견을 인식하고 다양성을 존중한다.
- 언어 장벽 : 다양한 언어를 사용하는 승객과의 커뮤니케이션은 도전적일 수 있다. 비언어적 커뮤니케이션 기술을 사용한다.
- 청취 능력 부족 : 효과적인 청취는 커뮤니케이션의 핵심이다. 활동적인 청취 기술을 개발한다.

이 요소들을 통해 승무원은 복잡한 항공 환경에서 효과적으로 업무를 수행하고, 승객과 동료와의 관계를 강화할 수 있다.

2) 문화의 다양성

문화의 다양성이 갖는 중요성과 문화적 갈등의 원인을 이해하는 것은 항공업계에서 매우 중요하다. 문화적 갈등은 다음과 같이 정의될 수 있다.

"문화적 갈등은 두 개 이상의 다른 가치 체계가 충돌할 때 발생한다."

이는 서로 다른 문화적 배경을 가진 사람들이 서로 다른 가치와 관습을 지닐 때, 이러한 차이가 상호 작용 중에 충돌을 일으킬 수 있다는 것을 의미한다. 항공산업에서 객실승무원과 승객 사이, 또는 승무원 간의 효과적인 상호작용을 위해서는 이러한 문화적 차이를 인식하고 적절히 관리하는 것이 필수적이다. 이를 통해 문화적 갈등을 최소화하고, 모든 이해당사자가 서로를 존중하며 협력할 수 있는 환경을 조성할 수 있다.

EK 2019, 145개 국적의 역사적 만남

(1) 문화적 갈등의 일반적 유형

문화적 갈등은 항공 산업에서 다양한 상황에서 발생할 수 있다.

- 우선 탑승 권리 : 상용 고객에게 우선 탑승을 허용하는 정책이 갈등을 일으킬 수 있다.
- 종교적 선호 : 특정 종교의 사람들과 같이 앉지 않으려는 승객이 있을 수 있다.
- 성별에 따른 좌석 배정 : 성별이 다른 사람과 옆에 앉기를 꺼리는 승객이 있을 수 있다.
- 수하물 공간 공유 : 보관함 공간을 과도하게 사용하거나 좌석을 세우지 않는 승객으로 인해 충돌이 발생할 수 있다.
- 승무원 지시 불복종 : 승무원의 안전 지시를 따르지 않는 승객이 있을 수 있다.
- 국제적 감정 : 특정 국가의 승객들에게 적대감을 가진 경우 갈등이 발생할 수 있다.

이 사례들은 승무원이 문화적 민감성을 발휘하고, 각 상황에 맞는 해결책을 제시해야 하는 이유를 보여준다. 문화적 다양성을 존중하고 이해하는 것은 승무원의 필수 역량이다. 승무원은 갈등을 외부로 드러내지 않으면서 승객을 우대하는 태도로 처리해야 한다. 문화적 갈등이 심화되면, 다른 승객을 방해하거나 비행 지연을 초래하고, 드물게는 신체적 싸움으로 이어질 수 있다. 이런 상황에서는 초기에 중재를 시도할수록 문제 해결이 쉽다.

승객은 규정에 따라 지정된 좌석에 앉아야 하지만, 다양한 이유로 특정 승객 옆에 앉기를 원하지 않을 수 있다. 이때 승무원은 유연성과 창의력을 발휘하여 문제를 해결해야 한다. 항공기가 만석인 경우, 두 가지 상황이 발생할 수 있다. 다른 승객들이 좌석을 바꿔 문제를 해결하거나, 불평하는 승객에게 짜증이 난 승객들은 도움을 주지 않는다. 대부분의 갈등은 해결하기 위해 상당한 노력이 필요하다. 승무원은 상황이 불공평하다고 느낄 수 있지만, 훌륭한 고객 서비스를 제공하고 항공기가 정시에 출발하며, 모든 사람이 편안하고 안전함을 느낄 수 있도록 노력해야 한다.

몇몇 상황에서는 예외를 인정할 수 없다. 주로 안전 문제나 회사 정책, 규정과 관련된 경우이다. 예를 들어, 승객이 좌석벨트 착용을 거부하는 경우, 안전 규정에 따라 허용할 수 없다.

(2) 문화적 가치관

사람들은 다양한 문화적 속성에 속하며, 이는 국가, 지역, 성별, 직업, 가족문화 등을 포함한다. 각 문화는 고유한 가치관을 가지고 있으며, 이는 그 문화 내에서 옳고 그름을 판단하는 기준이 된다. 가족문화는 특정 전통과 행사에 따른 행동 방식을 가지며, 이는 예측 가능한 안정감을 제공한다. 이를 '가치관Value System'이라고 부른다. 이런 가치 체계는 개인과 집단의 행동과 상호작용의 기초가 된다.

공항과 기내에서 승객들은 예측 가능한 절차를 통해 안전함을 느낀다. 예를 들어, 상용 우대고객이 먼저 탑승하는 규정에 동의하지 않는 승객들 사이에서 갈등이 발생할 수 있다. 이러한 갈등은 다음과 같은 가치관의 충돌에서 비롯된다.

- 평등주의 가치관 : 모든 사람이 동등하다고 보고, 탑승 순서는 대기 시간이 긴 사람부터 이루어져야 한다고 생각한다. 이들은 상용 우대고객이나 비즈니스 클래스 고객의 우선권에 반대하며, 누구나 동등하게 처리받아야 한다고 주장한다.
- 특권주의 가치관 : 상용 우대고객과 비즈니스 클래스 고객은 더 높은 항공료를 지불했기 때문에 먼저 탑승할 권리가 있다고 믿는다. 이들은 자신들의 지위가 추가 혜택과 우선 순위를 정당화한다고 생각하며, 이는 공정한 대우라고 여긴다.

이러한 가치 충돌은 객실승무원이 중재하고 갈등을 해결하는 데 중요한 역할을 한다. 객실승무원은 문화적 민감성과 고객 서비스 기술을 사용하여 문제를 공감하고 적절하게 관리할 수 있어야 한다.

많은 사람들은 자신의 관점이 옳다고 믿으며, 모든 사람이 동등하다고 믿는 신념을 가진 경우 탑승 시 새치기하는 다른 사람에게 화를 낼 수 있다. 반면, 특권을 받는 승객들은 자신들의 우선권이 정당하다고 느끼며 이를 자연스럽게 행사할 권리가 있다고 여긴다. 문화적 가치관은 어떤 행동이 받아들여질 수 있는지를 결정하고, 행동 허용 기준이 다를 때 문화적 갈등이 발생한다.

승객 대부분은 다양한 배경에도 불구하고 특정 행동 방식을 따름으로써 목적지에 일찍 도착할 수 있다는 공통된 인식을 가지고 있다. 문제를 일으키는 소수의 승객은 자신의 행동이 다른 사람들에게 영향을 줄 수 있다고 확신하는 사람들이다. 이런 승객에 대응할 때 승무원은 그들의 행동 원인을 파악해야 한다.

승객이 특정 승객 옆에 앉기를 거부하는 경우, 승무원은 그 이유를 물어보고, 승객이 원하는 해결책을 논의할 수 있다. 이를 통해 승객이 스스로 해결책을 제안하도록 유도할 수 있다. 대응할 수 있는 몇 가지 방법은 다음과 같다.

- 가능하다면 다른 좌석으로 옮겨준다.
- 지정된 좌석에 앉기를 거부할 경우 항공기에서 하기할 선택지를 제공한다.
- 승객이 비행기 출발 지연을 초래하고 있다는 사실을 알리고, 상황에 따라 현재의 객실승무원의 판단이 최선일 수 있음을 상기시킨다.

승객의 행동 배경을 이해함으로써 충돌이 격화되지 않도록 적절하고 효과적인 해결책을 찾는 데 도움이 된다.

(3) 문화적 갈등

문화적 갈등은 다양한 배경과 가치관을 가진 사람들이 모여 있을 때 발생한다. 이를 예방하려면 훈련과 경험이 필요하다. 승객들은 서로 다른 문화적 가치관을 가지고 있지만, 모두 목적지에 안전하고 효율적으로 도착하려는 공통된 목적이 있다.

대부분의 승객은 항공사의 규정을 준수하며 원활한 여행을 기대한다. 그러나 일부 승객은 개인적인 이유로 규범을 벗어나려 할 수 있다. 특히 비행 지연이나 취소 같은 상황에서는 이런 경향이 심화된다. 통제되지 않으면 이기적인 행동이 증가해 전체 그룹에 해를 끼칠 수 있다.

항공 여행에서는 다른 승객을 고려하고, 각자의 문화적 가치관을 이해하고 존중하는 것이 중요하다. 이를 통해 승객들은 협력하여 가능한 빨리 목적지에 도착하려 노력한다. 비행 중 지연이나 혼란이 발생할 때, 승객들이 특별한 주의나 특권을 요구하기 시작하면 문화적 충돌의 위험이 증가한다. 문화적 충돌은 대부분 오해에서 시작되므로, 이를 피하려면 다양한 가치관을 이해하고 존중하는 것이 중요하다.

객실승무원은 두 가지 주요 유형의 문화적 갈등에 직면할 수 있다.

- 자신이 관여된 문화적 갈등 : 객실승무원이 상황을 잘못 이해하거나, 승객이 객실승무원의 역할을 잘못 이해했을 때 발생한다. 예를 들어, 승객이 객실승무원의 성별, 종교 또는 문화적 배경에 대한 잘못된 가정을 할 때 생길 수 있다. 이런 경우 항공사 절차에 따라 적절히 대응해야 한다.
- 승객 간의 문화적 갈등 : 공항이나 기내에서 다양한 배경의 승객들 사이에 발생한다. 예를 들어, 종교적 신념 때문에 다른 종교의 사람들 옆에 앉기를 거부하거나, 성별에 따른 좌석 배정을 거부하는 경우가 있다. 객실승무원은 중재자로서 갈등을 일으키는 양측에 만족할 수 있는 해결책을 제시해야 한다.

객실승무원은 갈등의 원인을 이해하고, 중재와 해결책을 제공하여 문제를 완화하는 중요한 역할을 한다. 문화적 갈등을 효과적으로 관리하는 것은 승무원의 핵심 역량이며, 이를 통해 항공 여행의 안전과 승객 만족도를 유지할 수 있다.

(4) 고정관념의 부정적 영향

고정관념은 특정 그룹의 모든 사람에게 일반적인 특징을 부여하는 것이다. 예를 들어, "채식주의자는 일찍 잔다"는 주장은 일부 채식주의자를 바탕으로 한 일반화이다. 이러한 고정관념은 종종 잘못되거나 단순화된 정보를 제공하며, 대상이 되는 사람들에게 불쾌감, 화, 슬픔 또는 상처를 줄 수 있다. 이러한 고정관념은 나쁜 의도보다는 인식 부족에서 비롯된다.

사람들은 처음 만난 사람에 대해 빠르게 판단하려는 경향이 있다. 이는 상대방이 적인지 아군인지를 판별하기 위한 것이다. 이 과정에서 사람들은 자신과 다른 점을 먼저 찾으려고 하며, 이는 유사점을 찾는 것보다 우선한다. 그러나 유사점을 먼저 찾는 것이 대화나 갈등 상황에서 유리할 수 있다.

고정관념을 인식하고 극복하는 방법은 다음과 같다. 만나는 사람마다 "이 사람과 나의 공통점은 무엇인가?"라고 자문해 보고, 대화를 시작할 때 그 공통점을 찾으려고 노력해야 한다. 발견한 공통점을 상대방과 공유하는 것은 관계를 강화하고 갈등을 예방하는 데 중요하다. 이러한 접근법을 연습하면 거의 모든 문화적 갈등을 완화하는 데 도움이 된다.

(5) 문화적 갈등 조장을 피하는 방법

항공 시스템과 절차는 승무원이 승객을 공정하게 대하도록 설계되었지만, 언어 장벽이나 나이 차이 등으로 오해가 발생할 수 있다. 예를 들어, 좌석벨트 착용 요청 과정에서 승객이 말을 오해하고 화를 낼 경우, 승무원은 다음 접근 방법을 사용할 수 있다.

- 상황을 진정시키고 이해한다. 승객이 말을 제대로 이해하지 못했을 가능성을 고려한다.
- 질문한다. 승객의 이해를 확인한다.
- 명확하게 사과하고 설명한다.

이렇게 하면 갈등 상황을 개선하고 긍정적인 항공 여행 경험을 유지할 수 있다. 승무원은 메시지가 의도한 대로 이해되었는지 확인해야 하며, 오해의 원인을 찾아야 한다. 작은 오해가 큰 문제로 발전할 수 있다. 승객 간 갈등이 발생하면 승무원은 중재자 역할을 수행해야 한다.

종교, 성별, 인종을 이유로 나란히 앉기 싫어하는 승객도 있다. 이런 문제가 발생할 경우, 승무원은 다음과 같은 선택을 할 수 있다.

- 모두가 목적지에 도착해야 한다는 점을 강조한다.
- 서로의 차이를 존중하도록 유도한다.
- 문제를 일으키는 사람을 다른 좌석으로 이동시킨다.

(6) 바람직하지 않은 승객 행동

기술적인 문제로 비행기가 게이트에 도착한 후 제트브리지가 연결되기를 기다리는 상황을 가정하자. 만석인 비행기에서 승객들은 복도에 줄을 서 있으며, 기내는 더워지고 아이들은 울기 시작한다. 승객들은 하기를 원하지만 할 수 없어 초조해지며, 밀실 공포증이

나 연결 비행편에 대한 걱정으로 인해 스트레스를 받는다.

이 상황에서는 승객들이 공항과 기내의 규칙을 무시할 수 있다. 비행기 안에 갇힌 승객들 중에는 상황을 바꾸려는 선동자가 나타날 수 있다. 객실승무원이나 기장이 하기를 할 수 없는 이유를 설명했음에도 불구하고, 일부 승객들은 선동자를 따르기 시작할 수 있다. 시간이 지남에 따라 승객들은 두 그룹으로 나뉘어, 선동자를 따르는 그룹과 진정하고 기다리자는 그룹이 생길 수 있다.

이런 상황에서 객실승무원은 긴장된 승객들을 진정시키고, 신속하고 투명한 커뮤니케이션을 통해 문제와 해결책을 제공해야 한다. 선동 행위에 침착하게 대응하며, 승객들 사이의 대립이 심화되지 않도록 중재자 역할을 해야 한다.

시간이 지남에 따라 승객들이 스트레스를 받으며 평소 하지 않던 행동을 할 가능성이 있다. 이를 방지하기 위해 객실승무원은 상황을 선제적으로 관리하며, 승객의 두려움을 이해하고 이를 해소하기 위한 조치를 취해야 한다. 기장이나 객실사무장은 승객에게 충분한 정보를 제공하여 승객의 만족도와 안정감을 높여야 한다. 밀실 공포증을 느끼는 승객들은 좌석으로 돌아오게 하고, 음료나 스낵을 제공하여 편안함을 느끼게 해야 한다. 연결편을 기다리는 승객들에게는 관련 절차를 설명하고, 부모가 자녀를 안심시킬 수 있도록 지원해야 한다.

가장 큰 불평을 제기하는 승객을 파악하고, 침착하되 단호한 어조로 객실승무원이 기내 안전을 책임지고 있으며, 상황을 안정시키기 위해 모든 사람의 협력이 필요하다는 점을 강조한다. 이렇게 함으로써 객실승무원은 승객의 두려움을 파악하고 직접적으로 대응할 수 있다.

(7) 문화적 갈등 해결의 핵심 사항

고정관념은 타인에게 상처를 주고 갈등을 유발하며, 문화적 갈등을 해결하는 데 걸림돌이 된다. 선입견은 고정된 생각으로 문제를 복잡하게 만든다. 문화적 갈등은 종종 오해에서 비롯되므로, 이를 인식하고 상황을 개선해야 한다. 이를 위해 메시지가 의도한 대로 전달되었는지 확인하는 것이 중요하다.

승객의 비정상적인 행동 뒤에는 이유가 있다. 그 이유를 알기 전에는 행동을 바꿀 수 없다. 고정관념을 통한 판단이 아닌, 실제 이유를 파악하는 것이 중요하다. 감정적으로 거리를 두는 것이 필요하다. 승객이 공격적일 때, 이는 객실승무원 개인에 대한 공격이 아닌 경우가 대부분이다. 이는 고정관념과 선입견에서 비롯되므로, 객실승무원은 이를 개인적인 문제로 받아들이지 않아야 한다.

또한, 다른 점보다는 공통점을 찾아 강조하는 것이 중요하다. 공통점을 부각함으로써 신뢰와 이해를 높이고, 문화적 다양성을 더 쉽게 극복할 수 있다. 이러한 접근은 갈등 상황에서 신속하고 효과적인 해결책을 찾는 데 도움이 된다.

4 객실승무원의 이륙준비

이륙 준비 시 객실승무원의 업무는 공항 도착부터 항공기와 승객이 이륙 준비를 마칠 때까지 수행하는 모든 활동을 포함한다. 이 기간 동안 객실승무원은 매우 바쁘며 많은 세부 사항에 주의를 기울여야 한다. 이러한 활동은 체계적으로 구성되어 있으며, 일관된 순서에 따라 진행된다.

1) 브리핑

객실승무원은 일반적으로 비행 2시간 전[*]에 공항 또는 지정된 위치에 도착하여 업무를 시작한다. 항공사는 엄격한 시간표를 운영하므로 시간을 엄수하는 것이 중요하다. 객실승무원이 늦으면 사무장의 판단하에 교체될 수 있다. 업무 시작 시, 승무원은 이메일을 통해 최신 매뉴얼 개정과 회사 정책, 절차 관련 게시물을 확인한다. 새로운 규정이나 서비스 변경 사항을 숙지하는 것은 승무원의 책임이다.

업무 시작 후, 객실승무원은 운항승무원과 함께 합동 브리핑에 참여한다. 브리

* 브리핑 시간은 항공사와 항공편의 특성 그리고 국제선과 국내선에 따라 상이함.

핑은 커뮤니케이션을 위한 기초를 수립하고, 안전과 서비스 관련 정보를 검토하여 안전하고 즐거운 비행을 준비하는 데 필수적이다. 이를 통해 승무원 간의 이해와 협력이 강화되어 다양한 상황에 효과적으로 대응할 수 있다.

브리핑에서는 서로를 소개하고, 비행에 관한 세부 사항을 재검토하며, 팀워크를 강화하고 모든 승무원이 비행 중 일어날 수 있는 여러 상황에 대비하도록 돕는다. 기장은 가능한 경우 다음 사항을 설명한다.

- 출발지, 도착지 및 경유지의 날씨 상황
- 전체 비행 조건
- 예상되는 난기류 또는 폭풍
- 예정된 비행시간

브리핑은 공항 또는 항공기 내 지정된 공간에서 사전에 조정된 시간에 진행된다. 운항승무원과 객실승무원이 함께 브리핑을 진행하기 어려운 경우, 기장이 객실 사무장에게 정보를 전달하고, 사무장이 이를 나머지 승무원에게 전달한다. 브리핑 중 객실 사무장은 다음과 같은 업무를 수행한다.

- 필요한 최소 인원의 객실승무원이 충분한지 확인한다.
- 객실승무원에게 할당된 업무, 위치 및 비상 상황 시의 역할을 지정한다.
- 커뮤니케이션 절차를 검토한다.
- 비상 절차와 장비를 검토한다.
- 안전 데모 절차를 검토한다.
- 항공편에 대한 일반적인 정보를 제공한다.
- 장비 이상에 대해 논의한다.
- 휴식 시간을 조율한다.
- 서비스 일정, 식음료 서비스, 면세 판매에 관한 설명을 제공한다.

브리핑 시나리오의 예로, 기장 장호성이 이끄는 브리핑은 1400시에 인천공항에서 시작된다. 부기장은 김지훈, 객실승무원은 김태형, 이지은, 정수민, 본인이다. 장호성 기장은 항공편 KE721, ICN-OSA의 세부 사항을 제공한다.

- 출발 : 1600, 도착 : 1820, 비행시간 : 2시간 20분
- 항공기 종류 : 에어버스 320
- 출발지 날씨 : 흐리고 바람이 부는 12° C, 이륙 후 15분 동안 난기류 예상
- 도착지 날씨 : 흐림, 예상 온도 15° C
- 승객 수 : 112/132 (비즈니스석 12명, 일반석 100명)
- 보안 정보 : 표준 운영 절차 적용
- 안전 정보 : 비상장비, 위치 및 용도 검토
- 서비스 : 비즈니스석 – 음료/식사, 일반석 – 음료/스낵
- 작업 할당 : 서비스 차트에 따라 시행
- 특별 요청 : 휠체어 지원, 동반자가 없는 소아

객실 사무장은 승무원들이 안전 및 비상 절차에 자신 있게 대응할 수 있도록 구두 질의를 수행한다. 비행 전 브리핑 중 승무원은 질문할 기회가 있으며, 항공기가 준비되면 즉시 탑승 준비를 시작한다.

2) 비행 전 준비

운항승무원이 항공기의 조종실과 외부를 점검하는 동안 객실승무원은 지정된 객실 점검을 진행한다. 일반적으로 사전 비행 객실 점검은 20분 이내에 완료되며, 경우에 따라 더 짧아질 수도 있다. 객실승무원은 신속하면서도 철저하게 모든 필요한 점검을 시간 내에 완료해야 한다. 비행 전 준비 과정에서 객실승무원은 자신의 담당구역에서 보안, 안전 장비, 갤리 및 승객 좌석 구역의 점검을 수행한다. 다음은 모든 점검 항목에 대한 간단한 설명이다.

(1) 보안 검사

보안 검사의 목적은 객실의 모든 부분을 점검하여 의심스럽거나 관계없는 물품이 있는지 확인하는 것이다. 객실승무원의 점검은 항공사 운영 매뉴얼에 따라 수행되며, 보안 업체와의 계약에 따라 다를 수 있다. 일반적인 보안 검사에는 다음과 같은 사항이 포함된다.

- 모든 안전 장비의 적절한 적재
- 갤리
- 기내 승객 좌석 구역 및 오버헤드 빈
- 화장실의 모든 선반과 쓰레기통 검사

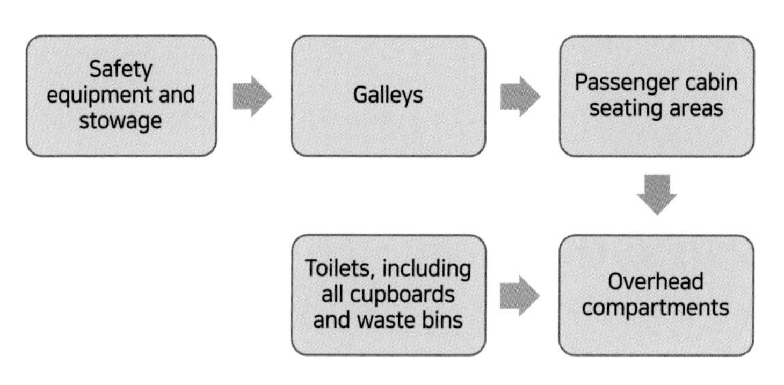

Safety equipment checks

(2) 안전장비 검사

안전장비 검사는 기내에 탑재된 모든 안전 장비가 올바르게 보관되고, 작동 가능하며, 유효 기간이 지나지 않았는지 확인하는 과정이다. 예를 들어, 구명조끼의 유효 기간은 5년에서 10년 사이로, 유효 기간이 지나면 팽창 기능이 작동하지 않을 수 있다. 객실 승무원은 기내에서 안전 장비를 검사할 때, 각 항공기에 탑재된 모든 안전 장비의 위치를 보여주는 도표를 참고하여 신속하고 정확하게 검사를 수행해야 한다. 이는 각 장비가 비상 시 적절하게 사용될 수 있도록 보장하는 중요한 절차이다.

(3) 갤리 확인

갤리 확인은 객실승무원이 캐터링 업체가 항공기에 적재한 용품이 정확하고 완전한지를 확인하는 절차다. 객실승무원은 필요한 모든 물품이 존재하는지 검토하고, 모든 화물, 상자, 카트가 안전하게 배치되었는지 보안 검사를 수행한다. 이는 승객에게 제공될 서비스의 품질을 보장하고 비행 중 예상치 못한 상황을 예방하는 데 중요한 역할을 한다.

(4) 기내 점검

기내 점검은 객실승무원이 승객이 탑승하기 전 좌석 구역을 철저히 검사하여 모든 것이 적절히 준비되었는지 확인하는 과정이다. 이 점검은 안전벨트가 각 좌석에 제대로 설치되어 있는지, 기내 안전 설명서가 모든 좌석 앞 주머니에 꽂혀 있는지, 좌석이 올바르게 정렬되어 팔걸이가 내려간 상태인지 등을 포함한다. 또한, 엔터테인먼트 헤드셋, 잡지, 출발 전 음료 등 서비스 품목의 준비 상태도 점검한다.

객실승무원은 담당 구역에서 이러한 사항을 점검하고, 문제점을 객실 사무장에게 보고한다. 점검 결과는 체크리스트에 기록하여 모든 항목이 완료되었는지 확인한다. 이는 비행의 안전과 서비스 품질을 보장하는 데 중요한 역할을 한다.

(5) 보딩절차 진행

보딩 절차 중 객실 승무원은 승객을 환영하며, 탑승권을 확인하고 수하물을 적절하게 보관한다. 필요한 경우 베개나 담요를 제공하고, 수하물이 크기와 무게 제한을 준수하는지 확인하는 역할도 수행한다. 또한, 승객이 탑승하는 동안 의심스러운 행동이나 신경질적인 승객, 술에 취한 승객을 파악하여 안전과 기내 질서를 유지하는 데 집중한다.

보딩 중 승객의 스트레스를 줄이기 위해, 승무원은 친절하고 안정감을 주는 접근 방식을 사용하여 비행 경험이 적거나 불편함을 느끼는 승객이 긴장을 풀고 항공 여행을 편안하게 시작할 수 있도록 돕는다. 승객이 항공기에 탑승할 때, 객실승무원은 미소를 지으며 맞이하고 필요한 도움을 제공한다. 불안이나 스트레스의 징후를 보이는 승객에게 주의를 기울이고 진정시킨다.

우선 탑승은 특별한 도움이 필요한 승객에게 제공되며, 노인, 어린 자녀가 있는 가족, 목발이나 휠체어를 사용하는 승객 등이 포함된다. 이를 통해 객실승무원은 통로의 혼잡을 관리할 수 있다. 일부 승객은 개별 안전 브리핑이 필요할 수 있다.

탑승 중 객실승무원은 비상구열에 앉은 승객을 확인한다. 비상구열 좌석에 앉은 사람은 응급 상황 시 도움을 줄 수 있어야 하며, 이에 필요한 특정 기준을 충족해야 한다. 객실승무원은 해당 승객이 기준을 충족하고 응급 상황 시 도움을 줄 의사가 있는지 확인한다. 비상구열 좌석의 일반적인 기준은 다음과 같다.

- 최소 15세 또는 16세 이상이어야 함(항공사에 따라 다름)
- 응급 상황에서 도움을 줄 수 있어야 함
- 충분한 신체 능력을 가지고 있어 비상구를 조작할 수 있어야 함
- 지시 사항을 이해하고 승무원의 구두 명령을 따를 수 있어야 함
- 유아 또는 도움이 필요한 사람과 함께 여행하지 않아야 함

승객이 항공편을 체크인할 때, 일련의 질문을 통해 비상시 요구 사항과 책임을 충족하는지 확인한다. 일반적으로 이러한 승객에게는 비상 사태 시의 책임을 설명하는 필수 정보가 포함된 문서를 제공한다. 그러나 객실승무원은 출발 전 항상 최종 점검을 통해 승객이 이 요구 사항을 충족하는지 다시 확인한다. 탑승객이 비상구열에 앉을 수 있는 기준을 충족하지 못하면, 규정에 따라 해당 승객을 다른 좌석으로 이동시켜야 한다. 이는 규정에 맞지 않는 사람이 비상구열을 점유하지 않도록 보장하기 위함이다.

3) 이륙 전 준비

모든 승객이 탑승하면 객실승무원은 출발 준비로 바빠진다. 문이 닫히기 전의 점검 사항은 다음과 같다.

- 화장실 확인 : 화장실이 비어 있고 잠겨 있는지 확인한다. 이는 승객 수 확인과 밀항자 방지를 위해 중요하다.
- 객실과 수납 공간 점검 : 모든 객실, 옷장, 오버헤드 빈이 닫혔는지 확인한다. 물품이 떨어져 다칠 위험을 방지한다.
- 안전벨트 착용 점검 : 모든 승객이 안전벨트를 착용하고 제대로 앉아 있는지 확인한다.
- 수하물 수납 점검 : 모든 수하물이 올바르게 수납되어 있는지 확인한다. 이는 진동이나 충격으로부터 승객을 보호한다.

항공기 이동 전에 객실승무원이 확인해야 하는 추가 사항은 다음과 같다.

- 갤리 장비 점검 : 갤리 장비가 제대로 고정되고 잠겨 있는지 확인한다.
- 갤리 바닥 청결 확인 : 갤리 바닥에 떨어진 액체나 물체가 없도록 깨끗이 한다.
- 갤리 전원 차단 : 전기 오작동 및 화재 가능성을 줄이기 위해 갤리의 전원을 끈다.
- 비상구열 승객 지원 요청 확인 : 비상구열 승객에게 필요한 경우 도움을 줄 수 있도록 요청했는지 확인한다.

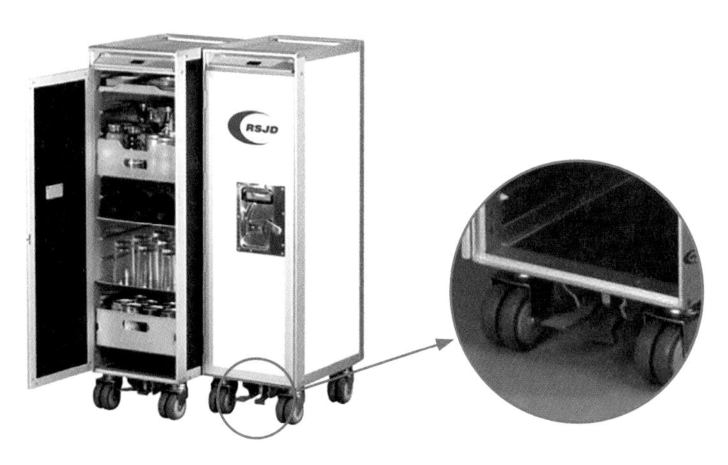

기내식 서비스 카트

객실 사무장은 기내 검사와 갤리 점검이 완료되었음을 확인한 후, 모든 점검이 완료되었다는 것을 기장에게 보고한다. 기장으로부터 확인을 받기 전까지는 항공기의 문이 닫히지 않으며, 이후에야 항공기가 이동할 수 있다. 이 절차는 안전을 보장하기 위해 필수적이다.

4) 승객 안전 브리핑

승객 안전 브리핑은 승객들이 비상 상황에 대처하는 방법을 배우는 중요한 시간이다. 승객들은 긴급 상황 발생 시 필요한 정보를 얻으며, 브리핑을 통해 비상 절차를 배울 수 있다. 안전 브리핑은 전문적이고 진지하게 진행되어야 하며, 승객들이 올바른 절차를 따를 수 있도록 하는 것이 중요하다.

모든 항공사는 이륙 전에 안전 브리핑을 시행하며, 객실승무원들은 비디오 장비를 활용하여 비상 출구 및 위치를 시연한다. 객실 사무장은 방송을 통해 안전 사항을 읽고, 나머지 객실승무원은 안전 장비의 기능을 시연한다.

안전 브리핑에서 다루는 주요 내용은 다음과 같다.

- 항공기 탑승 시 수하물 적재
- 흡연 규정 : 모든 항공편에서 흡연 금지
- 전자 기기 사용 : 이륙과 착륙 시 사용 제한
- 안전벨트 사용 : 이륙, 착륙, 난기류 시 착용
- 산소마스크 사용 방법
- 승객 안전 카드의 위치와 목적
- 비상 탈출구 및 비상 유도등의 위치
- 구명조끼 및 기타 생존 장비의 위치와 사용법

안전 브리핑 후 객실승무원은 승객 상태를 다시 한번 확인하고, 설명된 기내 안전 점검을 수행하여 이륙 준비를 완료한다. 객실사무장은 객실 준비가 끝났음을 운항승무원에게 알리고, 운항승무원은 항공교통관제탑에 이륙 허가를 요청한다. 객실승무원은 이륙 및 착륙 단계에서 지정된 승무원 좌석에 착석해야 한다. 비상 탈출 시 도움이 필요한 승객은 개별 브리핑을 받는다. 이러한 승객에는 혼자 여행하는 어린이, 청각이 좋지 않거나 시각 장애가 있는 승객, 움직임이 자유롭지 않은 사람이 포함될 수 있다.

5) 이륙 준비 완료

이륙 준비 완료 과정은 승무원들의 최종 확인을 통해 비행의 안전성을 보장한다. 기장은 비행 완료서류에 서명하며, 이는 승무원들이 비행에 적합하고 필요한 정보를 작성 및 검토했음을 확인하는 절차이다. 또한, 기장은 최신 기상 조건과 승객 수를 포함한 비행 및 화물 정보를 업데이트 받는다.

이륙 전 커뮤니케이션은 체계적으로 진행된다.

- 기장은 모든 서류를 검토하고 비행 준비 완료서류에 서명한다.
- 객실승무원은 비상 탈출 장치를 장착 완료하고 문을 닫아 이륙 준비를 마친다.
- 항공기 푸시백 준비는 항공기가 게이트에서 활주로까지 이동하기 전의 마지막 절차이다.
- 안전 데모와 객실 안전 점검은 승객들에게 안전 절차를 설명하고 객실의 안전 상태를 최종 확인하는 중요한 단계이다.

이 모든 절차는 비행의 안전을 최우선으로 하며, 항공기가 이륙하기 전에 반드시 완료되어야 한다.

5 객실승무원의 이륙과 운항

1) 항공기 이륙

항공기가 출발 활주로로 이동하는 택싱Taxiing 기간 중, 객실승무원은 최종 점검을 완료하고 이륙 준비를 확인한다. 택싱 동안 급정지나 충돌 위험이 존재하므로, 객실승무원은 점검 후 승무원 좌석에 앉아 안전을 확보하고 비상 대피 준비를 마친다. 기장이나 객실 사무장은 이륙 전 모든 승무원 좌석 벨트를 착용하도록 지시한다.

항공교통관제소로부터 이륙 허가를 받은 후, 기장은 항공기를 활주로에 위치시키고 엔진 전원을 켜 이륙 준비를 한다. 이륙 중, 객실승무원은 자리에 앉아있어야 하며, 승객이 도움을 요청할 때도 자신의 안전을 최우선으로 고려해야 한다.

이륙 시간은 운항승무원에게 매우 바쁜 시간이며, 주요 우선순위는 비행, 조종, 그리고 커뮤니케이션이다. 비행과 조종은 항공기가 올바른 방향과 고도를 유지하는 데 중점을 두며, 커뮤니케이션은 정보 교환을 포함한다. 이륙 중 커뮤니케이션은 후순위에 놓여 있어, "sterile cockpit" 규칙에 따라 항공기가 이륙 혹은 착륙할 때까지 객실승무원은 운항승무원을 방해해서는 안 된다. 이 시기에 객실승무원은 승무원 좌석에 앉아 있으며, "30 second review"를 통해 비상 상황 발생 시 취할 행동을 생각한다. 이는 이륙 준비의 마무리 단계를 의미한다.

2) 순항 중

항공기가 안전하게 운항 중이고 난기류가 예상되지 않을 때, 객실승무원은 자리에서 일어나 업무를 시작한다. 낮은 고도에서 난기류 발생이 더 흔하므로 주의가 필요하다. 안전이 확보되기 전까지는 서비스 장비를 사용하지 않는다. 항공사들은 표준 통신 프로토콜을 사용하여 불필요한 대화를 줄이고 효과적인 커뮤니케이션을 유도한다. 서비스는 항공편의 길이와 승객 수에 따라 다양하며, 객실 사무장이 서비스 변경 사항을 설명한다.

(1) 순항 중 기본 절차

순항 중 기본 업무는 다음과 같다.

- 짧은 비행에서는 이륙 후 승객에게 서비스를 시작한다. 서비스 카트와 트롤리가 통로에서 굴러다니지 않도록 제동을 확실히 한다.
- 입국카드는 국제선 승객에게 제공되며, 정확한 작성을 돕는다.
- 음료 서비스는 무료 또는 유료로 제공되며, 알코올 소비를 제한할 수 있는 규정을 숙지한다.
- 뜨거운 음식, 차가운 음식, 스낵을 제공하며, 갤리의 오븐을 사용해 음식을 준비한다.
- 뜨거운 음료 서비스 중 화상을 예방하는 방법을 준수한다.
- 상품 판매는 국제선에서 면세 가격으로 제공되며, 객실승무원은 판매를 통해 추가 수입을 올릴 수 있는 인센티브를 받을 수 있다.

(2) 서비스 유휴 시간

객실승무원은 서비스 유휴 시간 동안 다음과 같은 업무를 수행한다.

- 정기 안전 점검 : 기내 서비스 외에도 기내, 갤리, 화장실, 조종실을 정기적으로 점검하여 안전을 유지한다. 장시간 비행 시 휴식을 취하는 동안에도 남아 있는 승무원이 점검을 수행한다.
- 승객과의 상호작용 : 기내를 자주 순찰하며, 승객이 호출 벨을 누르지 않도록 미리 요구를 파악하고 지원한다. 승무원이 갤리에만 머물면 고객 서비스 만족도가 낮아질 수 있다.
- 화장실 감시 : 화장실에서 담배를 피우지 않도록 주의 깊게 관찰하고, 의심되는 경우 담뱃불이 완전히 꺼졌는지, 연기 감지기가 가려지지 않았는지 점검한다.
- 안전 유도 : 부적절한 행동을 하는 승객에게 부드럽고 단호하게 주의를 주어 안전을 보장한다. 예를 들어, 바닥에서 잠을 자거나 어린이를 눕히려는 행동을 제지한다.
- 갤리 정리 : 갤리를 항상 깔끔하게 유지하고, 사용하지 않을 때는 모든 서비스 품목을 정돈한다. 이는 난기류 발생 시 부상을 예방하기 위한 조치이다.
- 운항승무원 지원 : 20분마다 인터폰으로 운항승무원을 확인하고, 음료나 음식을 제공한다. 조종실 문을 잠그고 안전하게 출입하며, 운항승무원이 통신 중일 때는 방해하지 않는다. 음료는 항상 트레이를 사용하여 제공하고, 두 조종사가 동시에 식사하지 않도록 한다.
- 난기류 대비 : 기장이 승객들에게 좌석에 앉을 것을 요청할 때, 객실승무원은 승객들이 좌석 벨트를 착용했는지 확인한다.
- 서비스 품목 정리 : 서비스가 끝난 후, 품목을 정리하여 재사용할 수 있게 한다. 다음 비행을 준비하고 지원할 수 있도록 필요한 품목을 준비하고 위치를 동료에게 알린다.
- 턴어라운드 관리 : 교체되는 승무원이 쉽게 찾을 수 있도록 모든 품목을 지정된 장소에 정확하게 적재한다. 잘못 배치된 물품은 버려질 수 있으므로, 낭비를 방지하고 비용을 최소화하기 위해 적재 장소에 깔끔하게 정리한다.

6 객실승무원의 착륙 및 하기

1) 착륙 준비

기장은 항공교통관제의 지시에 따라 항공기의 하강을 시작한다. 이 과정에서 승객과 객실승무원은 기내 기압 변경으로 귀가 뚫리는 듯한 느낌을 받을 수 있다. 하강 초기에 객실 사무장은 기장으로부터 예상 도착 시각을 통보받아 서비스 타이밍을 조절한다. 장거리 항공편에서는 착륙 전 1시간 30분에서 2시간 사이에 마지막 서비스가 시작된다.

운항승무원이 하강 신호를 보내면, 객실승무원은 서비스를 중단하고 착륙 준비를 시작한다. 좌석벨트 착용 표시가 켜지면, 승객은 좌석으로 돌아와 착륙을 준비한다. 착륙 준비 시, 객실승무원은 항공사의 지침에 따라 객실이 안전하게 준비됐는지 점검하고, 완료되면 객실 사무장에게 보고한다. 점검 항목은 다음과 같다.

- 오버헤드 빈(overhead bin) : 모든 빈이 닫혀 있는지 확인한다.
- 기내 반입 수하물 : 오버헤드 빈 또는 좌석 아래에 올바르게 보관되었는지 확인한다.
- 안전벨트, 등받이, 팔걸이 : 모든 승객이 안전벨트를 착용하고, 등받이와 팔걸이가 올바른 위치에 있는지 점검한다.
- 화장실 : 비어 있는지 확인하고 잠근다.
- 전자 기기 : 착륙 시 사용 중지 안내.
- 서비스 장비 및 갤리 품목 : 갤리에 반환하고 고정한다.
- 출구 및 비상구 : 탈출로가 막히지 않게 하고, 커튼을 열어 둔다.
- 조명 : 필요한 곳에 조명을 켠다.
- 객실승무원의 준비 : 좌석에 앉아 좌석벨트와 하네스를 착용한다.

객실 사무장은 착륙 준비가 완료되었음을 기장에게 알린다. 이후 객실승무원은 승무원 좌석에 앉아 "30 second review" 과정을 진행하며, 비상상황을 대비한다.

항공기가 착륙하고 게이트로 유도되면, 객실 사무장은 PA 시스템을 통해 도착 정보를 안내하고 승객들에게 감사 인사를 전한다. 택싱 중에는 객실승무원이 승무원 좌석에서 안전을 유지하며, 승객이 안전벨트를 풀지 않도록 안내한다. 항공기가 탑승구에 도착하면, 객실 사무장은 먼저 지상직원에게 필요한 서류를 인계한 후 도움이 필요한 승객이 하기할 수 있도록 한다. 이후 차례대로 승객이 하기할 수 있도록 돕는다.

2) 승객 하기

승객의 하기는 객실승무원의 작업이 끝났음을 의미하지 않는다. 하기 과정에서 케이터링과 청소 팀이 항공기에 탑승하여 턴어라운드 작업을 한다. 승무원은 부상이나 사고를 피하기 위해 집중하여 업무를 처리한다. 승객을 항공기에서 대피시켜야 할 가능성이 있으므로, 객실승무원은 대피 준비를 해야 한다. 특히 계단을 사용하는 승객의 경우 도움을 줄 수 있다. 이동이 자유롭지 않은 승객이 도움을 요청하면, 지상 직원이 도착할 때까지 승객을 도와 문까지 이동을 돕는다. 객실승무원은 승객이 하기할 때 미소를 지으며 진심어린 작별 인사를 한다. 이는 승객에게 긍정적인 인상을 남겨, 항공사를 다시 이용할 가능성을 높인다.

3) 승객 하기 후

모든 승객이 하기한 후, 객실승무원은 다음 비행편을 준비하거나 항공기 점검을 마치고 하기한다. 비행 후 점검은 다음 사항을 포함한다.

- 모든 장비를 올바른 위치에 둔다.
- 사용한 안전 또는 의료 장비를 유지보수 팀에게 알린다.
- 기내와 화장실을 점검하여 이전 승객이 남긴 물건이 없는지 확인한다.

4) 디브리핑(debriefing)

운항이 끝난 후, 객실 승무원은 디브리핑을 진행한다. 디브리핑은 비행 중 발생한 상황을 평가하고 문제를 논의하며 피드백을 공유하는 회의이다. 이를 통해 대응 방안을 마련하고, 서비스 품질을 향상시키며, 팀워크를 강화한다. 필요 시 주요 사건을 공식 보고서에 기록하고, 새로운 규정이나 절차를 교육하여 최신 정보를 공유한다. 디브리핑은 승무원들이 비행 후 경험을 정리하고, 다음 비행의 품질을 높이는 데 중요한 역할을 한다.

연습문제

01 항공기 탑승 시 승무원은 어느 체계에 따라 역할과 책임을 이해하며, 응급 상황에서 승객의 안전을 확보하는 것이 주요 의무인 사람은 누구인가?

A. 부기장
B. 객실 사무장
C. 기장
D. 항공사 관리자

02 CRM의 구성 요소 중 하나로, 스트레스나 피로 등의 요인에도 불구하고 승무원이 주변 상황을 정확히 인식하고 적절히 반응하는 것은 무엇인가?

A. 리더십
B. 커뮤니케이션
C. 상황 인식
D. 의사 결정

03 운항승무원과 객실승무원 간의 소통이 어려울 수 있는 주된 이유는 무엇인가?

A. 승무원 간의 언어 장벽
B. 비행기 내 소음
C. 조종실의 물리적 잠금
D. 승무원 간의 업무 차이

04 포네틱 알파벳을 사용하여 'HELP'를 표현하는 올바른 방법은 무엇인가?

A. Hotel Echo Lima Papa
B. Hotel Echo Lima Tango
C. Hotel Echo Lima Oscar
D. Hotel Echo Lima Bravo

05 다음 중 승무원의 긍정적인 대인 관계 기술에 포함되지 않는 것은 무엇인가?

A. 명확한 커뮤니케이션
B. 편견 인식
C. 작업량 관리
D. 갈등 관리

06 승무원이 문화적 갈등을 관리할 때 가장 먼저 해야 할 일은 무엇인가?

A. 승객의 좌석을 바꿔주는 것
B. 승객의 요구를 무시하는 것
C. 문화적 민감성을 발휘하여 상황을 이해하는 것
D. 항공기 규정을 무시하는 것

07 승객이 특정 승객 옆에 앉기를 거부할 때, 승무원이 먼저 해야 할 일은 무엇인가?

A. 다른 좌석으로 옮겨준다.
B. 지정된 좌석에 앉기를 거부할 경우 항공기에서 하기할 선택지를 제공한다.
C. 승객이 원하는 해결책을 논의하고, 그 이유를 물어본다.
D. 승객에게 현재의 객실승무원의 판단이 최선일 수 있음을 상기시킨다.

08 고정관념을 인식하고 극복하기 위한 방법으로 적절하지 않은 것은 무엇인가?

A. 만나는 사람마다 공통점을 찾으려고 노력한다.
B. 상대방의 차이점을 먼저 찾고 이를 강조한다.
C. 발견한 공통점을 상대방과 공유한다.
D. 대화를 시작할 때 공통점을 찾아보고 이를 바탕으로 이야기한다.

09 기내에서 기술적인 문제로 인해 하기를 기다리는 상황에서 승무원이 취해야 할 적절한 행동은 무엇인가?

A. 승객들에게 차례로 하기를 요청한다.
B. 선동하는 승객을 제압하고 제트브리지 연결을 강제로 요청한다.
C. 신속하고 투명한 커뮤니케이션을 통해 문제와 해결책을 제공하며, 승객들을 진정시킨다.
D. 승객들의 불만을 무시하고 상황이 해결될 때까지 기다리도록 한다.

10 객실승무원이 비행 2시간 전에 공항 또는 지정된 위치에 도착하여 수행하는 첫 번째 업무는 무엇인가?

A. 승객 탑승 안내
B. 이메일을 통해 최신 매뉴얼 개정과 회사 정책, 절차 관련 게시물을 확인
C. 기내 청소
D. 기장에게 브리핑 받기

11 갤리 확인의 주요 목적은 무엇인가?

A. 승객이 앉을 좌석을 배정하기 위함
B. 캐터링 업체가 항공기에 탑재한 용품이 정확하고 완전한지를 확인
C. 승객의 탑승을 돕기 위함
D. 기내 청소 상태를 확인하기 위함

12 객실승무원이 탑승 절차 중 비상구열 좌석에 앉은 승객을 평가하는 주요 목적은 무엇인가?

A. 비상구열 좌석이 더 편안한지 확인하기 위해
B. 승객이 비상 상황 시 출구를 조작할 수 있는지 확인하기 위해
C. 승객이 비상구열 좌석을 원하지 않는지 확인하기 위해
D. 승객이 다른 좌석으로 이동할 준비가 되었는지 확인하기 위해

13 객실승무원이 출발 전에 수행하는 승객 안전 브리핑에서 다루지 않는 내용은 무엇인가?

A. 항공기 탑승 시 수하물 적재
B. 흡연 규정
C. 구명조끼 및 기타 생존 장비의 위치와 사용법
D. 승객의 개인 건강 상태 확인

14 다음 중 항공기 이륙 준비 과정에서 객실승무원이 수행해야 하는 업무가 아닌 것은 무엇인가?

A. 비상 탈출 장치를 장착 완료하고 문을 닫는다.
B. 안전 데모와 객실 안전 점검을 수행한다.
C. 기상 조건과 승객 수를 포함한 비행 및 화물 정보를 업데이트한다.
D. 최종 점검 후 승무원 좌석에 앉아 안전을 확보한다.

15 다음 중 객실승무원이 운항 중 서비스 유휴 시간에 화장실에서 담배를 피우지 않도록 감시할 때, 주의 깊게 관찰해야 하는 항목이 아닌 것은 무엇인가?

A. 담뱃불이 완전히 꺼졌는지 확인한다.
B. 화장실에 비치된 수건이 제대로 정리되어 있는지 확인한다.
C. 연기 감지기가 가려지지 않았는지 점검한다.
D. 화장실 문이 잠겨 있는지 확인한다.

16 다음 중 착륙 준비 시 객실승무원이 수행해야 할 작업으로 옳지 않은 것은 무엇인가?

A. 모든 오버헤드 빈이 닫혀 있는지 확인한다.
B. 승객의 좌석벨트 착용 여부를 점검한다.
C. 기내 서비스 카트를 사용하여 음료 서비스를 계속한다.
D. 화장실이 비어 있고 잠겨 있는지 확인한다.

정답과 해설

번호	정답	해설
01	C	항공기 탑승 시 승무원은 명령체계에 따라 역할과 책임을 이해하며, 기장은 항공기와 승무원, 승객을 총괄하며 응급 상황에서 승객의 안전을 확보하는 것이 주요 의무이다.
02	C	CRM의 구성 요소 중 상황 인식은 승무원이 스트레스나 피로 등의 요인에도 불구하고 주변 상황을 정확히 인식하고 적절히 반응하는 것을 의미한다.
03	C	운항승무원과 객실승무원 간의 소통이 어려운 주된 이유는 보안 문제로 인해 조종실이 물리적으로 잠겨 있기 때문이다. 이 때문에 소통은 주로 인터폰 시스템을 통해 이루어진다.
04	A	포네틱 알파벳을 사용하여 'HELP'를 표현하는 방법은 'Hotel Echo Lima Papa'이다. 포네틱 알파벳은 라디오 통신에서 혼동을 방지하기 위해 사용된다.
05	C	긍정적인 대인 관계 기술은 승무원이 효과적으로 팀워크를 발휘하고 승객과의 상호작용을 원활하게 하는 데 도움을 준다. 작업량 관리는 업무 효율성을 높이는 요소이지만, 대인 관계 기술에는 포함되지 않는다.
06	C	승무원이 문화적 갈등을 관리할 때 가장 먼저 해야 할 일은 문화적 민감성을 발휘하여 상황을 이해하는 것이다. 이를 통해 승객의 요구와 문제의 본질을 파악하고 적절한 해결책을 제시할 수 있다. 좌석을 바꿔주는 것은 해결책 중 하나일 수 있지만, 무조건적인 해결책이 아니다. 승객의 요구를 무시하거나 항공기 규정을 무시하는 것은 올바른 대응이 아니다.

07	C	승객이 특정 승객 옆에 앉기를 거부할 때, 승무원이 먼저 해야 할 일은 승객이 원하는 해결책을 논의하고, 그 이유를 물어보는 것이다. 이를 통해 상황을 이해하고 적절한 해결책을 제시할 수 있다. 다른 좌석으로 옮겨주거나 항공기에서 하기할 선택지를 제공하는 것은 다음 단계로 고려할 수 있는 옵션이다.
08	B	고정관념을 극복하기 위해서는 상대방의 차이점을 강조하기보다는 공통점을 찾고 이를 바탕으로 대화를 시작하는 것이 중요하다. 차이점을 강조하는 것은 오해와 갈등을 유발할 수 있으며, 관계를 강화하는 데 도움이 되지 않는다.
09	C	승무원은 긴장된 승객들을 진정시키고 신속하고 투명한 커뮤니케이션을 통해 문제와 해결책을 제공해야 한다. 선동 행위에 침착하게 대응하고 승객들 사이의 대립이 심화되지 않도록 중재자 역할을 하는 것이 중요하다.
10	B	업무 시작 시, 객실승무원은 이메일을 통해 최신 매뉴얼 개정과 회사 정책, 절차 관련 게시물을 확인한다. 새로운 규정이나 서비스 변경 사항을 숙지하는 것은 승무원의 책임이다.
11	B	갤리 확인은 객실승무원이 캐터링 업체가 항공기에 탑재한 용품이 정확하고 완전한지를 확인하는 절차다. 이는 승객에게 제공될 서비스의 품질을 보장하고 비행 중 예상치 못한 상황을 예방하는 데 중요한 역할을 한다.
12	B	객실승무원이 탑승 절차 중 비상구열 좌석에 앉은 승객을 평가하는 주요 목적은 승객이 비상상황 시 출구를 조작할 수 있는지 확인하기 위함이다. 비상구열 좌석에 앉은 사람은 응급 상황 시 도움을 줄 수 있어야 하며, 이를 위해 특정 기준을 충족해야 한다.
13	D	객실승무원이 출발 전에 수행하는 승객 안전 브리핑에서는 항공기 탑승 시 수하물 적재, 흡연 규정, 구명조끼 및 기타 생존 장비의 위치와 사용법 등을 다룬다. 그러나 승객의 개인 건강 상태 확인은 승객 안전 브리핑에서 다루는 내용이 아니다. 이는 승객 스스로가 항공기 탑승 전 확인하고 준비해야 할 사항이다.
14	C	항공기 이륙 준비 과정에서 객실승무원은 비상 탈출 장치를 장착하고 문을 닫으며, 안전 데모와 객실 안전 점검을 수행하고, 최종 점검 후 승무원 좌석에 앉아 안전을 확보해야 한다. 그러나 기상 조건과 승객 수를 포함한 비행 및 화물 정보를 업데이트하는 것은 기장의 업무이다.
15	B	객실승무원이 화장실에서 담배를 피우지 않도록 감시할 때 주의 깊게 관찰해야 하는 항목은 담뱃불이 완전히 꺼졌는지와 연기 감지기가 가려지지 않았는지 점검하는 것이다. 그러나 수건이 제대로 정리되어 있는지 확인하는 것은 승객의 안전과 직접적인 관련이 없으므로, 이 항목은 화장실 감시 업무와 관련이 없다.
16	C	착륙 준비 시 객실승무원은 서비스를 중단하고 승객의 좌석벨트 착용 여부, 오버헤드 빈 상태, 화장실 점검 등의 작업을 수행해야 한다. 기내 서비스 카트를 사용하여 음료 서비스를 계속하는 것은 착륙 준비 시 수행하지 않는다.

제4장

비정상 및 비상 상황 관리

1 안전 관리 사전 대책

항공운송은 가장 안전한 여객수송 방법으로, 그 이유는 다음과 같다.

- 항공업계의 능동적 접근방식으로 비정상 상황이 응급상황으로 바뀌기 전에 처리된다.
- 비상사태에 대비한 장비와 인원이 항상 준비되어 있다.
- 비정상적이거나 응급상황을 철저히 조사해 프로세스와 장비를 개선한다.

비상 상황은 즉각적인 조치가 필요한 심각하고 예상치 못한 위험 상황으로 정의된다. 객실승무원은 비상상황 발생 시 즉각 대응하여 위험 수준을 낮춘다. 모든 항공기에 비상상황이 발생하는 것은 아니며, 이는 객실승무원이 비상상황을 방지하기 위한 조치를 하기 때문이다. 객실승무원은 사전 대책을 취하고, 비정상적인 상황을 처리하며, 신속하고 전문적으로 대응할 준비가 되어 있어야 한다.

일상적인 객실승무원 업무는 비행의 안전운영에 기여하며, 비상상황에 대비한다. 이 업무에는 안전 점검, 검토, 객실 준비가 포함되며, 승객에게 안전한 환경을 제공한다.

1) 비정상적인 상황 예방

비정상적이거나 이상한 점을 인식하기 위해 객실승무원은 먼저 정상 상태를 알아야 한다. 첫 번째 교육 과정이 끝나면 실습 비행을 완료한다. 실습 비행 동안 객실 사무장의 지도와 감독하에 항공기의 최소 탑승 객실승무원으로 일한다. 이 과정은 정상적인 상황을 알도록 돕는 것이다. 실습을 성공적으로 마치면 객실승무원은 정규 자격을 갖춘 것으로 간주되며, 비정상적인 상황을 식별하고 동료 승무원에게 의견을 물어 적절한 조치를 취할 수 있는 자신감을 갖는다.

2) 탑승 중 승객상태 확인

객실승무원은 항공기에 탑승하는 승객 상태를 확인한다. 탑승 수속 과정에서 승객이 비행 중 악화될 수 있는 질병이나 알코올 중독 징후를 보이는지 판단한다.

3) 기내 수하물 모니터링

승객이 탑승하는 동안 객실승무원은 너무 크거나 무거운 수하물을 확인한다. 올바른 적재 장소에 넣을 수 없는 가방은 비상 착륙 시 떨어질 위험이 있고, 대피 중 탈출로를 방해할 수 있어 위험하다. 객실승무원은 이런 수하물을 안전한 장소에 보관한다. 항공사는 기내 반입 수하물에 대한 정책을 시행하며, 객실승무원은 규칙에 맞지 않는 수하물을 발견하면 항공기에서 내려 보류 상태로 둔다.

4) 기내 물품 보관

승객의 휴대 수하물은 안전하게 보관해야 하며, 부상이나 손상을 일으키거나 통로나 출구를 막을 가능성이 있는 수하물은 안전한 장소에 고정해야 한다. 기내 물품 보관 시 유의할 사항은 다음과 같다.

- 모든 물품은 고정할 수 있는 장소에만 보관한다.
- 표시된 무게 제한을 준수한다.
- 좌석 밑에 수하물을 보관하지 않는다. 단, 안전장치가 있는 경우 예외적으로 허용한다.
- 화장실에는 물품을 보관하지 않는다.
- 벌크헤드에 고정할 수 없는 물건을 두지 않는다.
- 오버헤드 빈에는 문을 닫고 잠글 수 있는 크기의 수하물만 보관한다.
- 비상 장비 접근을 방해하지 않는다.
- 이륙 전과 착륙 전, 좌석벨트 착용등이 필요할 때마다 수하물이 떨어질 위험이 없는지 확인한다.
- 병이나 깨지기 쉬운 물품은 수하물 고정튜브가 있는 좌석 밑에 놓아 안전하게 보관한다.

5) 안전 규정 시행

많은 승객이 항공기 탑승 시 적용되는 안전 규정을 잘 모르거나 이해하지 못하지만, 객실승무원은 규정의 중요성을 설명하여 준수하도록 해야 한다. 예를 들어, 기내에서 휴대 전화 사용은 항공교통관제와의 통신을 방해하여 잘못된 고도나 방향으로 비행하는 결과를 초래할 수 있다. 일반적으로 항공기 기내에서는 통신 장비 사용이 제한되지만, 항공기와 항공사에 따라 정책이 다를 수 있어 승객이 이해하지 못할 때가 많다. 따라서 객실승무원은 정책이나 규정의 변경 사항을 최신 상태로 파악하고 있어야 한다.

6) 갤리와 장비 모니터링

기내 오븐 화재는 주로 오븐 랙 뒤편에 이물질이나 휴지가 끼었을 때 발생할 수 있다. 오븐에서 연기가 감지되면 객실승무원은 오븐을 꺼서 식히고 불이 붙지 않도록 조치를 취한다.

7) 사용하지 않는 장비 보관

사용하지 않는 장비는 안전하게 보관해야 한다. 예고 없이 난기류가 발생해 물건이 떨어져 객실승무원이 다칠 수 있다. 객실승무원은 항상 예기치 않은 난기류에 대비하고, 모든 것이 안전한지 즉각적인 조치를 취할 준비가 되어 있어야 한다.

8) 출발 전에 도움을 줄 수 있는 승객(ABP) 평가

객실승무원은 비상 대피 시 탈출구를 조작하고 배치할 수 있도록 훈련받는다. 혼자서 이 작업을 수행할 수 있지만, 대피 중에 승객의 도움을 받을 수 있다. 비상구열에 앉은 승객은 이미 체크인 직원에 의해 ABP Able Bodied Passengers로 선택되지만, 객실승무원은 응급 시 도움을 요청할 추가 ABP를 선택해야 한다. 이상적인 ABP는 신체적, 정신적으로 건강한 16세 이상의 성인으로 응급

출구열, 비상구 좌석

상황을 다뤄본 경험자이다.

이상적인 ABP의 유형은 다음과 같다.

- 경찰, 소방관, 간호사 등은 응급 상황에 잘 대응할 수 있도록 훈련받고 경험이 있다.
- 객실승무원 자격을 보유한 사람은 긴급 상황에 필요한 것을 이해하고 대피 훈련 경험이 있다.
- 기내에 탑승한 승무원도 ABP가 될 수 있다. 객실승무원과 운항승무원은 항공편 배정 전후에 승객으로 탑승하는 일이 흔하다.

출발 전 단계에서 승객의 직업을 항상 알 수는 없지만, 대화나 유니폼을 통해 알 수 있다. 비상 상황에서 객실승무원은 선택한 ABP를 불러 필요한 정보를 제공한다. ABP의 주요 업무는 다음과 같다.

- 착륙 후 객실승무원이 업무를 수행할 수 있는 경우, 지정된 출구로 하기를 돕는다.
- 필요 시 비상 출구를 열고, 거동이 불편한 승객을 돕는다.
- 사용 불가능한 문으로 탈출하지 않을 수 있도록 지키고, 비상 탈출 후에는 승객을 항공기에서 멀리 안내하는 역할을 한다.
- 객실승무원이 업무를 수행할 수 없는 경우, 항공기가 멈춘 후 사전에 들은 설명에 따라 출구를 열거나 닫힌 상태를 유지한다.
- 운항승무원의 지시에 주의를 기울이고, 승객을 대피시키며 기내와 조종실을 최종 점검한다.

이러한 ABP는 비상 상황에서 객실승무원을 도와 승객의 안전한 대피를 돕는다. 객실승무원은 비상 시 신속하고 정확하게 대응할 수 있도록 평소에 ABP를 선택해 두고 필요한 경우 도움을 요청할 수 있다.

9) 이착륙 시 대피를 위한 정신적 준비

객실승무원의 근무 위치에 따라 이착륙 시 앉는 승무원 좌석 위치가 결정된다. 승무원 좌석jump seat은 일반적으로 비상구 근처에 위치해 응급 상황 시 신속하게 문을 열 수 있도록 한다. 객실승무원은 택싱, 이륙, 착륙 시 올바르게 승무원 좌석에 앉아 벨트를 고정한다. 항공사는 사고 발생 시 객실승무원이 다칠 가능성을 줄이기 위해 올바른 좌석 위치에 대한 지침을 제공한다.

대부분의 사고는 이착륙 중 발생하므로, 객실승무원은 이륙 또는 착륙 전 승무원 좌석에 앉아 30 second review를 실시한다. 이 검토는 비상구 및 탈출 절차를 머릿속으로 그려보며, 비정상적인 광경이나 소리에 주의를 기울이는 것이다. 항공기마다 장비와 기내 배치, 비상구, 절차가 다르므로 30 second review가 중요하다. 이 검토에는 다음 질문이 포함된다.

- 어떤 종류의 항공기에 타고 있는가?
- 비상 착륙인가 비상 착수인가?
- 비상 상황 시의 알림 명령이나 신호는 무엇인가?
- 자리에 제대로 고정되어 있는가? 충격방지 자세를 취하고 있는가?
- 출구를 어떻게 열 것인가?
- 출구에 있는 비상 슬라이드용 수동 작동 핸들은 어디에 있는가?
- 대피 명령은 무엇인가?
- 대피해야 한다면 어떤 장비를 가져가야 하는가?
- ABP(Able Bodied Person)는 어디에 위치하고 있는가? 추가 도움이 필요한 승객은 누구이며, 어디에 앉아 있는가?

10) 안전보고서 작성

객실승무원은 항공사 안전부서의 눈과 귀로서, 안전사고 및 우려 사항을 의무적으로 항공사에 보고한다. 사고가 발생하거나 사고가 발생할 가능성이 있다고 판단되면 안전보고서를 제출한다. 규제 당국은 안전보고서 제출 기준을 가지고 있으며, 각 항공사는 추가 요구 사항을 적용할 수 있다. 객실승무원은 다음과 같은 경우에 보고서를 제출한다.

- 부상을 입히거나 입을 가능성이 있는 사건 발생
- 연기 감지기 작동
- 안전 장비 또는 절차가 부적절하거나 비효율적인 경우
- 커뮤니케이션 실패

- 응급상황 절차 시행 또는 안전 장비 사용
- 현저한 난기류 발생
- 보안 절차 위반 발생
- 폭탄 위협 또는 납치 상황 발생
- 폭력이나 중독 상태의 승객을 다루는 데 어려움을 겪음

올바르게 작성된 안전보고서를 제출하면 항공사는 사고 또는 문제를 조사할 수 있으며, 사고 재발 방지를 위한 변경 사항을 권장할 수 있다.

11) 이륙 전 안전 브리핑

승객을 위한 이륙 전 안전 브리핑은 필수이다. 각 항공사마다 객실승무원이 따라야 하는 절차가 있다. 브리핑의 목적은 긴급 상황 시 승객들이 객실승무원의 지시를 따라 행동하도록 준비시키는 것이다. 일부 승객은 안전 브리핑에 주의를 기울이지 않으므로, 객실승무원은 대인 관계 기술을 사용해 승객들이 안전에 주의를 기울이도록 한다.

비정상적이거나 긴급 상황에서 승무원의 협력과 커뮤니케이션은 좋은 결과를 만드는 핵심 요소다. 항공사는 운영 매뉴얼에 비상 상황 절차를 명시하고, 승무원에게 특정 책임을 부여한다. 모든 객실승무원이 책임을 다할 수 없기 때문에, 모든 승무원은 동료의 업무를 대신 수행할 준비가 되어 있어야 한다. 이는 객실승무원이 자신의 위치에서의 책임을 알아야 하는 이유다. 객실승무원은 운항승무원에게 기내의 이상 상황을 보고하여 최상의 행동 방침을 결정하도록 한다. 예를 들어, 조종실에서 들을 수 없는 기내의 이상한 소음은 문제의 징후일 수 있다. 객실승무원은 자신감을 가지고 모든 잠재적인 이상을 운항승무원에게 보고해야 한다.

❷ 안전 및 비상 장비

국가항공국National Aviation Authorities은 항공기 기내에 최소한의 비상 장비를 요구한다. 항공사는 필요 시 최소 요구사항을 초과하는 장비를 설치할 수 있으며, 비상 장비는 항공기 크기와 운항 경로에 따라 다르다.

객실승무원은 비상 장비 사용에 대해 교육받아 각 장비의 위치를 알고 신속하게 대응할 수 있다. 항공사는 장비의 위치, 유형, 사용법이 포함된 운영 매뉴얼 도표를 제공하며, 객실승무원은 이를 숙지한다. 객실승무원은 비상 장비의 위치와 사용법에 대해 정기적으로 테스트를 받는다.

비행 전에 객실승무원은 비상 장비가 적절한 위치에 있고 사용 준비가 되어 있는지 확인한다. 이를 '비상 장비 검사'이라 하며, 검사표를 작성하여 기장이 모든 장비가 탑재되고 검사 요구사항을 충족하는지 확인할 수 있다.

비상 장비는 다음과 같이 분류된다.

- 탈출 장비
- 비상착수/부양 장비
- 소방장비
- 구급함 및 의료장비

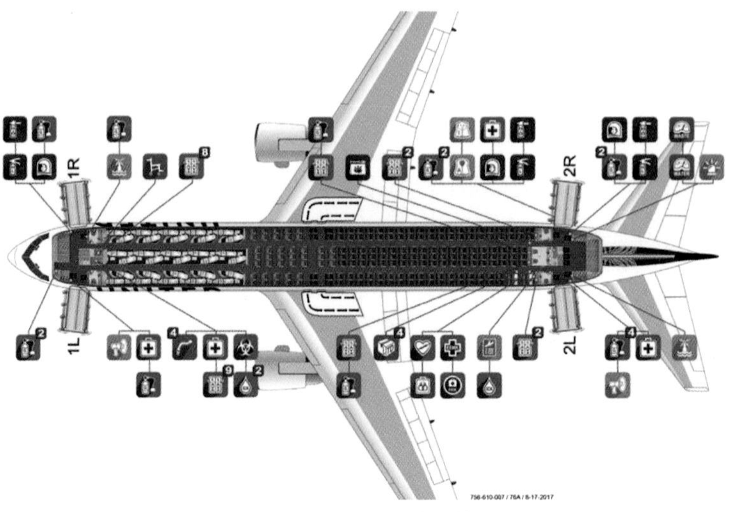

Boeing 737 비상장비 배치도

1) 탈출 장비

문Doors과 비상 탈출구Emergency Exits에는 비상시에 항공기를 빠르게 떠날 수 있도록 슬라이드Slides와 슬라이드/래프트Slides/Rafts가 장착되어 있다.

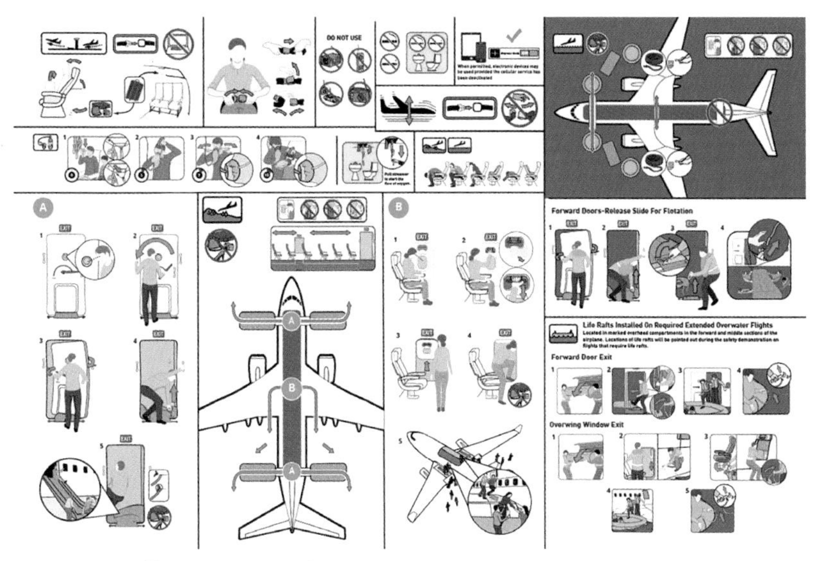

자료 : https://safetycards.com/

슬라이드는 육상 대피에, 슬라이드/래프트는 육지와 해상 대피에 사용될 수 있다. 두 장비는 자동 또는 수동 핸들로 팽창 가능하다. 항공기 날개 위 출구에는 지면으로 미끄러질 수 있는 슬라이드가 장착된다.

육상 대피 시, 승객과 승무원은 슬라이드를 이용해 항공기에서 멀리 이동한다. 수상 대피 시에는 슬라이드/래프트가 팽창하고 승객이 래프트에 모두 탑승하고 나면 항공기로부터 분리시켜 되도록 항공기에서 멀리 이동할 수 있도록 한다. 객실 승무원은 대피 전에 다른 비상 장비를 꺼낸다.

확성기(Megaphones)	대피 중 승객, 구조대원, 승무원과 통신하는 데 사용된다.	
비상손전등(Emergency Flashlights)	각 승무원 스테이션에 있으며, 야간 대피나 연기로 가득 찬 객실에서 추가 조명으로 사용된다.	
비상위치송신기(ELT, Emergency Location Transmitters)	위성 및 구조팀이 항공기와 생존자의 위치를 추적하는 무선 신호를 전송한다. 항공기 좌석 수에 따라 탑재되는 비상위치송신기의 수가 결정된다.	

2) 비상착수/부양 장비

항공기에는 비상착수Ditching를 위한 특수 장비가 있다. 이 장비는 항공기의 종류에 따라 다르며, 물 위로 장기간 비행하지 않는 노선에서는 모든 항공기에 이 장비가 갖춰져 있지 않다. 표준 비상착수 장비로는 구명조끼Life Vests와 물에 뜨는 좌석 쿠션Buoyant Seat Cushions이 있다.

승객과 승무원을 위한 구명조끼

물에 뜨는 좌석쿠션

구명조끼는 승객의 머리를 물 위에 뜨게 하도록 설계된 방수 나일론 부양 장치로, 대부분의 좌석 아래나 근처에 보관된다. 객실승무원용 주황색 구명조끼는 객실승무원 비상장비 보관장소Duty Station에 보관된다.

https://i.sstatic.net/AAVJS.jpg

장거리 비행 항공기에는 슬라이드/래프트가 장착되어 있어 비상착수 시 이를 사용할 수 있다. 이러한 장비는 승객이 탑승한 후 항공기에서 수동으로 분리된다. 슬라이드/래프트와 추가 구명보트는 승객과 승무원의 최대 수용 인원을 위해 설계되며, 필요에 따라 오버헤드 적재함에 추가로 보관된다. 이 장비에는 다음 항목이 포함된다.

- 구명밧줄(Life Lines) : 보트와 장비를 안전하게 지키고, 생존자가 물속에서 잡을 수 있도록 돕는다.
- 보딩 스테이션(Handholds 및 Stirrups가 있는 Boarding Stations) : 승객이 물에서 보트로 타는 것을 돕는다.
- 시앵커(Sea Anchor) : 보트의 표류 및 회전을 방지하며, 자동 또는 수동으로 설치된다.
- 위치표시등(Locator Light) : 보트의 위치를 밤에도 찾을 수 있게 해준다.
- 서바이벌 키트(Survival Kit) : 장시간 물에 떠 있을 경우 생존에 필수적이다.

서바이벌 키트에는 다음과 같은 품목이 포함된다.

- 카노피(Canopy) : 보트를 덮어 사람들을 외부 환경으로부터 보호하고, 밝은 색은 구조대가 쉽게 발견할 수 있도록 돕는다.
- 배수도구 : 물을 빼낼 수 있는 양동이와 스폰지가 포함된다.
- 구명보트 및 생존 매뉴얼(Life Raft and Survival Manual) : 장비 사용법과 생존 기술을 제공한다.
- 응급 처치 키트(First Aid Kit) : 항공기 내 구급함과 유사하게 구성된다.
- 구명보트 수리 키트(Raft Repair Kit) : 보트 손상 시 수리할 수 있는 도구를 제공한다.
- 빗물 수집 용기 : 생존에 필요한 물을 저장하며, 일부 키트에는 해수를 음용수로 전환할 수 있는 첨가제가 포함된다.
- 신호 장치 : 신호탄(Flares), 거울(Mirrors), 호루라기(Whistle), 손전등 및 배터리가 포함된다.
- 바닷물 염색약(Sea Dye Marker) : 보트 주변 물의 색을 변화시켜 구조를 돕는 화학 물질이다.

구명 뗏목 서바이벌 키트에 포함될 수 있는 것의 예

2009년 1월 15일 미국 뉴욕 허드슨 강에서
US 에어웨이스 1549편

3) 화재 진압 장비

항공기는 화재를 지연시키거나 내화성이 강한 부품과 재료로 만들어져 있으며, 객실 승무원이 화재에 대응할 수 있도록 다양한 소방 장비가 갖춰져 있다. 기내에 비치된 장

기내 보조배터리 화재 현장

비의 양과 유형은 다양하지만, 일반적으로 다음과 같은 장비들이 준비되어 있다.

휴대용소화기

스모크 후드

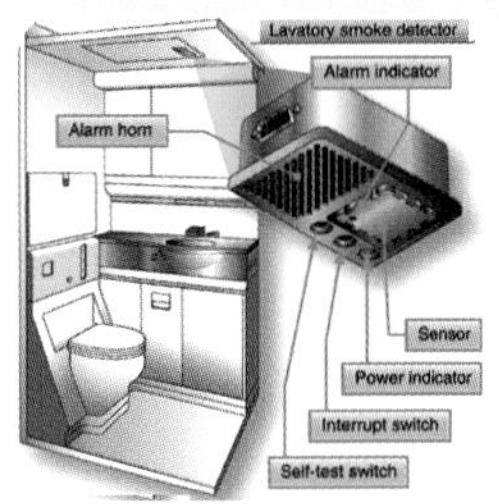

화장실 연기 감지기

- 할론(Halon)/브롬클로로디플루오로메탄 소화기 : 산소를 없애는 액화 가스 약품으로, 인화성 액체 및 전기 화재에 효과적이다.
- 물 소화기(Water Fire Extinguisher) : 물을 사용해 화재의 연료를 식히고 열을 제거하며, 종이나 일반 가연성 물질의 화재에 사용된다.
- 스모크 후드/휴대용 호흡 장비(Smoke Hood/Portable Breathing Equipment) : 연기, 이산화탄소, 해로운 가스 및 산소 부족으로부터 보호하며, 약 15분 동안 숨을 쉴 수 있는 공기를 제공한다.
- 화재/크래시 도끼(Fire/Crash Axe)와 쇠지렛대(Crowbar) : 접근이 어려운 곳에서 화재를 진압할 때 사용된다. 문에 구멍을 내고 소화기를 사용해 연기를 최소화하고 화재를 억제할 수 있다.
- 화장실 연기 감지기(Lavatory Smoke Detectors) : 화장실 내의 화재나 연기를 감지한다.
- 자동 화장실 소화기(Automatic Lavatory Fire Extinguishers) : 화장실의 휴지통에 설치되어 열을 감지하면 자동으로 작동한다.

4) 구급함 및 의료 장비

일반적으로 항공기에는 다음과 같은 의료 장비가 준비되어 있다.

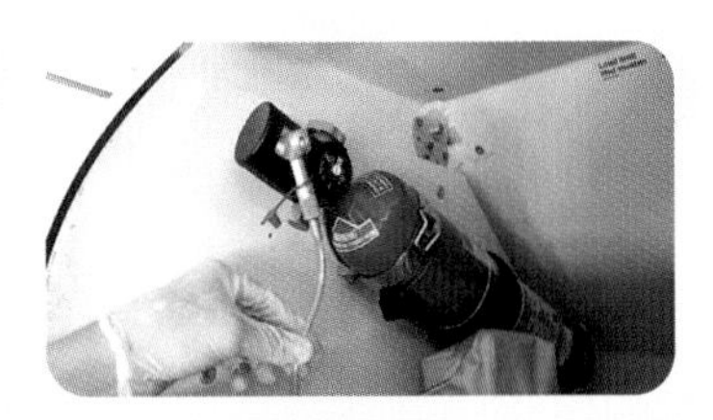

- 휴대용 산소통(Portable Oxygen Bottles) : 감압 후 추가 산소를 제공하며, 기내 의료 사태 발생 시 사용된다. 객실승무원은 자신의 산소 공급을 유지하면서 승객을 도울 수 있다.
- 구급함(First Aid Kits) : 심각한 응급 처치 상황에 대비해 붕대 및 기타 의료용품을 포함하고 있으며, 대피나 심각한 사고 후에 사용할 수 있다.

- 의료 키트(Medical/Doctor's Kit) : 의사나 자격을 갖춘 의료 전문가가 심각한 의료 응급 처치 시 사용할 수 있도록 특정 의약품을 포함하는 밀봉된 용기이다.
- 자동심장제세동기(Automated External Defibrillator, AED) : 심장 마비를 겪는 승객을 돕기 위해 사용되며, 심장의 정상 리듬을 회복시키기 위해 전기 충격을 제공한다.
- 위험물질 키트(Biohazard Kit) 및 포괄적 예방 장비(Universal Precaution Equipment) : 의료 응급 상황에서 체액 및 오염된 장비를 안전하게 처리하고, 객실승무원과 의료 봉사자를 보호할 수 있는 장비를 포함한다.

3 비상상황교육

객실승무원은 비상사태가 악화되지 않도록 자신감 있고 신속하게 대처할 준비가 되어 있다. 일부 응급 상황에서 객실승무원의 통제가 어려울 수 있지만, 그들의 자신감, 커뮤니케이션 능력 및 장비 지식은 항공기 손상을 최소화하고 인명을 구하는 데 도움을 준다. 비상상황이 발생하면 항공사 조사팀이나 국가항공국이 사건을 조사하여 원인을 파악하고 절차나 장비를 개선한다. 이를 위해 객실승무원은 다음과 같은 문서 및 보고서를 작성해야 한다.

- 항공 안전 보고서 : 사고 및 그 결과에 대한 세부 정보를 제공하는 보고서로, 주로 객실 사무장이 작성한다.
- 서면 보고서 : 각 승무원이 경험한 것과 취한 행동을 자세히 기록한다.
- 항공기 결함 기록서 : 사용된 안전 또는 비상 장비의 세부 사항을 제공하여 필요한 교체를 지시한다.

모든 비상 상황이 다르지만, 객실승무원은 특정 패턴을 알아야 한다. 승무원이 긴급 상황을 처리하는 데 훈련되어 있지만, 승객은 그렇지 않다. 따라서 객실승무원은 승객이 적절하게 행동하도록 유도해야 한다. 비상 브리핑에 주의를 기울인 승객은 응급 상황 발생 시 신속하게 대처할 가능성이 높다. 승객은 비상구의 위치를 알고 있으며, 기내가 연기로 가득 찼을 때 몸을 낮게 유지하고, 산소 마스크가 떨어지면 즉시 착용해야 한다는 것을 안다.

승객은 긍정적이거나 부정적인 공황 상태를 겪을 수 있다. 긍정적인 공황 상태는 비상 상황에 대응하여 안전 조치를 취하는 것이다. 부정적인 공황 상태는 위험을 평가할 정보가 부족할 때 발생하며, 이 경우 승객은 대피하기 전에 자리에 앉아 있거나 개인 소지품을 챙기는 경향이 있다. 객실승무원은 승객이 긍정적인 결정을 내릴 수 있도록 필요한 정보를 제공해야 한다. 긴급 상황에서 객실승무원의 단호한 지도력과 안내가 승객의 적극적인 대응을 유도한다.

객실승무원은 고객 서비스 지향적인 방식에서 벗어나 필요한 경우 단호한 명령으로 승객을 통제해야 한다. 객실승무원은 훈련 및 실습 중에 공포를 일으키지 않고 사람들을 효율적으로 통제하는 기술을 평가받는다. 긴급 상황을 올바르게 이해하고 이를 다루는 방법을 알고 있어야만 상황을 효과적으로 관리할 수 있다.

객실승무원의 목표는 가능한 한 빨리 사용 가능한 탈출구로 승객들을 이동시키고, 항공기 밖으로 탈출시키는 것이다. 객실승무원은 정확한 언어적 명령 언어와 필요시 신체적 제스처를 사용하여 승객을 안내하고, 상황 인식 능력을 발휘해 비행기 안과 탈출구 상황을 파악해야 한다. 긴급 대피 중 객실승무원은 문 옆에 서서 승객에게 소지품을 두고 탈출 슬라이드로 뛰어내릴 것을 지시한다. 항공사는 객실승무원에게 소리 높여 명령을 내리는 방법을 교육하며, 훈련 과정에서 이를 수행할 수 있는지 확인한다.

4 난기류

1) 난기류의 원인

비행기는 날개 위의 공기 흐름을 이용하여 빠른 속도로 날아간다. 난기류는 비행 중 언제든지 발생할 수 있으며, 수평 비행 중에만 나타나는 것은 아니다. 난기류는 여러 원인으로 인해 발생하며, 일부는 예측할 수 있지만 다른 일부는 예고 없이 갑자기 나타날 수 있다.

승객은 이착륙 시 항상 좌석벨트를 착용해야 하며, 크루즈 중 예기치 않은 난기류를 만나면 부상을 당할 수 있기 때문에 앉아 있을 때마다 좌석벨트를 착용하는 것이 권장된다. 난기류의 원인을 이해함으로써 객실승무원은 더 안전하게 비행 준비를 할 수 있다. 지상 가까운 곳에서 부는 바람은 건물이나 언덕과 같은 장애물 때문에 고지대의 바람과 다르게 나타난다. 공항에서는 다른 항공기와 엔진의 영향으로 인해 이륙 및 착륙 중에 종종 상당한 난기류가 발생한다.

비행기가 공중을 날아갈 때는 배가 물을 가로질러 갈 때처럼 뒤따라오는 비행기가 방해 기류를 느낄 수 있다. 비행기가 클수록 생성되는 방해 기류의 범위도 넓어진다. 항공교통관제는 이를 방지하기 위해 항공기 간의 최소 거리를 설정하지만, 일부 공항에서는 혼잡한 시간대에 항상 엄격한 기준을 적용하지 않는다.

뜨거운 온도가 난기류를 일으킬 수 있다. 지면 온도가 상승함에 따라 지표면의 공기가 따뜻해지고 상승하며, 이 따뜻한 공기가 높은 고도에 도달하면 다시 냉각되어 내려온다. 이러한 과정은 기류를 오르내리게 하여 난기류를 생성한다.

산을 비행할 때, 비행기는 종종 난기류를 겪는다. 산을 향해 강하게 부는 바람이 공기를 대기 중으로 상승시키기 때문이다. 산 위로 더 높이 날아갈수록 난류의 영향은 약해진다. 그러나 산간 지역에 착륙할 때는 이를 피할 수 없다.

제트 기류는 지구 기상 시스템과 관련된 바람의 패턴으로, 지구의 자전과 열로 인해 발생하며 일반적으로 높은 고도에서 북극 또는 열대 기후 경계의 가장자리에서 발견된다. 항공기는 이 바람을 이용해 더 빠르게 비행하기 위해 제트 기류로 진입하지만, 이를 가로지르려 할 때 난기류를 겪는다.

맑은 공기의 난기류는 다른 방향이나 속도로 움직이는 바람의 영역과 관련이 있으며, 종종 제트스트림의 가장자리에서 발생한다. 습기나 구름이 없는 경우 레이더로는 난기류를 감지할 수 없어 경고 없이 발생할 수 있다.

천둥번개와 전선은 윈드시어를 일으킬 수 있는 상황을 만든다. 윈드시어는 공기의 속도나 방향이 급격히 바뀌는 현상으로, 항공기

의 양력에 영향을 미친다. 이착륙 시 항공기의 속도가 느려지면 윈드시어는 특히 위험할 수 있다. 천둥번개 또는 날씨 전선과 관련된 윈드시어는 비행기를 아래로 밀어내는 힘이 있다.

2) 난기류 유형

비행 전 브리핑에서 기장은 일반적으로 예상되는 난기류를 객실승무원에게 알린다. 특정 기상 패턴이 난기류를 유발할 수 있으며, 항공기의 레이더는 비행기 앞 일정 거리 내의 습기 및 구름을 감지할 수 있다. 구름이 어둡고 밀도가 높을수록 난기류 발생 확률이 높아진다. 폭풍우가 치는 날은 난기류를 만날 가능성이 매우 높다.

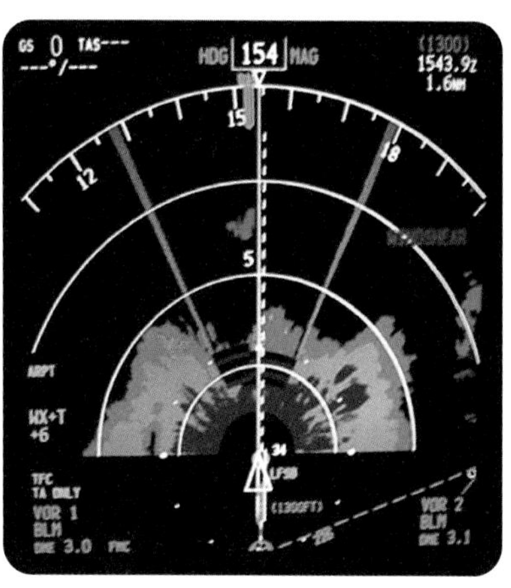

폭풍우로 보이는 기상 레이더 정보

기장이 제트 기류를 벗어날 계획을 알고 있다면, 객실승무원에게 난기류가 예상되는 대략적인 시간을 알릴 수 있다. 일부 항공 경로는 기후, 고도, 산의 위치에 따라 다른 경로보다 난기류가 더 심할 수 있다는 것이 잘 알려져 있다. 난기류는 강도에 따라 네 가지 유형으로 구분된다.

난기류의 네 가지 유형은 다음과 같다.

가벼운 난기류 (Light Turbulence)	흔히 발생하며, 가볍게 리듬을 타는 듯한 흔들림이 특징이다. 고정되지 않은 물체가 안정적으로 유지되며, 컵에 담긴 커피는 약간 흔들려도 넘치지 않는다. 이 유형의 난기류 동안 승객은 기내를 걷는 데 약간의 어려움을 겪을 수 있다.	Light
보통 난기류 (Moderate Turbulence)	가벼운 난기류보다 강도가 세며, 항공기의 피치와 속도에 순간적인 변화가 발생한다. 고정되지 않은 물체가 움직이기 쉽고, 액체가 컵에서 넘칠 수 있다. 보행이 어렵고 승객은 좌석벨트로 인해 압박감을 느낄 수 있다.	Moderate

심한 난기류 (Severe Turbulence)	고도가 급격하게 변하며 비행기가 일시적으로 제어 불능 상태에 빠질 수 있다. 이러한 난기류는 승객과 객실승무원에게 위험하며, 걷기가 매우 위험하다. 승객은 좌석벨트를 매우 강하게 조여야 하며, 느슨하게 하지 않는 것이 중요하다.	Severe
극단적 난기류 (Extreme Turbulence)	비행기가 격렬하게 흔들리며 제어가 거의 불가능해진다. 이 유형의 난기류는 항공기에 구조적 손상을 초래할 수 있으며, 매우 드물게 발생한다. 극단적 난기류는 항공기의 운항에 매우 심각한 영향을 미칠 수 있으며, 승객의 안전을 위해 항상 좌석벨트를 착용하는 것이 중요하다.	Extreme

3) 난기류 발생 시 안전 조치

객실승무원은 난기류 발생 전이나 중에 승객과 승무원의 부상을 예방하는 데 중요한 역할을 한다. 또한, 승객이 좌석에 앉아 있을 때와 기장이 좌석벨트 표시등을 켤 때, 객실 승무원은 난기류의 정도에 따라 기내 방송을 하거나, 서비스를 중단하거나 조심해서 진행해야 하며, 모든 승객의 좌석벨트 착용 여부를 확인해야 한다. 갤리와 작업 공간을 항상 깨끗하고 정돈하여 모든 장비를 안전하게 보관함으로써 예기치 않은 난기류 발생 시 부상을 예방할 수 있다.

난기류는 항공기 전체에 영향을 미치지만, 운항승무원과 객실승무원이 느끼는 정도는 다를 수 있다. 객실승무원은 난기류 동안 기장의 지시를 기다리지 않고 바로 앉는 것이 권장된다. 자신의 지정석으로 돌아갈 수 없으면, 가장 가까운 빈 승객 좌석에 앉거나 바닥에 앉아 잘 붙잡고 있어야 한다. 난기류는 기내 부상의 주요 원인이다. 이러한 부상은 승객이 좌석벨트를 착용함으로써 예방할 수 있다.

다음 사례는 예기치 않은 난기류 발생으로 승객이나 승무원이 다친 예이다. 싱가포르에서 시드니로 향하는 항공기가 호주 중부 지방의 난기류와 만나 91m 하강했다. 임산부와 승무원 세 명을 포함한 9명의 승객은 목, 허리, 엉덩이 등에 상처를 입었으며, 승객 중 한 명은 수술을 받았다. 여기서 다친 사람들은 좌석벨트를 착용하지 않았다. 일본에서 브리스번까지 비행하는 대형 항공기가 난기류를 만나 16명의 승객이 다쳤다. 운항승무원이 좌석벨트 표시등을 켜지 않아 좌석벨트를 착용하지 않은 많은 승객이 부상을 입었다.

크루즈 중 난기류는 항공기를 지상에 충돌시키지는 않지만, 기내 탑승자에게는 심각한 상해를 입힐 수 있는 위험 요소이다. 대부분의 항공편에서 난기류가 발생하지만 일반적으로 길게 지속되지는 않는다. 보통 난기류나 심한 난기류로 기장이 지시를 내릴 경우, 객실승무원은 좌석에 앉아 벨트를 매야 하며, 이 기간에는 다른 사람을 도울 수 없다. 일부 항공 노선은 보통 난기류나 심각한 난기류를 만날 가능성이 더 크며, 항공사는 교육 과정에서 이러한 사항을 교육한다.

5 항공기 기내 감압

오늘날 항공기는 인체가 몇 초 이상 생존할 수 없는 고도로 비행한다. 이러한 고도에서는 공기 밀도가 지면 수준보다 훨씬 낮기 때문에 인체는 필요한 만큼의 산소를 호흡할 수 없다. 항공기 제조업체는 이 문제를 해결하기 위해 추가 공기를 기내에 펌프하여 기내 공기 압력을 제어한다. 이 공기는 일반적으로 엔진에서 펌프되며, 기내에 도달하기 전에 냉각되고 가습되어 기내에 편안한 환경을 조성한다. 이 과정을 '가압'이라고 한다.

32,500피트에서 폭발적인 감압시 기내 상황

1) 감압의 유형

기내 압력 유지가 불가능할 때 이를 '감압Decompression'이라고 한다. 이는 감압 시스템의 주요 오작동이나 항공기의 구조적 손상 때문에 발생할 수 있다. 감압 손실이 얼마나 빨리 발생하는지에 따라 세 가지 유형으로 분류된다.

완만한 감압

시스템 오작동이나 항공기 구조의 미세한 누출로 인해 기내 압력이 점차 감소하는 현상이다. 산소 마스크가 떨어지는 것이 첫 징후이며, 다른 명확한 경고 신호가 없어 승객과 승무원이 마스크가 오작동하거나 실수로 떨어졌다고 생각할 수 있다.

폭발적 감압

기체의 급격한 파열이나 파손으로 인해 기내 압력이 순식간에 손실되는 현상이다. 이로 인한 압력 변화가 폐가 견딜 수 있는 속도를 초과하여 폐 손상을 유발할 수 있다. 일반적으로 0.5초 이내에 발생하는 압력 손실을 폭발적이며 위험하다고 평가한다.

급격한 감압

감압이 빠르게 발생하지만 폐가 기내 압력 변화에 적응할 수 있을 만큼 충분히 느리다. 급격한 감압 과정에서 객실승무원은 큰 소음 증가, 기내 안개 현상, 강한 바람, 뜨거운 액체 끓음, 고정되지 않은 물품 휘날림 등의 증상을 경험할 수 있다. 또한 귀 통증, 추위, 말하기 어려움, 갑작스러운 흉부 확장 등으로 인해 호흡이 어려워질 수 있다.

2) 감압 시의 대응

감압 발생 시 모든 탑승자는 산소 마스크를 착용해야 한다. 특히, 유아를 동반한 승객은 보호자가 먼저 마스크를 착용한 후 유아의 마스크 착용을 도와야 한다. 10,000미터 고도에서 저산소증 증상이 나타난 후 의식을 유지할 수 있는 시간은 약 30~60초로, 이를 '생각할 수 있는 유용한 의식 시간Time of Useful Consciousness'이라고 한다. 이는 생명을 유지하기 위해 필요한 중요한 업무를 수행할 수 있는 시간이다.

객실승무원은 감압 상황에서 다른 사람을 돕기 전에 자신의 안전을 먼저 확보해야 한다. 산소 마스크의 출현은 승객을 놀라게 할 수 있으며, 객실승무원은 이러한 상황에 대비해 정기적으로 훈련을 받고 침착하면서도 신속하게 대응하여 승객을 안심시킨다. 저산소증은 뇌에 산소가 부족할 때 나타나며, 혼란과 방향 감각 상실을 초래할 수 있다.

이 상태가 지속되면 의식 상실로 이어질 수 있다. 초기 증상이 불분명하여 위험할 수 있으며, 객실승무원은 자신과 다른 승무원 및 승객들이 보이는 증상에 주의를 기울여야 한다. 저산소증의 추가적인 증상으로는 호흡 증가, 두통, 피로, 혼란 또는 어지러움, 따끔거림 또는 더운 느낌이 있다.

감압 상황에서 객실승무원은 즉시 산소 마스크를 착용하고 가능한 가장 가까운 좌석에 앉아야 한다. 그렇지 않으면 의식을 잃고 다른 사람을 도울 수 없게 된다. 객실승무원이 자리에 앉아 있는 동안, 승객에게도 같은 조치를 취하도록 지시한다. 객실승무원은 특정 감압 절차에 대한 항공사의 교육을 받았으며, 승객을 안내하고 확신을 주는 것이 중요하다.

32,500피트에서 폭발적인 감압시
기내 상황

6 화재

1) 화재 원인 및 방지

기내 화재 위험을 관리하는 최선의 방법은 화재가 발생하지 않도록 예방하는 것이다. 객실승무원은 화재 위험이 있는 부분을 파악하고 이를 줄이기 위한 조치를 취할 수 있어야 한다. 화재는 항공기 객실의 어느 곳에서나 발생할 수 있지만, 특히 위험도가 높은 지역을 인지하고 있어야 한다.

(1) 갤리

갤리 장비는 발전기에서 전원을 공급받는 전기 회로로 작동한다. 갤리의 전기 장치에는 과열 시 튀어나오는 차단 퓨즈와 같은 회로 차단기가 설치되어 있다. 회로 차단기가 튀어나온 경우, 전기 장치를 재확인하지 않고 다시 넣으면 화재를 일으킬 수 있다. 모든 전기 장치에는 냉각을 위한 환기 장치가 설치되어 있으며, 객실승무원은 이 환기구를 막지 않도록 주의해야 한다.

화재는 전기 장치 자체가 아닌 주변 물체에 의해 발생할 수 있다. 갤리에 보관된 서류와 가연성 물질은 전기 장비 옆에 두지 않으며, 가연성 액체나 압축 가스가 들어 있는 에어로졸 제품은 오븐 주변에 보관하지 않는다. 오븐은 짧은 시간 내 많은 양의 음식을 데울 때 화재 위험이 있으며, 내부에 남은 음식물 잔해가 화재 원인이 될 수 있다. 객실승무원은 오븐 내 엎질러진 음식을 발견할 때마다 항공기 기록서에 기록하고 처리해야 한다.

갤리 화재 예방 전략

- 오븐 사용 전, 내부가 깨끗한지 점검한다. 드라이아이스는 반드시 제거한다.
- 갤리 장비의 환풍기를 막지 않고 온도를 낮게 유지한다.
- 전기 장비 사용 시 이상 소리나 타는 냄새가 나면 즉시 사용을 중지하고 보고한다.
- 쓰레기를 적절히 처리하여 화재 발생 시 위험을 줄인다.
- 소화기와 소방 장비의 위치를 파악하고 접근 가능하게 유지한다.

(2) 화장실

화장실은 화재 위험이 있는 전기 장비로 채워져 있다. 객실승무원은 비행 중 화장실을 자주 점검하여 청결하고 깔끔한 상태를 유지하며 화재 위험을 확인해야 한다. 화장실의 전기 플러시 모터는 과열되기 쉬운데, 특히 플러싱 후 꺼지지 않을 경우 과열될 위험이 있다. 이상한 소음이 발생하면 운항승무원에게 보고하고 유지보수팀이 검사할 수 있도록 항공기 로그에 기록한다.

조명 패널은 열을 발생하는 부위이며, 깜박거리는 조명 튜브는 위험 신호가 될 수 있다. 조명이 막히거나 손상된 흔적이 있다면 화재 위험이 있으므로 항공기 로그에 기록하여 검사를 요청해야 한다. 담배를 피우는 승객은 화장실에서 몰래 담배를 피울 수 있다. 흡연 자체는 화재 위험이 없지만, 승객이 담배를 끄고 숨기려고

할 때 위험 요인이 될 수 있다. 담배를 쓰레기통에 버리면 휴지와 쓰레기로 인해 쉽게 발화할 수 있다.

각 항공기 화장실에는 특정 온도에 도달하면 자동으로 작동하는 소화기가 쓰레기통 바로 위에 설치되어 있다. 또한, 각 화장실에는 연기를 감지할 수 있는 연기감지기가 설치되어 있어 객실승무원에게 연기 발생을 알려준다. 객실승무원은 전기 시스템이 올바르게 작동하는지 확인하고, 승객의 흡연 흔적을 관찰하며, 담배가 제대로 꺼졌는지 확인하여 추가적인 예방 조치를 취할 수 있다.

(3) 객실

객실에는 여러 가지 화재 위험 요소가 있다.

- 기내 엔터테인먼트 시스템은 열을 발생시킬 수 있으며, 전기적 결함이 발생할 수 있다. 시스템 주변의 환기를 방해하지 않도록 주의한다.
- 머리 위 패널에서 응축된 물방울이 떨어지면 승객이 휴지를 채워 넣어 막기도 한다.
- 승객의 휴대용 전자제품이 좌석 내 전원 공급 장치에 연결될 때 높은 위험을 초래할 수 있다. 사용하지 않을 때는 플러그를 뽑고, 과열되지 않도록 해야 한다.
- 승객의 수화물 중 라이터와 성냥이 포함되어서는 안 되지만, 많은 승객이 이를 모르고 있다. 라이터는 반드시 몸에 소지해야 한다.
- 깜박거리는 객실 조명은 전기 결함을 나타낼 수 있어 보고하고 점검을 의뢰해야 한다.
- 리튬 배터리는 기내 반입이 가능하지만, 떨어지거나 손상될 경우 방전되거나 과열될 가능성이 있다. 과열이나 연기 징후가 나타나면 전기 장치를 끄고 물을 사용해 발화 지점의 열을 낮춘다.
- 전기 차단기의 결함으로 인해 과열되거나 화재가 발생할 수 있다.
- 전선 결함으로 인한 화재는 전기 아크 발생으로 기내 화재의 주된 원인 중 하나이다.

객실승무원은 서비스를 제공하는 동안 기내 상황을 지속적으로 관찰하고, 이상한 소음이나 냄새가 나면 즉시 보고한다. 타는 냄새는 연기나 화염이 보이지 않을 때도 발생할 수 있다. 전원 공급을 차단하는 것으로 많은 화재를 예방할 수 있으며, 연기 감지 시 운항승무원에게 보고하고 적절히 대응한다.

2) 화재진압 절차

객실에서 화재가 발생하면 객실승무원은 사고를 억제하고 상황 악화를 방지하기 위해 즉시 조용하고 적극적으로 대응해야 한다. 운항승무원은 잠긴 조종실에 있으므로 객실승무원은 명확하고 정확하게 의사소통하여 운항승무원이 적절한 조처를 하도록 돕는다. 객실승무원이 상황을 관리하는 동안 승객이 동요하면 단호한 행동과 지시로 승객을 안정시켜야 한다. 각 항공사에는 화재 진압 절차가 있으며, 승무원은 이를 숙지해야 한다.

(1) 화재 대응

불길은 연료, 열, 산소 중 하나를 제거하면 꺼진다. 화재 원인을 찾기 위해 패널을 제거하고 소방 도끼를 사용할 수 있다. 화재 원인이 보이지 않는 경우, 다른 구역의 연기가 원인일 수 있다. 화재 원인이 확인되면, 객실승무원은 원인을 제거하여 화재를 진압한다.

- 연료를 제거하기 위해 객실승무원은 주변 물건을 치우고, 타고 있는 물건만 태운다.
- 열을 제거하기 위해 화재를 식힌다. 전기 과열 화재의 경우 첫 단계는 전원 공급 장치를 끄는 것이다. 전기로 인한 것이 아니면 불연성 액체를 부어서 식힌다.
- 산소를 제거하기 위해 화재를 덮어 산소 공급을 멈춘다. 밀폐된 지역의 화재는 할론(BCF) 소화기로 진압한다.

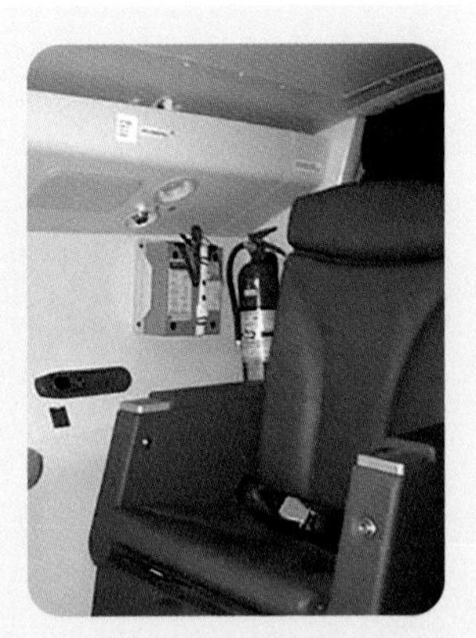

기내 승무원 휴게실 할론(BCF) 소화기 구비

객실승무원용 소화기가 기내에 구비되어 있다. 항공기에는 전기 이외의 화재에 사용 가능한 물 기반 소화기가 있다. 전기 화재에 물을 사용하면 누전으로 상황이 악화될 수 있다. 음료수 카트의 물이나 비휘발성 액체를 사용해 화재를 진압할 수 있다. 할론(BCF) 소화기는 화염을 제거하고 다시 점화되는 것을 막는다. 일부 항공기에는 전기 회로가 꺼진 상태에서 사용할 수 있다.

(2) 커뮤니케이션

화재 상황에서 객실승무원은 운항승무원에게 즉시 알리는 것이 중요하다. 객실승무원은 화재 위치, 화재 원인, 연기의 밀도와 색, 화재의 심각성 등을 전달하여 운항승무원이 적절한 조치를 취할 수 있도록 도와야 한다.

승무원의 우선 순위는 항공기를 지상에 안전하게 착륙시켜 전문적인 도움을 받는 것이다. 객실과 조종실 사이의 통신은 인터폰 시스템을 통해 유지되며, 조종실 문은 연기의 진입을 막기 위해 가능한 닫혀 있어야 한다. 객실승무원이 휴대용 호흡 장비를 착용한 경우, 인터폰 통신이 어려울 수 있으므로 천천히, 크게, 분명하게 말하는 것이 필요하다.

화재 진압 중 승객은 객실승무원을 찾아 안심하려 한다. 일부 승객은 도움을 요청할 수 있으나, 이들이 화재 진압을 방해하지 않도록 주의해야 한다. 추가적인 소방 장비가 필요할 수 있으므로, 모든 객실승무원은 추가 소방 장비의 위치와 이용 가능성을 숙지해야 한다.

(3) 화재 후 기내 관리

화재로 인해 많은 연기가 발생할 수 있다. 시트 커버와 항공기 고정 장치는 불연성 물질이지만, 연기는 생명에 해로울 수 있다. 객실승무원은 휴대용 호흡 장비를 사용할 수 있지만 승객은 그렇지 못하다. 연기가 발생하면 승객에게 몸을 앞으로 기울이고 낮은 곳으로 내려앉으라고 지시한다. 젖은 수건을 사용하면 호흡을 도울 수 있다. 필요한 경우 승객을 연기가 덜한 구역으로 이동시킨다.

객실승무원은 연기를 제거하기 위해 에어컨을 조절한다. 감압 시스템을 통해 공기를 교체하고 신선한 공기를 펌핑하여 연기를 배출한다. 이 과정에서 특이한 소음이 발생할 수 있다.

화재나 연기 사고 발생 시 비상 착륙과 대피가 필요할 수 있다. 객실승무원은 화재 진압과 동시에 비상 착륙 및 대피 준비를 해야 한다. 기내 화재가 작게 발생해도 항상 안전 조사가 필요하며, 이를 위해 불에 탄 물품을 보존해야 한다. 객실승무원은 화재 후 점검을 시행하고, 화재의 원인이 정확한지 확인한다. 대부분의 항공사는 화재 후 점검 리스트를 사용하고 지침을 제공한다. 객실승무원은 서면 보고서를 작성하고, 객실 사무장은 항공 안전 보고서를 작성한다. 모든 승무원은 국가 항공국에 진술서를 제공한다.

7 비상 착륙과 탈출

1) 예견된 비상 착륙

비상 착륙은 항공기 시스템 고장이나 기내 비상 상황 시 필요할 수 있다. 육지와의 거리가 멀 경우 항공기를 물에 착륙시키기도 한다. 예견된 비상 착륙은 객실승무원이 착륙과 대피 준비를 할 시간을 제공한다. 비상 착륙 시 가장 중요한 요인은 시간이다. 이 시간을 통해 객실승무원은 안전을 위해 우선 업무를 정할 수 있다. 운항승무원은 비상 착륙의 필요성을 판단하면 즉시 객실 사무장에게 통보한다. 각 항공사는 객실 사무장을 조종실로 부르는 신호와 절차를 가지고 있으며, 브리핑에서 다루는 사항은 다음과 같다.

- 비상사태의 성격
- 발생한 일
- 비상 착륙의 의도
- 전환, 일정 변경, 착륙 등
- 남은 시간
- 공중에 있는 시간과 착륙 준비 시간
- 특별 지침
- 객실승무원에게 유용한 기타 정보

객실 사무장이 지시 사항을 받은 후, 다른 객실승무원에게 브리핑을 한다. 브리핑은 개인적으로 또는 인터폰 시스템을 통해 이루어질 수 있다. 객실승무원은 즉시 객실, 승객, 갤리를 비상 착륙이나 비상 착수를 위해 준비한다. 승객에 대한 비상 브리핑은 자동 녹음 또는 PA 시스템을 통해 여러 언어로 제공된다. 비상 착륙 준비를 위한 체크리스트는 다음과 같은 사항을 포함한다.

- 승객의 좌석 벨트 착용 상태를 확인한다.
- 등받이를 세우고 팔걸이를 내려 승객이 안전하게 앉도록 한다.
- 기내 반입 수하물을 안전하게 보관한다.
- 휴대용 전자기기를 끄고 보관한다.
- 승객이 소지한 날카로운 물건을 제거한다.
- 비상 착수 시 구명조끼 착용 및 부양 장비 사용을 설명한다.
- 적절한 충격방지 자세를 설명한다.
- 대피를 돕기 위해 필요한 승객을 위해 다른 승객들의 도움을 받아 브리핑한다.
- 모든 서비스 품목을 제거하고, 안전하게 고정한다.
- 출구를 확보한다.
- 대피를 돕기 위해 ABP 승객의 좌석을 재배치하고 브리핑한다.
- 갤리의 전원을 차단하고 서비스 장비를 안전하게 보관한다. 커튼을 묶고 물 공급을 중단한다.

비상착륙이나 비상착수가 외딴 곳에서 이루어질 경우, 객실승무원은 생존 장비를 수집하고, 갤리에서 물과 식량을 꺼내 비상구 근처에 준비한다. 승객에게 필요한 브리핑을 하고 체크리스트를 작성한 후, 객실 사무장에게 보고한다. 객실 사무장은 이를 기장에게 전달한다. 운항승무원이 좌석에 앉을 것을 지시하면 객실승무원은 착륙 전까지 승객에게 충격방지 자세를 취하도록 지시한다.

기내 충격방지 자세

착륙이 임박하면 객실승무원은 "Brace, Brace"라고 큰 소리로 외친다. 브레이스 자세는 착륙 중 물체의 낙하로부터 보호하기 위함이다. 착륙이 원활하지 않을 수 있으므로, 항공기가 완전히 정지할 때까지 충격방지 자세를 유지하도록 한다.

모든 비상 착륙이 대피로 이어지지는 않는다. 항공기가 안전하게 착륙해 즉각적인 위험이 없을 경우, 계속 탑승하는 것이 더 안전할 수 있다. 객실승무원은 항공기가 완전히 정지하고 엔진이 꺼진 후 운항승무원의 지시를 기다린다. 그러나 항공기가 심각하게 손상되거나 위험이 증가하면, 승무원은 기장의 명령을 기다리지 않고 즉시 대피를 시작할 수 있다.

2) 예견되지 않은 비상 착륙

예기치 않은 비상 착륙은 대부분 경고 없이 발생한다. 객실승무원은 항상 비상사태에 대비하여 승객들이 이륙 및 착륙 준비를 하도록 지도한다. 좌석벨트 착용, 수하물 안전 보관, 느슨한 물품 고정 등이 포함된다. 예상치 못한 비상 착륙 시 객실승무원의 주요 임무는 효율적인 대피 지휘이다. 비상 착륙이 발생하면 수상 착륙 가능성도 염두에 두고 대비한다.

3) 항공기 탈출

새로운 항공기 모델 인증 시험에서는 설치된 비상구의 절반만 사용해 90초 이내에 모든 사람을 대피시킬 수 있어야 한다. 모든 대피의 목표는 승객과 승무원이 90초 내에 항공기를 떠나는 것이다.

비상 착륙, 연료 보급, 탑승 및 하기 중 언제든 탈출이 필요할 수 있다. 대피 시 객실승무원은 출입문을 열기 전에 외부 장애물을 확인하고 준비가 되어 있어야 한다. 승객은 대피 시 예상대로 행동하지 않을 수 있어, 객실승무원은 단호하게 지시하고 시각적 신호를 사용해야 한다. 대피 명령이 내려지면 객실승무원은 신속하게 승무원용(점프) 좌석에서 일어나 외부 상황을 확인하고, 문을 열어 대피 장치(슬라이드 혹은 슬라이드/레프트 팽창)를 활성화시켜 승객을 안내한다.

Airbus A380, 90초 인증 기준

객실승무원은 승객에게 비상구로 나와 뛰어내리도록 지시하며, 망설이는 승객을 설득한다. 어린 자녀를 동반하거나 도움이 필요한 승객은 다른 승객의 도움을 받아 대피시킨다. 객실승무원은 객실 내부, 출입구, 슬라이드에서 일어나는 일을 지속적으로 파악하며, 급변할 상황에 대비한다. 대피 중 객실승무원은 출입구 측면에 서서 자신의 안전을 확보한다.

대부분의 승객이 항공기에서 빠져나간 후, 객실승무원은 남은 승객이 없는지 확인하고, 필요한 비상 장비를 모아 대피한다. 공항 대피 시에는 공항 직원이 외부 통제를 담당하므로 추가 장비는 거의 필요하지 않다.

비상 착수 시, 객실 승무원은 승객에게 구명조끼를 착용하도록 지시하며, 구명조끼는 반드시 탈출 직전 문 앞에서 부풀리도록 안내한다. 또한, 승무원 자신도 구명조끼를 착용한다. 출입구의 슬라이드는 물 위로 팽창하여 보트로 사용되며, 승객은 슬라이드 양쪽에 앉아 균형을 유지한다. 보트가 가득 차면, 객실승무원은 필요한 응급 장비를 챙겨 탑승한 후 보트를 출입구에서 분리한다. 슬라이드/래프트 분리 절차는 항공기 유형에 따라 다르며, 각 항공사가 제공하는 교육 과정에서 다룬다. 슬라이드/래프트가 없는 항공기는 별도의 구명보트나 슬라이드를 사용하여 승객을 안내한다.

4) 신속한 하기

항공기가 지상에 있을 때 대피가 필요할 수 있으며, 게이트에 주기된 경우 슬라이드를 사용하지 않고 제트브리지와 터미널로 대피한다. 이를 신속한 하기Rapid Disembarkation라고 한다. 신속한 하기 절차는 대피 절차와 유사하지만, 기내의 위험이 적거나 분명하지 않은 경우 승객이 자신의 물건을 가지고 대피할 수 있다. 그러나, 2015년 9월 라스베이거스에서 B777-200 항공기 대피 사진에서 볼 수 있듯이, 신속한 하기를 위해서는 자신의 물건을 놓고 대피해야 하지만 일부 승객은 그렇지 않았다.

승객은 탑승한 문을 통해 터미널로 대피하며, 객실승무원은 대피 절차와 유사하게 행동한다. 항공사마다 다른 신속한 하기 절차는 운영 매뉴얼에 자세히 설명되어 있다.

연습문제

01 기내 물품 보관 시 유의해야 할 사항으로 적절하지 않은 것은 무엇인가?

A. 모든 물품은 고정할 수 있는 장소에만 보관한다.
B. 표시된 무게 제한을 준수한다.
C. 화장실에는 물품을 보관하지 않는다.
D. 좌석 밑에 모든 수하물을 보관한다.

02 ABP(Able Bodied Passengers)로 적절한 승객 유형은 무엇인가?

A. 어린이와 노인
B. 신체적, 정신적으로 건강한 성인
C. 여행을 처음 하는 승객
D. 임산부와 유아 동반 승객

03 객실승무원이 안전보고서를 작성해야 하는 상황이 아닌 것은 무엇인가?

A. 부상을 입힐 가능성이 있는 사건 발생
B. 승객의 탑승권 확인
C. 연기 감지기 작동
D. 현저한 난기류 발생

04 항공기에 탑재되는 비상 장비는 무엇에 따라 달라지는가?

A. 항공기의 제조사
B. 항공기의 크기와 운항 경로
C. 승무원의 경험
D. 항공권 가격

05 장거리 비행 항공기에 장착된 슬라이드/래프트의 주요 기능은 무엇인가?

A. 항공기 청소
B. 기내 식사 제공
C. 비상착수 시 사용
D. 비행 중 엔터테인먼트 제공

06 객실승무원이 인화성 액체 및 전기 화재에 효과적으로 대응할 수 있는 소방 장비는 무엇인가?

A. 물 소화기
B. 할론 소화기
C. 스모크 후드
D. 화재/크래시 도끼

07 객실승무원이 승객을 대피시키기 위해 사용해야 하는 것은 무엇인가?

A. 승객의 소지품
B. 단호한 명령과 신체적 제스처
C. 승객의 동의
D. 항공기 기내 매뉴얼

08 어떤 난기류가 항공기에 구조적 손상을 초래할 수 있는가?

A. 가벼운 난기류
B. 보통 난기류
C. 심한 난기류
D. 극단적 난기류

09 난기류의 원인으로 올바른 것을 고르시오.

A. 비행기 엔진의 열기
B. 다른 항공기와의 충돌
C. 맑은 공기의 난기류
D. 높은 고도의 공기 밀도

10 감압 발생 시 객실승무원이 수행해야 할 첫 번째 조치는 무엇인가?

A. 승객들에게 감압 사실을 알린다.
B. 기장에게 상황을 보고한다.
C. 산소 마스크를 착용하고 자신의 안전을 확보한다.
D. 승객들의 산소 마스크 착용을 도와준다.

11 갤리의 전기 장치에서 화재를 예방하기 위한 가장 중요한 조치는 무엇인가?

A. 오븐 사용 전, 내부가 깨끗한지 점검한다.
B. 갤리 장비의 환풍기를 막지 않고 온도를 낮게 유지한다.
C. 전기 장비 사용 시 이상 소리나 타는 냄새가 나면 즉시 사용을 중지하고 보고한다.
D. 소화기와 소방 장비의 위치를 파악하고 접근 가능하게 유지한다.

12 화재 진압 후 객실승무원이 해야 할 일은 무엇인가?

A. 승객을 연기가 덜한 구역으로 이동시키는 것
B. 연기를 제거하기 위해 에어컨을 조절하는 것
C. 화재 원인을 확인하고 서면 보고서를 작성하는 것
D. 젖은 수건을 승객에게 제공하는 것

13 예견된 비상 착륙 시 객실승무원이 가장 먼저 해야 할 일은 무엇인가?

A. 승객의 좌석 벨트 착용 상태를 확인한다.
B. 운항승무원에게 비상 착륙 상황을 보고한다.
C. 갤리의 전원을 차단한다.
D. 다른 객실승무원에게 브리핑한다.

14 비상 착수 시 객실승무원이 승객에게 지시해야 할 사항은 무엇인가?

A. 구명조끼를 착용하고 슬라이드에 앉도록 한다.
B. 좌석 벨트를 착용하고 대기하도록 한다.
C. 출입구를 통해 터미널로 대피하도록 한다.
D. 짐을 챙겨 대피하도록 한다.

정답과 해설

번호	정답	해설
01	D	좌석 밑에 수하물을 보관할 때는 안전장치가 있는 경우에만 예외적으로 허용된다. 따라서 좌석 밑에 모든 수하물을 보관하는 것은 적절하지 않다.
02	B	ABP는 비상 상황에서 객실승무원을 도울 수 있는 신체적, 정신적으로 건강한 16세 이상의 성인으로, 응급 상황을 다뤄본 경험이 있는 사람이다.
03	B	객실승무원은 부상을 입힐 가능성이 있는 사건, 연기 감지기 작동, 현저한 난기류 발생 등의 상황에서 안전보고서를 작성해야 하지만, 승객의 탑승권 확인은 보고서 작성과 관련이 없다.
04	B	비상 장비는 항공기의 크기와 운항 경로에 따라 달라지며, 이는 국가항공국의 요구사항과 항공사의 필요에 따라 결정된다.
05	C	슬라이드/래프트는 장거리 비행 항공기에 장착되어 비상착수 시 승객들이 항공기에서 안전하게 탈출하고, 물 위에서 생존할 수 있도록 돕는 장비이다.
06	B	할론 소화기는 산소를 없애는 액화 가스 약품으로, 인화성 액체 및 전기 화재에 효과적이다.
07	B	객실승무원은 긴급 상황에서 승객을 대피시키기 위해 단호한 명령과 신체적 제스처를 사용해야 한다. 이는 승객이 신속하고 안전하게 대피할 수 있도록 돕는다.
08	D	극단적 난기류는 비행기가 격렬하게 흔들리며 제어가 거의 불가능해져 항공기에 구조적 손상을 초래할 수 있다. 이는 매우 드물게 발생하지만, 항공기의 운항에 매우 심각한 영향을 미친다.
09	C	난기류의 원인 중 하나는 맑은 공기의 난기류로, 다른 방향이나 속도로 움직이는 바람의 영역과 관련이 있으며, 레이더로 감지하기 어려워 경고 없이 발생할 수 있다.
10	C	감압 발생 시 객실승무원은 자신의 안전을 먼저 확보하기 위해 산소 마스크를 착용해야 한다. 이는 승객을 도우려면 승무원이 먼저 의식을 유지해야 하기 때문이다.
11	C	전기 장비 사용 시 이상 소리나 타는 냄새가 나면 즉시 사용을 중지하고 보고하는 것이 가장 중요하다. 이는 화재 발생을 방지하기 위한 즉각적인 조치이다.
12	C	화재 진압 후 객실승무원은 화재 원인을 확인하고 서면 보고서를 작성해야 한다. 이는 항공사와 국가 항공국이 안전 조사를 할 수 있도록 돕는다.
13	D	예견된 비상 착륙 시 객실승무원이 가장 먼저 해야 할 일은 다른 객실승무원에게 비상 상황을 브리핑하는 것이다. 이를 통해 모든 승무원이 협력하여 비상 착륙 준비를 할 수 있다.
14	A	비상 착수 시 객실승무원은 승객에게 구명조끼를 착용하고 슬라이드에 앉아 균형을 유지하도록 지시한다. 이는 승객들이 물에 안전하게 대피하고 생존할 수 있도록 돕기 위한 지침이다.

제5장

의료 응급상황

1 의료 응급상황 유형 및 장비

1) 기내 의료 응급상황

비행 중 기압 변화는 승객의 건강에 영향을 미칠 수 있다. 객실승무원은 이 상황에서 중요한 역할을 하며, 기압 변화의 영향을 이해하고 의료 장비의 위치를 알아야 한다. 의료 상황 발생 시 객실승무원이 유의할 점은 다음과 같다.

- 의료 장비의 위치와 사용법을 숙지한다.
- 기내에 의료 기술이 있는 승객을 찾는다.
- 환자의 병력을 면밀히 살핀다.
- 필요하면 환자를 다른 장소로 이동시킨다.
- 통역이 필요할 때 다른 승객이나 지상 요원의 도움을 받는다.
- 의학 전문가에게 연락한다.
- 목적지까지의 시간을 계산한다.
- 응급 착륙이 필요할 경우 의료 시설이 있는 장소를 찾는다.
- 환자의 동의를 얻고 조치를 취한다.
- 모든 행동과 조언을 기록한다.
- 환자의 상태를 운항승무원에게 보고한다.

항공기 탑승은 승객에게 스트레스를 주고 감압과 산소 감소는 건강을 악화시킬 수 있다. 객실승무원은 의료 및 응급 처치 교육을 받아 비행 중 발생하는 응급 상황에 대비해야 한다. 승무원은 일반적인 의료 문제에 대해 준비되어 있어야 한다.

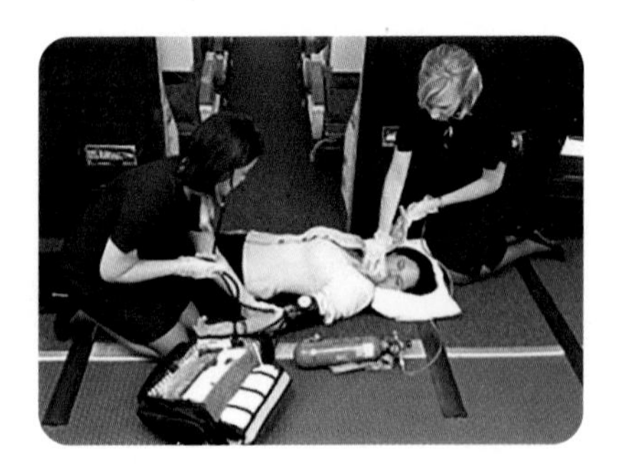

(1) 심장병

심장병은 서구 문화에서 흔히 발생하며, 건강하지 못한 식습관과 운동 부족이 주요 원인이다. 심장은 산소가 풍부한 혈액을 몸 전체와 뇌로 펌핑하는 역할을 한다. 심장에 문제가 생기면 혈류가 제한되며, 기내의 낮은 압력과 산소 환경이 이러한 문제를 악화시킬 수 있다. 협심증은 심장 근처의 동맥이 막혀 심장이 충분한 혈액을 공급하지 못하는 상태를 말한다.

스트레스를 받을 때 증상이 악화될 수 있으며, 협심증 발작은 가슴 통증, 호흡곤란, 혈액 및 산소 공급 감소와 같은 증상을 동반한다. 이미 진단받은 환자는 약물을 혀 아래에 뿌려 막힌 혈관을 이완시키고 혈류를 회복할 수 있다. 그러나 승객이 약물을 위탁수하물에 넣어 사용할 수 없게 된 경우, 객실승무원은 승객을 안심시키고 증상을 완화하는 조치를 취해야 한다. 객실승무원은 이러한 상황에 대비해 충분한 교육을 받아야 한다. 승무원의 역할은 승객의 건강을 지키고 응급 상황에서 적절히 대처하는 것이다.

(2) 호흡 곤란

고도에서 산소량이 줄어들면 뇌에 도달하는 산소의 양이 감소하여 호흡 곤란을 겪는 승객이 발생할 수 있다. 대부분의 사람은 산소량 감소에 적응할 수 있지만, 호흡 곤란을 겪는 환자들은 어려움을 느끼며, 장거리 여행 시 문제가 심각해질 수 있다. 기내에서 이러한 상황이 발생하면, 객실 승무원은 산소 마스크를 제공하고, 승객을 편안한 자세로 앉히며, 기장에게 상황을 보고하고, 필요 시 의료 지원을 요청해야 한다.

천식은 폐의 기관지가 수축되어 호흡이 어려워지는 증상이다. 스트레스, 알레르기, 감기 등 다양한 요인으로 천식 발작이 유발될 수 있다. 천식을 앓고 있는 승객은 보통 흡입기를 지니고 있으나, 위탁 수하물에 넣어 비행 중 접근할 수 없는 경우가 있다. 객실승무원은 이러한 상황을 인지하고 필요한 경우 신속히 도움을 제공해야 한다. 천식 발작은 적절히 치료하지 않으면 심각한 결과를 초래할 수 있다.

(3) 임신

임신 중인 승객은 이미 신체적 스트레스를 받고 있으며, 출산 날짜가 가까워질

수록 기내 환경이 악화될 수 있다. 기내의 산소 수준이 낮아지면 조산 가능성이 증가한다. 비행 중 출산 자체는 큰 위험이 아니지만, 적절한 긴급 치료가 이루어지지 않으면 합병증 위험이 커진다.

대부분의 항공사는 임신 중인 승객에 대한 정책을 가지고 있으며, 일반적으로 임신 28주 이상인 승객은 비행 전에 비행 승인을 받아야 한다. 이를 위해 산부인과 의사로부터 비행에 적합하다는 내용을 포함한 의사 소견서를 발급받아야 한다. 이 소견서를 항공사에 제출하여 항공사로부터 비행 승인을 받으면 비행이 가능하다. 항공사의 정책은 운영 및 노선에 따라 다를 수 있으며, 특히 장거리 비행에서는 노선 변경 시 사용할 수 있는 옵션이 제한적일 수 있다.

(4) 기내 상해

승객은 여러 이유로 탑승 중 상해를 입을 수 있다. 가장 흔한 경우는 뜨거운 음료로 인한 화상이다. 뜨거운 차나 커피를 전달하는 과정에서 쏟아져 승객이나 객실승무원이 화상을 입을 수 있다. 객실승무원은 여러 작업을 동시에 처리하기 때문에 이러한 위험이 크다. 이를 예방하기 위해 객실승무원은 항공사의 안전 절차를 철저히 준수해야 한다.

예기치 않은 난기류로 인해 승객과 객실승무원이 다칠 수 있다. 심한 난기류 발생 시 객실승무원은 서비스 중 통로에서 장비와 함께 천장에 부딪히거나 바닥에 넘어져 상해를 입을 수 있다. 좌석벨트를 착용하지 않은 승객도 같은 이유로 부상을 입을 가능성이 높다.

기존에 심각한 의료 문제가 있는 승객은 비행 전 항공사에 자신의 상태를 알리고 필요한 지원을 받을 수 있는지 확인해야 한다. 상태가 심각한 승객은 비행 가능 여부를 항공사로부터 사전에 확인받는 것이 중요하다. 항공사는 승객의 건강 상태가 양호하고, 긴급 의료 지원이 필요하여 항공기의 경로를 변경할 위험이 거의 없다고 판단될 때만 탑승을 허가한다.

일부 승객은 관리 가능한 일반적인 증상으로 판단하여 사전에 항공사에 알리지 않을 수 있다. 이러한 승객은 비행이 자신의 건강 상태를 악화시킬 수 있다는 사실을 인지하지 못할 수 있다. 객실승무원은 항상 탑승 중인 승객에게 주의를 기울이고, 승객의 증상을 통해 상태를 파악하려고 노력해야 한다. 객실승무원은 항공사의 훈련 과정에서 의료 문제와 관련된 증상에 대한 지식을 배우며, 이를 통해 승객의 건강 상태를 적절히 관리할 수 있다.

2) 응급 처치 및 비상 대응

항공기에서 발생하는 부상은 대부분 경미하여 표준 응급 처치만으로 충분하지만, 심각한 부상이나 두부 손상, 상당한 혈액 손실이 있는 경우에는 긴급 의료 치료를 위해 항로를 변경해야 할 수도 있다. 객실승무원은 이러한 상황에서 아프거나 부상을 입은 사람들에게 도움을 제공해야 한다. 항공사는 이런 상황을 처리할 수 있는 절차, 장비, 시스템을 갖추고 있으며, 객실승무원은 훈련된 의료 전문가는 아니지만 필요한 기본적인 의료 지식과 기술, 도구를 갖추고 있다.

객실승무원은 아프거나 다친 승객을 위해 가능한 모든 조치를 취하며 때로는 생명을 구하는 책임도 진다. 그러나 사후에 변호사가 승무원의 책임을 주장하거나 잘못된 대응으로 상황악화를 주장하는 소송 문화에서 객실승무원이 항공사의 절차를 준수하고 이해하는 것이 중요하다. 이는 객실승무원이 절차에 따라 올바르게 행동했으며, 의도하지 않은 결과에 대해 비난 받지 않을 것임을 보장한다. 항공사가 지정한 절차를 따르면 객실승무원에게 책임을 물을 수 없다.

승객이 의료 치료를 필요로 할 때, 객실승무원은 통제된 약물을 다른 사람에게 투여할 권한이 없기 때문에 적절한 의료 자격을 가진 사람의 도움이 필요하다. 의사와 간호사가 승객으로 있는 경우가 많으며, 필요할 때 응급 의료 지원을 제공할 수 있다. 객실승무원은 도움을 요청하기 전에 이들의 자격을 확인하고, 사건 보고서에 그들의 이름과 자격을 기록해야 한다. 많은 항공사가 '선한 사마리아인' 보험에 가입하여 의료 전문가들이 소송의 위험 없이 도움을 제공할 수 있도록 한다. 객실승무원은 이 보험 정보를 항상 가지고 있어야 한다.

3) 기내 응급 처치 기본 대응 방법

객실승무원은 비행 중 발생하는 다양한 의료 상황에 대비한다. 이는 귀 통증,

멀미, 출산, 발작, 심장마비 등이다.

(1) 일반적인 기내 의료 응급 상황

일반적인 기내 의료 응급 상황은 다음과 같다.

- 신경성 실신은 일시적인 혈압 하락으로 발생하며, 장시간 앉아 있다가 갑자기 일어설 때 어지러움이나 실신을 유발할 수 있다. 실신이 심각하지 않으면 60초 이내에 의식이 회복된다. 다리를 들어 올려 혈류를 뇌로 돌려보내면 된다. 다른 의학적 상태나 스트레스로 인한 실신도 주의해야 한다.
- 위장병은 항공기의 움직임과 낮은 기압으로 인해 멀미를 느낄 수 있다. 승객은 멀미 방지 약을 사용할 수 있지만, 불편함이 완전히 사라지지 않을 수 있다. 또한, 다른 국가의 음식을 섭취하면서 위장의 불편함이 발생할 수 있다.
- 심장병은 스트레스 또는 기존의 건강 상태로 인해 악화될 수 있다. 가슴 통증이나 팔의 통증이 발생할 경우, 심장 문제를 의심하고 즉각적인 대응을 준비해야 한다. 필요한 약물을 사용할 수 있도록 돕고, 심각한 경우 긴급 착륙을 고려한다.
- 호흡기 질환은 천식이나 공황 발작으로 인해 발생할 수 있다. 추가 산소를 제공하거나 종이봉투를 제공하여 호흡을 진정시키는 방법을 사용한다.
- 신경 증상으로는 두통과 기타 통증이 있다. 항공사는 이를 완화할 수 있는 기본적인 통증 완화제를 갖추고 있다.

(2) 응급처치 단계

심각한 의료 상황이 발생할 경우, 환자가 가능한 한 빨리 의료 시설에 도착할 수 있도록 비행 경로를 우회할 수 있다. 객실승무원은 환자가 의료 시설로 이송될 때까지 필요한 간호와 안락을 제공한다. 대부분의 경우, 승객은 자신의 건강 상태가 좋지 않음을 객실승무원에게 알리고, 문제의 원인을 설명한다. 객실승무원은 의사나 간호사는 아니지만, 기내에서 발생할 수 있는 가장 흔한 의료 문제에 대응할 수 있도록 훈련받는다.

응급 처치 시 기억해야 할 세 단계는 확인, 도움 요청, 치료다. 다음은 최상의 승객 관리와 객실승무원 보호를 위한 기본적인 절차다.

① 확인

상황과 환자를 평가한다. 발생한 일과 도움 요청 이유를 고려한다. 전기 회로로 인한 감전 가능성이나 우선 진화해야 할 화재 등의 부상 위험을 확인한다. 세부 사항에 주의를 기울이고, 다음 질문들을 스스로에게 한다.

- 질병이나 부상의 본질은 무엇인가? 환자의 몸 상태를 파악해 필요한 장비를 결정하고 치료 방법을 알 수 있다. 예를 들어, 호흡 곤란은 천식이나 내과적 부상과 같은 기존 상태로 인해 발생할 수 있으며, 당뇨병 환자는 술에 취해 무질서해 보일 수 있다.
- 사람이 의식이 없거나 출혈이 있는가? 의식이 없는 환자는 신중하게 이동시켜야 하며 출혈이 있으면 보호 장비가 필요하다.
- 호흡 곤란이 있는가? 호흡이 없는 환자에게는 즉시 구조호흡이 필요하며 추가 장비가 필요할 수 있다.
- 가슴 통증이 있는가? 가슴 통증은 심장 문제를 나타내며 즉각적인 심장 충격기 사용이 필요할 수 있다.
- 안전하게 진행할 수 있는가? 도움을 주기 전에 전기 회로, 화재 또는 날카로운 모서리와 같은 위험 요소를 확인한다.

객실승무원은 승객의 의료 경고 엠블럼, ID 팔찌 또는 목걸이를 확인한다. 만성 질환자는 일반적으로 질병이나 상태의 세부 사항, 치료 방법, 약물 보관 장소 등이 기재된 의료 경고 엠블럼을 착용한다. 객실승무원은 승객으로부터 가능한 많은 정보를 수집하며, 승객이 의식이 없을 경우 동반자나 근처에 앉은 사람으로부터 정보를 얻는다.

② 도움 요청

환자의 상태가 심각하면, 객실승무원은 기장과 다른 승무원에게 상황을 알리고 기내에 전문 의료 인력이 있는지 확인한다. 의료 전문가가 있다면, 객실승무원은 의료 키트를 제공하고, 전문가의 이름, 자격, 직업 정보를 확인한다. 기장은 상황의 심각성을 고려해 필요 시 대체 공항으로 경로를 변경할 수 있다. 기내에 의사가 없는 경우를 대비해 다음 시스템이 마련되어 있다.

- 항공기와 지상 간의 의료 통신 서비스는 기장과 객실승무원에게 24시간 의료 조언을 제공한다. 일부 항공사는 자체 의료 팀을 보유하고 있으며, 다른 항공사는 전문 서비스 업체를 이용한다.
- 원격 진료는 좌석 회선 전화와 비디오 모니터링 장비를 사용해 환자를 진단한다. 이 시스템은 의료 전문가와의 양방향 통신을 가능하게 한다.

③ 치료

객실승무원은 도움을 요청하고 상황을 평가한 후 다음과 같은 조치를 취한다.

- 환자에게 자신을 소개하고 도움을 제공하겠다고 허락받는다.
- 환자가 필요로 하는 도움을 제공하며 가능한 한 편안하게 한다.
- 조치 내용을 환자에게 단계별로 설명한다.
- 환자를 안심시키고, 의식이 없더라도 말을 계속하여 들을 수 있게 한다.
- 걱정하는 동행자나 친척을 안정시킨다.
- 다른 승객들이 모여 구경하지 않도록 관리한다.
- 환자를 혼자 두지 않는다.
- 다른 승객과 상황에 대해 논의하지 않는다.
- 자신의 훈련과 경험을 바탕으로 관찰 가능한 증상만을 치료한다.
- 항공사의 지침에 따라 필요한 모든 문서를 작성한다.

(3) 응급처치 시 주의사항

응급 처치 과정에서 질병 전염 위험은 낮지만, 객실승무원은 다음과 같은 조치를 취함으로써 위험을 최소화한다.

- 혈액이나 기타 체액과의 직접 접촉을 피한다.
- 일회용 장갑, 호흡 마스크와 같은 보호 장비를 착용한다.
- 활동을 마친 후 즉시 비누와 물로 손을 깨끗이 씻는다.

항공사는 객실승무원이 혈액 또는 체액에 노출된 오염물과 사용한 주사기 등을 올바르게 처리할 수 있도록 구체적인 지침을 제공하고 교육한다. 이러한 오염물은 바이오 유해물질 키트Bio Hazard Kit 또는 예방 키트Precautions Kit에 포함된 장비를 사용하여 안전하게 처리한다. 이 키트에는 다음과 같은 보호 장비가 포함되어 있다.

- 구급소생마스크(Microshields) 등 구조호흡용 마스크
- 일회용 장갑
- 마스크
- 보호용 고글
- 의복 보호용 가운
- 체액이나 혈액으로 오염된 물품을 처리하기 위한 바이오 유해물질 봉투
- 주사 바늘을 안전하게 처리할 수 있는 '날카로운 물품 보관' 용기

(4) 구급함 내용

항공기는 최소한 하나의 구급함(FAK First Aid Handbook)을 갖추고 있어야 하며, 이는 비상 착륙이나 수상 착륙 후에 사용된다. 구급함의 위치와 품목 수는 항공기의 유형과 크기에 따라 다르며, 좌석 수가 많을수록 더 많은 응급 처치 키트가 필요하다.

구급함에는 다음과 같은 항목이 포함된다.

① 보호 장비

- 일회용 장갑 : 부상을 입거나 의식이 없는 환자를 처리할 때 사용한다.
- 일회용 구조호흡 보조 장치 : 환자의 입에 넣어 구조호흡을 시도하며, 구토 시 응급 처치 요원을 보호한다.

② 의약품

- 단순 진통제(파라세타몰/아스피린) : 일반적인 통증을 완화한다.
- 항염증제/멀미약 : 멀미를 예방하고 탈수를 방지한다.
- 코 충혈 완화제 : 코막힘을 완화한다.
- 위장 제산제 : 소화 불량과 관련된 통증을 관리한다.
- 설사약(로페라미드) : 설사를 치료하고 탈수를 예방한다.

③ 드레싱

- 소독제 : 상처를 깨끗이 하고 감염을 예방한다.
- 작은 접착식 드레싱과 다양한 크기의 상처 드레싱 : 가벼운 상처와 긁힌 부위를 커버한다.
- 팔걸이와 팔 감기용 붕대 : 심각한 상황에서 팔 골절 시 사용한다.
- 화상 드레싱 : 화상을 치료하고 추가 감염을 막는다.
- 안전 고정핀, 가위, 안전 접착테이프 : 붕대와 드레싱을 고정시키기 위해 필요하다.
- 접착용 상처 봉합 용품 : 상처가 열려 있는 경우 사용하여 상처를 닫는다.

객실승무원은 모든 환자에 대한 응급 처치를 하도록 훈련받았지만, 다른 승객의 도움을 받아야 할 때를 대비해 응급 처치 안내서가 필요하다. 생존자는 지상/공중 시각 신호 코드를 사용하여 비상 착륙 시 수색 구조팀이 승객과 승무원을 찾을 수 있도록 한다. 이 코드에 대한 정보는 대피 도중 항공기에서 가지고 나와야 하는 비상 구급함에 포함되어 있다. 구급함은 기내에서 최소한의 응급 처치 장비를 갖추고 있으며, 치명적인 의료 응급 상황을 대비한 것이다. 구급함을 사용한 경우, 다음 비행을 위해 다시 준비될 때까지 항공기는 출발할 수 없다. 이로 인해 많은 항공사는 구급함을 열지 않도록 하고, 대신 다른 일반 의약품을 사용한다.

(5) 응급 의료 키트

항공사는 병이나 부상을 치료할 수 있는 고급 의료 용품이 들어 있는 응급 의료 키트(EMK Emergency Medical Kit)를 구비한다.

응급 의료 키트

이 키트는 의학적으로 훈련된 사람만 열 수 있으며, 의사나 의료 자격이 있는 승객이 있는 경우 객실승무원이 제공할 수 있다. 키트에는 생명의 징후를 모니터할 수 있는 장비와 자격이 있는 사람만 사용할 수 있는 약물이 포함되어 있다. 일반적으로 객실승무원은 EMK를 사용하도록 훈련받지 않지만, 일부 항공사는 자주 사용하는 약물에 대한 교육을 제공한다. 예를 들어, 땅콩 알레르기 환자는 에피네프린을 주입하는 에피펜으로 치료할 수 있다. 많은 항공사는 객실승무원에게 에피펜 사용법을 교육한다. 의료 경험이 있는 객실승무원은 사용 권한이 부여될 수 있으며, 키트 외부에는 내용물 리스트가 명시되어 있다.

- 자동제세동기(AED) : 대부분의 상업용 항공기에 구비되어 있으며, 의식이 없는 환자의 심장 박동을 모니터하고 필요에 따라 심장 충격을 준다. 객실승무원은 심폐소생술(CPR)과 함께 AED 사용법을 교육받는다.

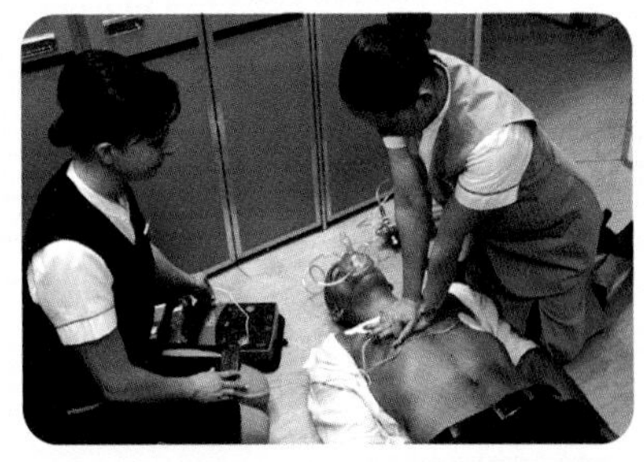

AED(Automated External Defibrillators)
* 2022년 7월에만 에미레이트 항공 객실 승무원이 심장마비를 겪은 두 명의 승객의 생명을 구함

- 바이오 유해물질 키트 : 보호 장갑, 안구 보호대, 가운, 의료 폐기물 처리 용품을 포함하며, 응급처치를 위해 구비한다. 이는 개인과 다른 승무원, 승객의 안전을 위해 중요하다.
- 구급소생마스크(포켓마스크) : 구조호흡 시 상호 교차 감염을 방지하기 위한 보호 장치이다. 항공사의 응급 키트에 포함되어 있지만, 객실승무원이 개인적으로 준비할 수도 있다.

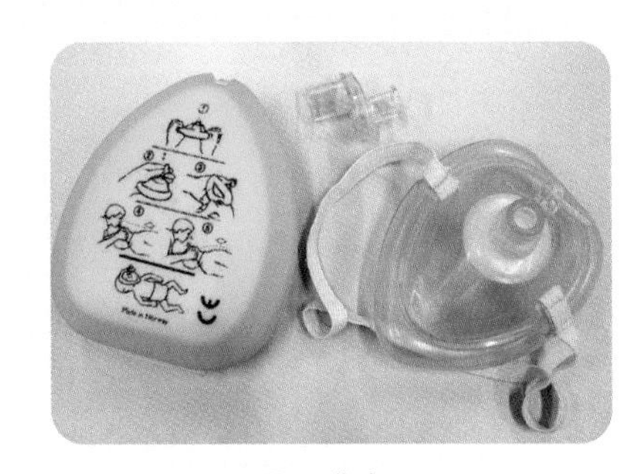

구급소생마스크

- 휴대용 산소통 : 승객이나 승무원에게 응급 치료를 제공하기 위해 구비되어 있다. 최대 310ℓ의 압축 산소를 담고 있으며, 사용 시 주의가 필요하다. 화재 근처에서는 사용하지 않으며, 객실승무원은 승객에게 건네기 전에 마스크를 부착하고 산소 공급이 원활한지 확인해야 한다.

EMK는 생명을 구하는 데 중요한 역할을 하며, 객실승무원은 이 키트를 적절히 사용하고 관리해야 한다. 항공사는 사용 방법과 권한 있는 사용자에 대한 정보를 명시해 두며, 객실승무원은 응급 상황에서 이를 준수해야 한다.

2 응급환자 치료

1) 의식 없는 승객

승객이 의식을 잃으면 객실승무원의 신속한 대응이 필요하다. 이러한 상황은 원인이 분명하지 않고 빠르게 악화될 수 있다. 승객이 전기 충격을 받거나 머리 위 보관함에서 떨어진 물체에 맞아 쓰러졌을 가능성도 있으므로, 먼저 주변이 안전한지 확인한다. 그 후 승객이 주위 사람들을 의식하는지 대화하거나 부드럽게 흔들어 확인한다.

승객이 반응하지 않으면 음식이나 틀니로 인한 기도 폐쇄 여부를 조사하고, 머리를 들어 기도가 열려 있는지 확인한다. 환자가 스스로 호흡하는지 가슴의 움직임을 관찰하고, 확실하지 않으면 입과 코에 뺨을 대어 호흡을 느껴본다. 호흡이 없으면 즉시 구조호흡을 시작하고, 호흡이 있더라도 심장 박동을 확인하여 필요한 경우 심폐소생술(CPR)을 시행한다.

심장 박동이 멈추었다면 자동제세동기AED를 사용한다. 대부분의 경우는 단순 기절로, 객실승무원이 다리를 들어 올려 의식이 회복되기를 기다린다.

2) 호흡 정지 승객

갑작스러운 질병, 알레르기 또는 심각한 사고로 인해 호흡이 멈추면 몇 분 안에 뇌 손상이나 사망이 발생할 수 있다. 객실승무원은 이러한 상황에 대응하도록 훈련받는다. 구조호흡은 숨이 멈췄지만, 맥박이 있는 환자에게 일정 간격으로 폐에 공기를 넣는 절차이다. 각 호흡은 약 1.5-2초 간격으로 실시하며, 깊게 숨을 들이마신 후 환자의 입에 공기를 불어 넣는다.

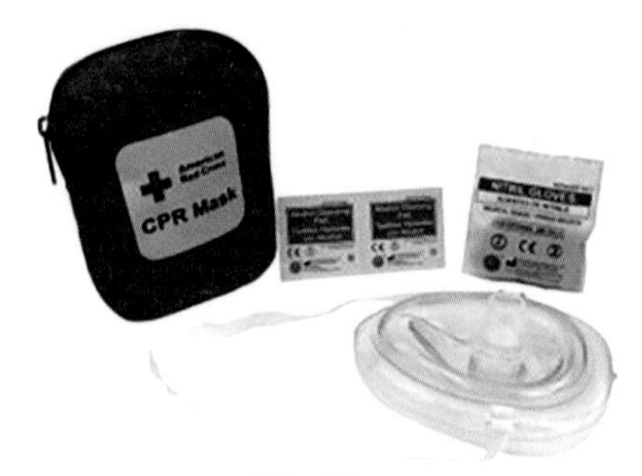

CPR 마스크

환자의 콧구멍을 막고 공기가 폐로 들어가는 것을 확인한다. 구급 소생 마스크를 사용할 경우, 이를 환자의 코와 입에 단단히 고정한 후 작은 튜브로 호흡을 불어넣는다. 이 마스크는 보호 기능을 제공하며 구조 호흡을 쉽게 한다. 구조 호흡은 가슴 근육이 이완된 상태에서 이루어지므로 저항을 극복해야 하며, 환자의 가슴이 올라오고 내려가는 것을 확인한다.

일반적으로 구조 대원이 불어넣는 공기에는 약 15~16%의 산소가 포함되어 있어 충분한 산소 공급이 가능하다. 이러한 절차는 호흡이 없는 환자에게 필수적이며, 신속한 대응이 환자의 생명을 구하는 데 중요한 역할을 한다.

3) 심정지 승객

심정지Cardiac Arrest는 갑작스러운 사망의 주요 원인 중 하나이다. 심정지가 발생하면 환자는 의식을 잃고 반응하지 않으며, 두 번의 구조 호흡 후에도 호흡이 돌아오지 않고 기침이나 움직임이 없다. 심정지는 심장이 혈액 공급을 멈추는 비정상적인 심장 리듬으로 발생하며, 주로 심장마비Heart Attack로 인해 발생하지만 다른 심장 상태와도 관련될 수 있다.

심장 리듬이 몇 분 내에 회복되지 않으면 사망할 수 있다. 심폐소생술(CPR)을 통해 생명을 유지할 수 있으나, 심장제세동기Heart Defibrillator를 사용해야만 정상적인 심장 리듬으로 회복된다.

심폐소생술은 호흡과 심장 박동이 중단된 사람의 심장과 뇌에 산소를 운반하는 혈액을 공급하는 응급 처치 절차이다. 고급 의료 지원이 도착하기 전에 뇌 손상을 예방하는 데 매우 중요하다. 환자의 호흡과 심장 박동이 멈춘 후 몇 분 내에 심폐소생술을 시작해야 효과적이다. 이는 응급 구조원 또는 의료 전문가에 의한 치료가 가능해질 때까지 기회를 연장한다.

객실승무원이 심폐소생술을 시행할 때는 포켓마스크(구급소생마스크의 일종)를 사용하여 자신을 보호한다. 환자의 입에 산소가 함유된 공기를 불어 넣고, 가슴을 압박하여 인위적으로 혈액을 순환시킨다. 최근 CPR 지침에 따르면, 비의료인은 인공호흡 없이 흉부 압박만 지속하는 것을 권장하고 있다. 심정지 직후 심폐소생술을 실시하면 환자의 생존 확률이 두 배로 높아진다. 반면 심폐소생술을 시행하지 않으면 생존율은 1분에 710% 감소한다. 심폐소생술은 심장과 뇌에 중요한 혈류를 유지하고 심장제세동기의 전기 충격이 효과적으로 발생하도록 돕는다. 심장마비 후 46분 이내에 뇌 손상이 시작되지만, 심폐소생술을 통해 뇌 손상을 피할 수 있다.

심장 근육은 규칙적으로 혈액을 펌프질하며, 심실세동(심실 부정맥)은 심장마비의 주요 원인이다. 제세동기는 전기 충격을 통해 심장을 정상적인 박동으로 바꾼다. 항공기에 구비된 자동심장제세동기(AED)는 심장 박동을 자동으로 감지하고 충격이 필요한지 식별한다. AED는 사용법이 쉬워 비의료 인력도 응급 처치 교육을 통해 사용할 수 있다.

매년 항공기 여행 중 심정지로 인한 사망 사례가 발생하지만, AED를 사용해 생명을 구할 수 있는 가능성을 높인다. 항공사는 AED를 구비하고 객실승무원을 교육해 이러한 비상 상황에 대비한다.

4) 질식 승객

질식Choking은 목구멍에 무언가 걸려 기도가 막히는 것으로, 즉각적인 치료가 필요하다. 성인의 경우, 가장 흔한 질식 원인은 음식물이 목구멍에 달라붙는 것이다. 이는 먹는 동안 말하거나 웃을 때 발생할 가능성이 높다. 다른 일반적인 원인으로는 크게 씹지 않고 삼키기, 식사 중 술 마시기, 의치를 착용한 상태에서 삼키기, 흥분하거나 웃으면서 말하기, 너무 빨리 먹기, 그리고 음식물이 있는 상태에서 걷기, 놀기, 달리기 등이 있다.

목구멍이 막혀 숨을 쉴 수 없을 때, 환자는 걸린 물질을 제거하기 위해 말하거나 기침을 할 수 없어서 겁을 먹게 된다. 이물질을 제거하지 않으면 산소 부족으로 얼굴빛이 청색이나 회색으로 변하며 결국 무의식 상태에 이른다. 질식의 보편적 표시는 목을 손으로 쥐는 것이다.

객실승무원이 질식하는 사람을 발견하면 다음과 같은 절차를 따른다.

- 환자에게 도움을 줄 것이라고 확신을 준다.
- 환자를 일어나 서 있게 한다.
- 복부 압박 전에 등을 두드려본다.

복부 압박 방법(하임리히 구명법)을 진행한다. 한 손의 손바닥 밑부분을 사용해 환자의 어깨뼈 사이를 두드린다. 기도가 부분적으로만 막혀 있는 경우, 이 방법은 피해야 한다. 등 두드리기로도 상태가 개선되지 않으면 복부 압박을 실시한다. 복부 압박은 횡경막 하부에 압력을 가해 폐를 압박하고 기도를 막고 있는 이물질을 밀어내는 것이다.

이 절차는 처음으로 설명한 의사인 헨리 하임리히Henry Heimlich의 이름을 따서 하임리히 구명법Heimlich Manoeuvre이라고 불린다.

Heimlich Manoeuvre

3 승무원 응급상황

1) 운항승무원 의료 지원

항공사는 운항승무원 중 한 명이 건강 이상을 겪을 경우를 대비해 객실승무원에게 신호를 보낼 절차를 마련하고 있다. 이는 승객을 놀라게 하지 않으면서도 객실승무원만이 알 수 있도록 별도의 PA 시스템을 통해 방송하는 방법을 포함한다.

운항승무원이 업무 중 신체적이나 정신적으로 업무를 수행하기 어려운 상황이 발생할 수 있으며, 이는 부상이나 질병이 원인일 수 있다. 이러한 상황은 비행 전반에 걸쳐 모든 연령대에서 발생할 수 있으며, 다른 응급 상황보다 더 자주 발생한다. 운항승무원의 신체적 상태는 크게 두 가지로 구분된다. 하나는 전체 기능의 수행 불가로 상황이 지속되어 쉽게 발견할 수 있다.

다른 하나는 감지하기 어려운 신체적 상태로, 이는 더 자주 발생하지만 알아차리기 어려워 더 큰 위험 요소다. 이 경우, 부분적 능력 손실에서 완전히 정신을 잃는 것까지 다양하게 나타날 수 있으며, 운항승무원이 자신의 상태를 이성적으로 판단하기 어려울 수 있다.

운항승무원이 좌석에서 몸에 이상이 생길 경우, 좌석에서 빼내는 것이 매우 어려울 수 있다. 조종실은 좁고 밀폐된 공간이며, 비행 조종 장치가 가까이 있어 비행 조종 장치를 건드리지 않고 의료 지원을 제공하기 어렵다. 조종사가 자리에서 쓰러지면 다른 조종사가 객실승무원에게 도움을 요청한다. 이때 객실승무원의 최우선 사항은 조종사를 조종 장치에서 분리하고, 좌석을 뒤로 밀어 더 많은 공간을 확보하는 것이다. 이 작업은 조종사의 무게 때문에 쉽지 않으며, 좌석마다 작동 방식이 다르므로 항공사는 좌석을 뒤로 미는 방법에 대한 실제 교육을 제공한다.

좌석을 최대한 뒤로 당긴 후, 객실승무원은 조종사를 좌석에 고정한다. 조종사의 발을 페달에서 떼어내어 교차하게 만들고 발을 페달에서 멀리 떨어지게 한다. 발을 고정한 후, 객실승무원은 안전벨트나 승무원 좌석 벨트 안으로 팔을 집어넣고 몸을 고정한다. 많은 질병 치료에는 산소가 필요하므로 휴대용 산소통을 가까이 두는 것이 좋다.

조종실에는 산소마스크가 장착되어 있어서 이러한 상황에서 사용할 수 있다. 아픈 조종사를 돌보는 동안, 객실승무원은 다른 조종사가 항공기를 조종하는 것을 도와야 한다. 조종사가 2명인 경우에도, 항상 체크리스트를 확인하여 아무 것도 놓치지 않도록 하며, 객실승무원은 체크리스트를 읽고 조종사의 응답을 들어야 한다. 나머지 운항승무원은 승무원에게 도움을 줄 방법을 알려준다.

2) 객실승무원 의료 조치

객실승무원이 쓰러지면, 승객에게 제공하는 것과 동일한 의료 조치를 한다. 이런 상황에서는 다른 객실승무원이 쓰러진 객실승무원의 업무를 대신해야 한다. 대부분의 항공사는 법적 의무사항보다 많은 수의 객실승무원을 태우고 있으므로 안전에 영향을 미치지 않는다. 그러나, 객실승무원의 수가 줄어들어 최소 인원을 충족할 수 없는 경우에는 나머지 객실승무원들이 절차를 변경하기 위한 결정을 내려야 한다.

예를 들어, 문 앞의 승무원 좌석에 앉은 객실승무원이 아프게 될 경우에 아무도 대체할 수 있는 객실승무원이 없어서 좌석이 비게 되면 착륙 후 대피해야 할 필요가 있을 때에 문을 열 수 있는 사람이 없으므로 해당 문을 사용할 수 없다. 항공사 절차는 모든 우발적 사건에 대해 다룰 수 없다. 따라서 객실승무원은 상황에 맞춰서 적응해야 한다.

이와 같은 특별 상황에서 객실승무원은 일등석이나 비즈니스석 같이 승객이 적은 구역의 문 앞 승무원 좌석에 앉지 않고, 좌석을 비우는 방법으로 대처한다. 예상치 못한 비상사태로 인한 비상 착륙 시 일등석이나 비즈니스석 승객을 다른 문으로 탈출하도록 안내할 수 있다. 객실 사무장이 다치거나 쓰러진 경우에는 그 다음 서열의 객실승무원이 책임을 맡는다. 이와 같은 사항은 비행 전 브리핑에서 결정된다.

일반적으로 승무원이 쓰러졌을 경우에는 항공기의 안전운항에 영향을 줄 수 있으므로 72시간 이내에 필수 발생 보고서라고 불리는 서면 보고서를 국가항공국에 제출해야 한다. 객실승무원은 항공사의 자체 표준 항공안전보고서를 작성하여 안전부서에 제출하고, 안전부서는 보고서를 국가 기관에 전달한다.

3) 전염성 질병

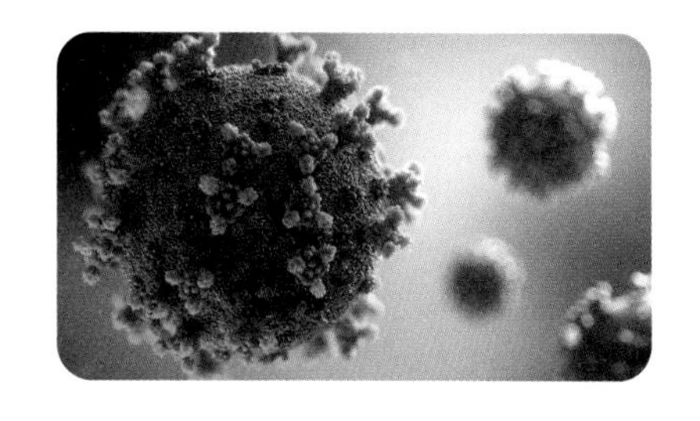

전염성 질병Communicable Diseases은 사람 간에 쉽게 전파될 수 있는 질병으로, 주로 감염된 개인의 기침, 재채기, 또는 접촉을 통해 발생한다. 항공기 내부의 좁은 공간에서, 특히 8시간 이상의 긴 비행 중에는 승객 또는 승무원 간에 전염병이 확산될 위험이 크다. 대부분의 전염성 질병은 재채기나 기침으로 생성되는 호흡기 방울에 의해 전염된다.

객실 승무원은 높은 체온과 지속적인 기침이나 재채기를 보이는 승객을 주의 깊게 관찰하여 감염 확산을 막아야 한다. 대표적인 전염성 질병으로는 수막구균성 질환Meningococcal Disease, 인플루엔자Influenza, 중증 급성 호흡기 증후군(SARS) 등이 있다.

세계보건기구(WHO)는 국제 연합 회원국들에게 공중 보건을 지시하고 조정하는 권한을 가진 기관이다. WHO는 각 회원국의 건강 문제를 조사하고, 정부에 공중 보건 정책과 프로그램을 결정하는 데 필요한 조언과 통계를 제공한다. 국제 여행과 관련하여 질병 확산을 감시하고, 추세와 패턴을 확인하면 정부에 경고한다. 1980년대에는 항공기 내에서 결핵이 전파된 사례가 보고되었으나, 그 이후로 항공기 내에서 결핵에 걸린 사례는 확인되지 않았다. 하지만 항공 여행의 증가와 약물 내성 결핵의 출현으로 항공 여행 중 감염 확산을 막기 위해 계속해서 경계하고 있다.

최근 몇 년간 인플루엔자 코로나19 전염병의 위협이 있었다. 공항 및 국가항공국은 모든 출입국 승객들을 관찰하여 항공 여행을 통한 국제적 질병 확산을 막으려고 노력하고 있다. 일부 국가에서는 도착 지점에 열 화상 카메라를 설치해 비정상적으로 높은 체온을 보이는 승객의 바이러스 감염 여부를 확인한다. WHO는 국경을 넘는 감염 확산을 막기 위해 항공사에 다음과 같은 지침을 제공한다.

(1) 징후와 증상

객실 승무원은 전염성 질병의 징후와 증상을 주의 깊게 관찰해야 한다. 38°C(100° F) 이상의 열과 함께 다음과 같은 징후나 증상 중 하나 이상이 나타나는 사람은 전염병에 걸렸을 가능성이 크다.

- 몸 상태가 안 좋음
- 지속적인 기침
- 호흡 장애
- 지속적인 설사
- 지속적인 구토
- 피부 발진
- 이전의 부상 없이 나타나는 타박상이나 출혈

객실 승무원은 이러한 증상을 보이는 승객을 관찰하며, 전염병의 가능성을 염두에 두고 적절히 대처해야 한다.

(2) 객실승무원의 조치

기내에서 전염병 의심 증상이 나타난 환자에 대해 객실승무원은 즉각적인 조치를 취해야 한다. 먼저, 지상 의료 지원이 가능한 경우, 객실승무원은 즉시 지상 지원팀에 연락하여 기내 의료 지원을 요청한다. 이때 객실승무원은 지상의 의료 지원과 기내 의료 전문가의 지시에 따라 행동한다.

만약 지상에서의 의료 지원이 제공되지 않는 상황이라면, 객실승무원은 환자를 가능한 한 분리된 공간으로 이동시킨다. 환자를 이동시킨 후에는 해당 위치와 초기 위치를 모두 청소하도록 목적지의 청소 승무원에게 지시한다. 아픈 승객을 돌보는 전담 객실승무원을 지정하고, 필요할 경우 추가 승무원의 도움을 받는다. 가능하다면, 환자 전용 화장실을 지정하고, 불가능할 경우에는 사용 후 화장실의 자주 닿는 부분을 청소하고 소독한다.

환자에게 기침 시 입과 코를 가리도록 하고, 말하거나 재채기를 할 때는 휴지를 사용하도록 권장한다. 사용한 휴지는 멀미 봉투에 안전하게 처분한다. 환자에게 의료용 마스크를 제공하고, 습기가 찰 경우 새 마스크로 교체하며, 마스크를 만진 후에는 즉시 손 위생을 실시한다. 체액 접촉 위험이 있는 경우, 객실승무원은 일회용 장갑을 착용한다.

장갑은 적절한 손 위생을 대체하는 것이 아니므로, 사용 후에는 비누와 물로 손을 깨끗이 씻는다. 환자가 마스크를 착용할 수 없는 경우, 전담 객실승무원이나 환자와 가까이 있는 사람은 의료용 마스크를 착용한다. 사용한 물품은 바이오 위험물 봉투에 담아 처리하며, 봉투가 없을 경우에는 봉인 가능한 플라스틱 백을 사용한다.

동반한 여행자에게 유사한 증상이 있는지 확인하고, 필요한 조치를 취한다. 아픈 여행자와 관련된 기내 수하물을 이동시키고, 공중 보건 당국의 지시에 따른다. 상황을 가능한 한 빨리 운항 승무원에게 알리고, 지상 의료 지원이나 공중 보건 공무원에 의해 별도로 지시되는 경우를 제외하고, 아픈 여행자를 기준으로 같은 줄과 앞뒤로 2줄씩에 앉은 모든 여행자에게 승객위치카드를 작성하도록 한다. 기내에 승객위치카드가 구비되어 있지 않다면, 다음 공항에 도착한 즉시 조처한다.

이와 같은 조치는 기내에서 전염병 확산을 막기 위해 필수적이다. 객실승무원은 이러한 절차를 숙지하고, 상황 발생 시 신속하게 대처함으로써 승객들의 안전을 보호해야 한다.

(3) 하기 승객과 승무원

도착 공항에서 항공기에 탑승한 모든 여행자는 건강 정보를 제출하고, 국가의 공중 보건 절차에 따라 추가 검사를 받아야 한다. 승객 위치 카드는 여행자의 앞뒤 2줄 범위 내에 앉은 승객으로부터 수집해야 한다. 만약 승객 위치 카드가 없으면, 승객은 도착 공항에서 카드를 받아 작성해야 하며, 이는 공중 보건국이 추적할 수 있도록 한다. 또한, 해당 범위를 넘어서 앉았다 하더라도, 여행 중 환자와 접촉한 가능성이 있는 동료 여행자들은 필요 시 국가 공중 보건국에 추적될 수 있도록 목적지 정보를 제공해야 한다.

전염병은 언론에서 많은 주목을 받지만, 연구에 따르면 기내 공기의 환기율은 시간당 20~30회로 관리되어 전염병이 기내에서 전파될 위험은 매우 낮다. 대부분 현대식 항공기에는 재순환 시스템이 설치되어 있으며, 이 시스템은 객실 공기의 최대 50%를 재활용한다. 재순환된 공기는 고효율 미립자 공기 필터(HEPA)를 통과하여 병원 수술실이나 중환자실에서 사용하는 수준으로 먼지 입자, 세균, 진균 및 바이러스를 걸러낸다.

항공기 제조업체는 청정 공기를 유지할 수 있는 매우 효과적인 시스템을 개발하였다. 그러나 승객과 승무원은 간단한 예방 규정을 간과해서는 안 된다. 대부분의 승객은 전염병의 위험을 잘 인식하고 있으며, 보건 규정을 준수하려는 태도를 보인다. 객실승무원이 규정 준수를 계속해서 당부하는 경우는 드물다.

이러한 절차는 기내에서 전염병의 확산을 방지하고, 모든 승객의 안전을 보장하기 위한 것이다. 객실승무원은 이러한 절차를 숙지하고, 도착 공항에서의 조치를 신속하고 효율적으로 수행해야 한다.

연습문제

01 천식을 앓고 있는 승객이 기내에서 호흡 곤란을 겪고 있습니다. 객실승무원이 이 상황에서 해야 할 첫 번째 조치는 무엇인가?

A. 승객을 다른 장소로 이동시킨다.
B. 의학 전문가에게 연락한다.
C. 승객의 흡입기를 찾아서 제공한다.
D. 응급 착륙을 준비한다.

02 항공기에서 발생하는 부상 중, 긴급 의료 치료를 위해 항로를 변경해야 할 가능성이 가장 높은 경우는 무엇인가?

A. 경미한 화상
B. 두부 손상
C. 발목 염좌
D. 작은 절상

03 기내에서 발생한 심각한 의료 상황에 대해 객실승무원이 첫 번째로 해야 할 단계는 무엇인가?

A. 환자에게 필요한 도움을 제공한다.
B. 환자의 상태를 평가한다.
C. 기장에게 상황을 알린다.
D. 의료 전문가를 찾는다.

04 기내 응급 처치 중 객실승무원이 준수해야 하는 주의사항이 아닌 것은 무엇인가?

A. 혈액이나 기타 체액과의 직접 접촉을 피한다.
B. 일회용 장갑과 호흡 마스크를 착용한다.
C. 모든 사용한 보호 장비를 즉시 폐기한다.
D. 응급 처치 후 비누와 물로 손을 씻는다.

05 호흡이 멈춘 승객에게 객실승무원이 수행해야 할 구조호흡 절차로 적절하지 않은 것은 무엇인가?

A. 약 1.5-2초 간격으로 공기를 불어넣는다.
B. 환자의 콧구멍을 막고 공기를 불어넣는다.
C. 포켓마스크를 사용하여 호흡을 불어넣는다.
D. 심장 박동이 있는지 확인하지 않고 구조호흡을 시작한다.

06 심정지 승객에게 필요한 응급처치로 옳은 것은 무엇인가?

A. 구조호흡만 시행한다.
B. 기도를 확보하고 호흡을 관찰한다.
C. AED 사용 없이 심폐소생술만 시행한다.
D. 심폐소생술과 함께 자동제세동기를 사용한다.

07 객실승무원이 비행 중 쓰러진 경우, 남은 객실승무원들이 취해야 할 적절한 조치는 무엇인가?

A. 승객에게 도움을 요청한다.
B. 객실 사무장이 다음 서열의 객실승무원에게 책임을 맡긴다.
C. 모든 객실승무원이 업무를 멈추고 쓰러진 승무원을 돌본다.
D. 비행을 중단하고 즉시 착륙한다.

08 전염성 질병의 대표적인 전파 방법은 무엇인가?

A. 음식물 섭취
B. 호흡기 방울
C. 모기 물림
D. 피부 접촉

09 전염병 의심 승객과 가까이 있는 사람들에게 필요한 보호 장비는 무엇인가?

A. 일회용 장갑
B. 의료용 마스크
C. 보호용 고글
D. 모두 해당된다

정답과 해설

번호	정답	해설
01	C	천식을 앓고 있는 승객이 호흡 곤란을 겪는 경우, 객실승무원은 먼저 승객의 흡입기를 찾아서 제공해야 한다. 이는 승객의 호흡을 안정시키고 상황을 악화시키지 않기 위한 중요한 조치이다.
02	B	두부 손상은 심각한 부상으로, 상당한 의료 치료가 필요할 수 있으며, 긴급 상황에서는 항로를 변경하여 신속히 치료를 받아야 할 가능성이 높다.
03	B	기내에서 발생한 심각한 의료 상황에서는 객실승무원이 먼저 환자의 상태를 평가하는 것이 중요하다. 이를 통해 필요한 장비와 치료 방법을 결정할 수 있다.
04	C	보호 장비를 사용한 후에는 적절한 폐기 방법을 따라야 하며, 즉시 폐기하는 것만으로는 충분하지 않을 수 있다. 예를 들어, '날카로운 물품 보관' 용기 등 특정 지침에 따라 폐기해야 한다.
05	D	구조호흡을 시작하기 전에 심장 박동이 있는지 확인하는 것이 중요하다. 심장 박동이 있는지 확인하지 않고 구조호흡을 시작하는 것은 적절하지 않다.
06	D	심정지 승객에게는 심폐소생술(CPR)과 자동제세동기(AED)를 사용하여 심장의 정상 리듬을 회복시키고 뇌에 산소가 포함된 혈액을 공급하는 것이 필수적이다.
07	B	객실승무원이 쓰러진 경우, 남은 객실승무원들은 쓰러진 객실승무원의 업무를 대신하며, 객실 사무장이 다음 서열의 객실승무원에게 책임을 맡긴다. 이는 비행의 안전운항을 유지하기 위한 조치이다.
08	B	대부분의 전염성 질병은 재채기나 기침으로 생성되는 호흡기 방울에 의해 전염된다. 이러한 방울은 공기 중에 퍼져 다른 사람에게 쉽게 전파될 수 있다.
09	D	전염병 의심 승객과 가까이 있는 사람들은 일회용 장갑, 의료용 마스크, 보호용 고글 등 다양한 보호 장비를 착용해야 감염 위험을 최소화할 수 있다.

제6장

위험물

1 위험물 항공 운송

위험물Dangerous Goods은 건강, 안전, 재산 또는 환경에 심각한 위험을 초래할 수 있는 물품 및 물질을 의미한다. 항공 운송 중 진동, 압력 및 온도 변화로 인해 평소에는 위험하지 않은 물품도 더 위험해질 수 있다. 예를 들어, 표백제를 포함한 제품이 손상되어 누출되면 승객, 승무원, 수하물 처리자가 부상을 입을 수 있다.

위험물은 여러 유형으로 구분되며, 일부는 항공기에 실을 수 없지만 특정 승인을 받은 경우에는 운송이 가능하다. 일반적으로 충족해야 하는 요구 사항은 다음과 같다.

- 분류 : 항공 운송을 위한 물품 및 물질의 수용 가능성을 결정하는 기준에 따라 명확하게 분류된다.
- 표시 및 레이블 : 비상사태 시 즉각적으로 위험 요소를 인지할 수 있도록 필요한 표시 및 레이블을 포장에 부착한다.
- 신고 : 화주는 위험물을 신고하여 사고 발생 시 정확한 대응 방법을 파악할 수 있게 한다.
- 기장 통보 : 기장은 비상사태에 대비하여 항공기 내에 있는 물품의 상세 정보를 알고 있어야 한다.
- 숨겨진 위험물 식별 : 승객과 화주에게 위험물 식별에 도움을 주어야 한다.
- 사고 보고 : 모든 위험물 사고나 사건은 반드시 보고되어야 한다.

ICAO(국제민간항공기구)는 위험물 운송 원칙을 채택했고, 각 정부는 이를 규제하는 국내법을 제정한다. IATA(국제항공운송협회)의 위험물 규정(DGRDangerous Goods Regulations) 매뉴얼은 모든 항공사가 준수해야 할 포괄적이고 정확한 지침으로 인정받고 있다.

IATA는 항공사가 위험물을 안전하게 수송할 수 있도록 다양한 교육 자료, 코스, 라벨, 지침 및 설명서를 제공한다.

이와 같은 규정과 지침을 준수함으로써 항공사는 위험물 운송 시 발생할 수 있는 위험을 최소화하고, 승객과 승무원의 안전을 보장할 수 있다.

2 위험물 분류

위험물은 9개 등급으로 분류되며, 객실승무원은 이에 대한 정확한 지식을 갖추어야 한다. 위험물이 항공기 내 반입이 전면 금지되는 것은 아니며, 일부는 소량으로 기내에서 운송이 가능하고, 다른 일부는 화물을 통해서만, 그리고 일부는 항공사에 의해서만 운송될 수 있다.

예를 들어, 고온에 반응하는 위험 화학물질을 포함하는 연기 후드나 휴대용 호흡기는 화재 발생 시 필수적으로 사용되지만, 다른 화물을 발화시킬 위험이 있어 항공사만이 운송할 수 있다. 객실승무원은 위험물을 안전하게 취급하기 위해 위험물 분류에 익숙해져야 하며, 이는 교육과 훈련을 통해 이루어진다.

항공 운송에 사용되는 라벨은 가정용 및 산업용 제품에도 표시되어 있으며, 위험물 라벨은 주로 다이아몬드 모양으로 되어 있어, 표준 색상과 상단에는 작은 그림, 하단에는 등급 번호가 명시되어 있다. 위험물은 주로 9가지 주요 등급으로 나누어지며, 각 등급은 위험의 종류에 따라 세분화된다. 등급은 일반적으로 한 자리 숫자로 표현되고, 세분류가 있을 경우 두 자리 숫자로 나타나며, 등급 순서는 위험도를 상대적으로 나타내지 않는다.

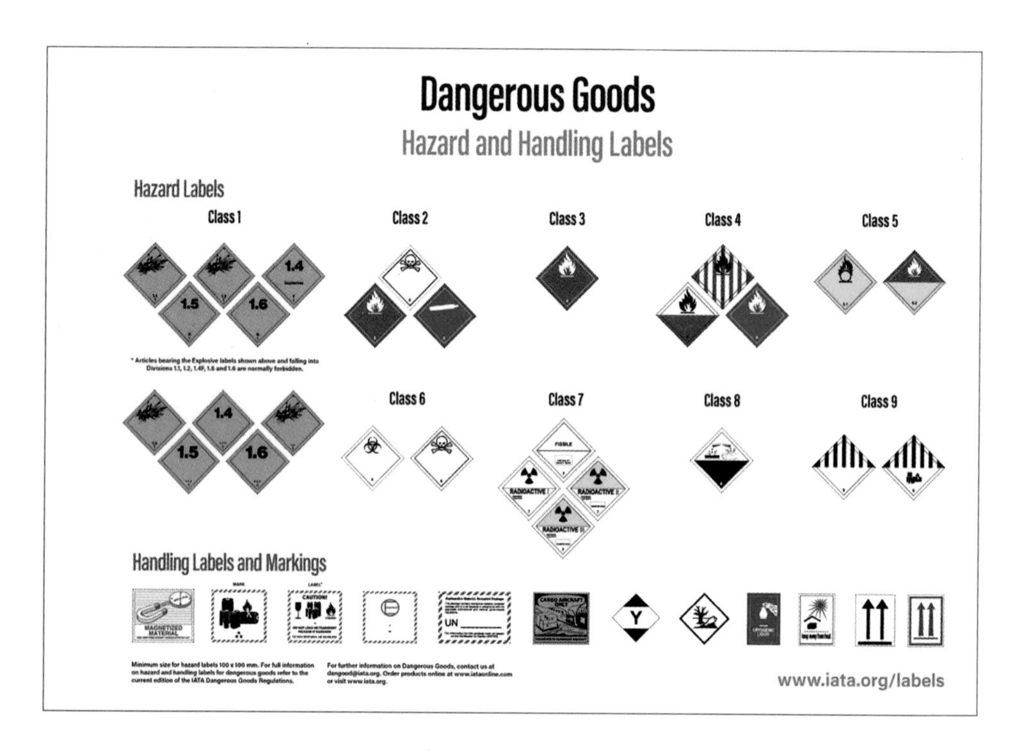

Class 1 : 폭발물(Explosives)	폭발물은 자체적으로 우연히 점화될 수 있으며, 항공기를 파괴할 수 있는 장치 제작에 사용된다. 이 등급에는 폭죽, 플레어, 탄약 등이 포함된다.	Subclass 1.1: Explosives with a mass explosion hazard Subclass 1.2: Explosives with a severe projection hazard Subclass 1.3: Explosives with a fire Subclass 1.4: Minor fire or projection hazard Subclass 1.5: An insensitive substance with a mass explosion hazard Subclass 1.6: Extremely insensitive articles
Class 2 : 가스류(Gases)	가스 용기는 기압 변화로 기내에서 위험할 수 있으며, 용기 손상 시 가스 누출로 큰 위험이 발생한다. 이 등급에는 부탄, 프로판, 캠핑 가스 실린더 등이 포함된다.	Subclass 2.1: Flammable Gas Subclass 2.2: Non-Flammable Gas Subclass 2.3: Poisonous Gases
Class 3 : 인화성 액체 (Flammable Liquids)	인화성 액체는 화재를 쉽게 일으키고 확산시킬 수 있으며, 라이터 연료, 페인트 희석제, 화이트 스피리트 등이 이에 속한다.	FLAMMABLE
Class 4 : 가연성 고체(Flammable Solids)	가연성 고체는 마찰, 물과의 접촉 또는 기타 방법으로 스스로 점화할 수 있다. 이 등급은 여러 세부 분류로 나뉜다.	Subclass 4.1: Flammable solids Subclass 4.2: Spontaneously combustible solids Subclass 4.3: Dangerous when wet

Class 5 : 산화성 물질(Oxidizing Substances) 및 유기과산화물(Organic Peroxides)	산화성 물질과 유기과산화물은 화학반응을 통해 산소를 공급하며 쉽게 발화하고 빠르게 연소한다.	OXIDIZER 5.1 Subclass 5.1: Oxidizing agent / ORGANIC PEROXIDE 5.2 Subclass 5.2: Organic peroxide oxidizing agent
Class 6 : 독성(Toxic) 및 전염성(Infectious)	독성 및 전염성 물질은 인체에 해를 끼칠 수 있으며, 밀폐된 공간에서 큰 자극을 유발할 수 있다.	POISON 6 Subclass 6.1: Poison / INFECTIOUS SUBSTANCE 6 Subclass 6.6: Biohazard
Class 7 : 방사성 물질(Radioactive Material)	방사성 물질은 방사능을 방출하며, 특정 의약품에 사용된다.	RADIOACTIVE II 7
Class 8 : 부식성 물질(Corrosive Materials)	부식성 물질은 피부를 손상하거나 금속을 파괴할 수 있다.	CORROSIVE 8
Class 9 : 기타 위험물(Miscell-aneous)	기타 위험물은 기타 분류에 속하지 않는 위험한 물질을 포함하며, 자석과 드라이아이스 등이 이에 해당한다.	9
그 외 위험물	리튬 및 리튬 이온 배터리는 과열될 경우 폭발하고 화재를 일으킬 수 있어 항공기 내에서의 안전한 취급이 중요하다.	

3 기내 위험물

항공기 내에는 안전이나 서비스 장비의 일부로 인정되는 특정 위험물들이 예외적으로 허용된다. 이러한 예외 항목들은 객실승무원이 그 위치와 위험성을 정확히 알고 있어야 한다.

- 소화기 : 이들은 압축 가스를 포함하고 있으며, 비상 상황에서 중요한 역할을 한다.
- 휴대용 산소통 : 압축 산소를 포함하고, 필요 시 추가 산소를 제공한다.
- 산소 발생기 : 비상 시 사용되며, 열을 생성하는 화학물질이 포함되어 있다.
- 휴대용 호흡 장비 : 화재 발생 시 사용되며, 화학물질을 통해 열을 발생시킨다.
- 컴퓨터 및 기내 엔터테인먼트 장치 : 대부분의 장치는 리튬 배터리를 포함한다.
- 기내 판매 소매 용품 : 알코올과 향수 같은 인화성 액체로 구성된다.

위험물은 특정 조건과 제한을 따라 안전하게 기내나 화물칸으로 반입할 수 있다. 항공사의 화물 부서는 화물을 적절히 포장하고 경고 라벨을 부착하는 책임을 지며, 모든 위험물 정보는 출발 전 기장에게 제공된다. 필요한 경우 기장은 위험물을 검사할 수 있다.

IATA 위험물 규정은 항공 화물을 안전하게 적재하고 위험물들을 적절히 분리하는 방법을 명시한다. 이 규정에 따라, 서로 반응할 수 있는 위험물 사이에는 추가적인 분리 규칙이 적용되며, 취급 라벨에는 "THIS WAY UP"과 같은 특별한 지시사항을 표시하여 내용물의 쏟아짐을 방지한다.

제한된 위험물 정보는 공항 안내, 항공사 체크인 데스크, 보안 채널을 통해 확인할 수 있으며, 온라인 체크인이 증가함에 따라 이 정보는 온라인상에서도 제공된다. 승객은 체크인이나 항공권 구매 전에 이러한 위험물에 대한 정보를 확인하고 동의하는 절차를 거친다. 이 규정은 항공사 및 공항 웹사이트에도 명시되어 있다. 또한, 승객이 의도치 않게 또는 무지로 인해 리튬 배터리와 같은 위험물을 기내에 반입할 수 있는데, 이는 항공 안전 규정을 위반할 수 있다. 이러한 위험을 최소화하기 위해 항공사, 공항, 규제 당국은 긴밀히 협력하고 있다.

4 위험물 소지 제한

IATA 위험물 규정은 승무원과 승객이 운송할 수 있는 위험물에 대한 제한 사항을 명시한다. 이 규정의 목적은 항공기 내에서 운반할 수 있는 위험물의 양을 제한하여 위험을 감소시키는 것이다. 위험물은 9가지 유형으로 구분되며, 일부 일반적인 항목은 쉽게 이해할 수 있다.

예를 들어, 리튬 배터리를 포함한 전자 기기는 기내 반입이 제한될 수 있다. 이러한 규정을 숙지하는 것은 승객과 승무원에게 중요하며, 항공사는 규정 준수를 위해 교육 프로그램과 정보 제공을 강화하고 있다.

객실승무원은 기내반입 수하물에 포함될 수 있는 위험물을 주의 깊게 관찰하며 필요한 경우 제거한다. 특정 주의가 필요한 승객 유형은 다음과 같다.

- 등산객과 배낭 여행자는 캠핑 가스 스토브와 같은 열을 발생시킬 수 있는 물품을 휴대한다.
- 의료 판매 담당자는 바이러스 또는 백신을 포함한 샘플을 운반할 수 있다.
- 의사 및 의료진은 백신이나 수은을 포함한 온도계를 휴대할 수 있다.
- 상인과 공예가는 예리한 도구나 가연성 액체를 운반할 수 있다.
- 축제 및 휴일 여행자는 폭발성 물질을 포함한 축하용품을 휴대할 수 있다.
- 필름 제작자와 카메라맨은 리튬 배터리를 포함한 촬영 장비를 휴대한다.
- 미용용품 사용자는 가연성 액체와 위험물질을 포함할 수 있다.
- 어린이 장난감 소지자는 폭발물을 포함할 수 있는 장난감을 휴대할 수 있다.

이러한 승객들은 항공 여행 중 특별한 주의가 필요하다.

- 매우 차가운 표면 또는 서리가 보이는 경우 : 이는 드라이아이스의 존재를 나타낼 수 있다.
- 얼룩진 또는 젖은 포장 : 누출된 액체가 포함되어 있을 가능성이 있다.
- 이상한 냄새 : 포장 내부에 화학물질이 있음을 암시한다.
- 연기나 증기 발생 : 위험물 표식이나 라벨이 붙어 있는 재사용 패키지에서 발생할 수 있다.
- 이상한 소음(쉿, 똑딱, 진동, 휘파람 등) : 연료가 남아 있는 도구나 기계에서 발생할 수 있다.

5 기내 위험물 대응

기내에서 발견되는 대부분의 위험물은 객실승무원이 효율적으로 관리하여 위험을 줄일 수 있다. 위험물은 다른 물품과 섞이지 않도록 손상되지 않는 안전한 장소에 별도로 보관되며, 필요에 따라 비닐봉지에 싸서 승무원이 자주 확인할 수 있는 곳에 둔다. 다음 물품들은 기내 운반 금지 대상으로, 발견 시 즉시 위험물로 처리한다.

- 폭발물 : 불꽃놀이, 조명탄, 장난감 딱총
- 압축가스 : 충전된 호흡용 실린더, 캠핑가스 실린더
- 인화성 물질 : 라이터 연료, 성냥, 페인트, 희석제
- 산화제 : 표백 파우더
- 유기 과산화물 : 고체 과산화수소
- 독극물 : 비소, 시안화물(청산가리), 잡초 제거제
- 자극성 물질 : 최루 가스 장치
- 전염성 물질 : 살아 있는 바이러스
- 방사성 물질 : 방사성 의료 또는 연구 시료
- 부식성 물질 : 산, 알칼리, 습식 전지 자동차 배터리, 가성소다
- 자석 재료 : 자석을 포함하는 악기

ICAO에서 발간하는 비상대응 가이드Emergency Response Guide는 모든 항공사에 제공되며, 조종실에 비치되어 비행 중 참고 자료로 사용된다. 이 가이드는 인화성 액체나 부식성 물질의 누출과 같은 최악의 시나리오를 설명하고, 위험물이 기내에서 발견될 경우 따라야 할 절차인 위험물 드릴Dangerous Goods Drill을 포함한다.

사고 발생 시 객실승무원은 상황에 맞게 드릴을 조정하여 대응하며, 유출 키트를 사용하여 누출물을 안전하게 처리하는 것이 권장된다. 유출 키트에는 큰 고무장갑, 강한 폴리에틸렌 봉지, 그리고 사용 후 밀봉 가능한 봉지가 포함되어 있다. 많은 항공사에서는 유사한 물품을 서비스 목적으로 기내 반입을 권장한다.

기내에서 위험물의 존재를 알 수 있는 초기 징후는 승객들이 이상한 냄새를 맡

거나, 승객의 수하물에서 새는 자국이나 손상을 발견하는 것이다. 위험물이 있을 것으로 의심될 때 객실승무원은 다음과 같은 조치를 취해야 한다.

- 원인 식별 및 운항승무원에게 알림 : 승무원은 주변 승객에게 수하물의 내용물, 출처 및 용도에 대해 질문하고, 해당 물품의 위험물 여부를 확인한 후 라벨을 검사하여 운항승무원에게 신속히 보고한다.
- 자신과 타인 보호 : 부식성 액체 누출 시, 승무원은 보호 장갑과 호흡 보호장비를 착용하고, 승객을 연기나 위험으로부터 멀리 이동시키며, 필요에 따라 젖은 헝겊을 제공한다.
- 위험물 격리 : 누출되거나 손상된 물품은 폴리에틸렌 봉지에 담아 격리하고, 물을 사용하지 않고 화학 물질 누출을 관리하며, 오염된 물질을 밀봉하여 안전한 곳에 보관한다.
- 사건 보고 : 승무원은 항공안전보고서를 작성하고, 발생한 사건을 국가항공국에 보고하며, 상세 보고서를 작성해 항공기 로그에 기록한다. 착륙 후, 지상 직원에게 위험물의 위치와 보관 상태를 알린다.

이 절차는 기내에서 위험물로 인한 잠재적인 위험을 최소화하기 위해 중요하다.

연습문제

01 위험물 항공 운송 시 충족해야 하는 요구 사항이 아닌 것은 무엇인가?

A. 분류　　　　B. 표시 및 레이블
C. 신고　　　　D. 감압

02 다음 중 인화성 액체에 속하지 않는 것은 무엇인가?

A. 라이터 연료　　　　B. 페인트 희석제
C. 화이트 스피리트　　　　D. 부탄 가스

03 다음 중 기내에서 예외적으로 허용되는 위험물로 올바르게 짝지어진 것은 무엇인가?

A. 소화기 - 부식성 물질　　　　B. 휴대용 산소통 - 압축 산소
C. 컴퓨터 - 가연성 고체　　　　D. 알코올 - 독성 물질

04 다음 중 항공기 내에서 위험물로 분류될 가능성이 가장 높은 물품은 무엇인가?

A. 서리가 보이는 표면　　　　B. 깨끗한 포장
C. 미용용품　　　　D. 휴대용 산소통

05 기내에서 발견되는 대부분의 위험물은 객실승무원이 어떻게 처리해야 하는가?

A. 다른 물품과 함께 보관한다.　　　　B. 승객에게 돌려준다.
C. 별도로 안전한 장소에 보관한다.　　　　D. 즉시 기내에서 버린다.

06 다음 중 기내 운반이 금지된 위험물에 해당하지 않는 것은 무엇인가?

A. 폭죽　　　　B. 충전된 호흡용 실린더
C. 인화성 라이터 연료　　　　D. 진통제

정답과 해설

번호	정답	해설
01	D	위험물 항공 운송 시에는 분류, 표시 및 레이블, 신고 등이 요구 사항에 포함되지만, 감압은 관련 요구 사항이 아니다.
02	D	인화성 액체는 등급 3에 속하며, 라이터 연료, 페인트 희석제, 화이트 스피리트 등이 이에 해당한다. 부탄 가스는 등급 2에 속하는 가스류이다.
03	B	휴대용 산소통은 압축 산소를 포함하고 있어 기내에서 예외적으로 허용되는 위험물이다. 소화기는 압축 가스를 포함하고, 컴퓨터는 리튬 배터리를 포함하며, 알코올은 인화성 액체에 속한다.
04	A	서리가 보이는 표면은 드라이아이스의 존재를 나타낼 수 있어 항공기 내에서 위험물로 분류될 가능성이 높다. 깨끗한 포장은 위험물이 없음을 의미할 수 있으며, 미용용품과 휴대용 산소통은 특정 조건 하에 예외적으로 허용될 수 있다.
05	C	기내에서 발견되는 위험물은 다른 물품과 섞이지 않도록 손상되지 않는 안전한 장소에 별도로 보관해야 한다. 이는 위험을 줄이고 승객과 승무원의 안전을 보장하기 위함이다.
06	D	진통제는 기내 운반이 금지된 위험물에 해당하지 않는다. 폭죽, 충전된 호흡용 실린더, 인화성 라이터 연료는 모두 기내 운반이 금지된 위험물에 해당한다.

제7장

항공보안

1 항공안전 강화

1) 불법적인 방해자

항공사 운영 방해는 "불법적인 방해"로 불린다. 승무원 안전 의무 방해, 폭발 장치 설치 위협, 항공기 납치 등이 포함된다. 항공 산업 초기에는 드물었으나 대형 항공기 도입 후 범죄자들이 의도를 알리기 시작했다. 항공 산업은 미디어와 정치적 관심을 많이 받고, 납치, 보안 위반, 항공기 범죄가 증가하고 있다.

불법적 방해를 시도하는 주요 집단은 다음과 같다.

- 범죄 단체 : 돈을 목적으로 항공사 운영에 혼란을 일으키며, 인질을 담보로 돈을 요구하거나 범죄를 저지른 국가에서 탈출하려 한다.
- 정치 활동 단체 : 주장을 알리기 위해 불법적인 방해 행위를 한다.
- 정신질환자 : 다른 사람의 범죄 행위를 모방하려 하며, 이유를 알지 못하고 예측할 수 없으며 때로는 폭력적일 수 있다.
- 난민 : 다른 국가로의 망명을 원하며, 조직적으로 행동하지 않는다.
- 테러리스트 : 정치적 또는 종교적 동기를 가진 가장 위험한 유형으로, 믿음을 알리고 정부를 위협하는 목적을 가지고 있다.

2) 불법 간섭 대상

불법적인 간섭 행위는 주로 명성을 얻기 위해 수행되며, 대상은 항공기뿐만이 아니다. 이러한 간섭 행위는 다음과 같은 대상에도 발생할 수 있다.

- 시설물 공격 : 범죄자들은 공항 사무실, 창고, 항공기 격납고, 승무원 호텔, 운항승무원 등을 공격한다. 폭발물 공격, 인질 상황, 절도 또는 항공기 운영을 방해하는 행위가 포함된다. 예를

들어, 1985년 12월 24일 혁명군 GAR은 경찰 구금 중 사망한 바스크인의 죽음에 항의하기 위해 스페인 내셔널항공의 리스본 발권 사무소를 폭파했다.

- 사보타주 : 사보타주는 폭발성 장치나 인화성 장치, 또는 이 두 가지를 함께 사용한다. 사용되는 폭탄과 재료는 정교할 수 있지만, 간단할 수도 있다. 대부분의 공항과 항공기는 엄격한 보안 조치가 되어 있지만, 자살폭탄범은 자폭을 준비하기 때문에 주인 없는 물품만이 위험한 것은 아니다. 자살폭탄범은 폭발 장치를 휴대하거나 위탁 수하물에 넣는다. 이러한 사보타주는 항공기뿐만 아니라 시설물 공격에도 사용된다.

항공기와 공항에 대한 공격이 정교해짐에 따라 보안도 발전해왔다. 2001년 9/11 사건은 테러리스트가 극단적인 행동을 할 수 있음을 보여주었다. 과거의 보안 조치는 테러범들이 자신이 탑승한 항공기를 파괴하지 않을 것이라는 이론에 기반했으나, 이후에는 모든 폭발물과 무기에 대한 보안이 강화되었다.

2002년 2월, ICAO 회원국은 9/11 테러에 대응하기 위해 고위급 각료 회의에서 전 세계 항공 보안 강화 전략을 승인했다. 핵심인 ICAO "항공보안실행계획"은 회원국들이 정기적이고 체계적인 항공 보안 평가를 수행해야 한다는 점을 명시하고 있다. 이 계획에는 새로운 위협에 대응하기 위한 식별, 분석, 개발이 포함된다.

2001년 12월, 아메리칸 항공 63편에서 신발 폭탄 테러 시도가 있었으나 승무원과 승객이 저지했다. 이 사건 이후 보안 검색대에서 신발을 벗어야 했다. 2006년, 영국 경찰은 대서양 횡단 비행기를 목표로 한 액체 폭탄 음모를 사전에 발견했다. 이 사건 이후 전 세계 항공기 탑승 시 소량의 액체만 소지할 수 있게 되었다. 모든 승객과 승무원에게 이 제한이 적용된다.

3) 항공보안 강화 조치

항공 산업은 보안 강화를 위해 지속적으로 위협을 분석하고 보안 조치를 업데이트한다. 주요 보안 조치는 다음과 같다.

- 공항 보안 : 공항 전체를 보호하며, 감시, 보안 검문, 정기 순찰, 경계 지역 통제를 포함한다. 공항 직원과 승객 이외의 사람들의 출입을 제한한다.

- 항공기 보안 : 사용하지 않을 때는 항공기 문을 닫고, 정기적인 보안검색을 실시한다.
- 승객과 기내 반입 수하물 : 모든 승객과 수하물을 보안검색하여 무기나 폭발물 반입을 막는다. 고위험 지역 승객은 프로파일링과 입국 배경 확인을 받는다.
- 위탁 수하물 : 모든 수하물을 선별 및 수색하고, 위탁 수하물의 동반 승객을 확인한다.
- 화물 및 우편물 : 모든 화물과 우편물을 검사하고, 운송 추적 및 발송인과 수령인의 신분을 확인한다.
- 객실과 공항 공급품 : 항공기 적재 식품과 장비에 엄격한 보안을 적용하고 취급자를 확인한다.
- 기내 보안 조치 : 비행 중 승객이 항공기나 승무원을 공격하지 못하도록 절차를 마련한다.
- 직원 모집 및 교육 : 높은 경계를 유지하며, 의심스러운 사항을 보고하도록 교육한다. 제한구역 접근 허가를 위해 신변을 검사한다.
- 보안 장비 : 보안 사고에 대비하여 기내에 보안 장비를 설치하고, 정기적으로 검토 및 테스트한다. 모든 보안 접근 방식은 위협이 나타나면 즉시 알릴 수 있도록 한다.

4) 국제 항공보안 협약과 규정

항공 산업은 국경을 넘어 여행하는 글로벌 산업으로, 이에 따른 다양한 국제 협약과 규정이 존재한다. 이들 협약과 규정은 항공보안을 강화하고, 항공기와 승객의 안전을 보장하기 위해 마련되었다. 주요 협약으로는 도쿄 협약, 헤이그 협약, 시카고 협약이 있다.

도쿄 협약

도쿄 협약은 1963년에 발효된 국제 협약으로, 국제선 항공기에 탑승한 사람이나 재산의 안전을 위협하는 행위에 적용된다. 이 협약은 기장이 폭력적이거나 부주의한 승객에 대해 신체적 구속을 명령할 수 있도록 허용하며, 승무원이 다른 승객의 도움을 받아 납치범을 제압할 수 있는 권한을 부여한다. 범죄자의 처벌은 항공기가 등록된 국가의 법에 따라 이루어지며, 협약에 서명한 국가는 기장이 문제 승객을 항공기에서 하기시키는 것을 허용한다.

헤이그 협약

헤이그 협약은 1970년에 발효된 협약으로, 항공기 납치와 관련된 14개의 조항을 포함하고 있다. 이 협약은 국제선 항공편에만 적용되며, 납치와 관련된 정부 지침을 제공한다. 협약의 주요 내용은 납치범을 처벌하고, 항공기 납치 사건에 대한 국제 협력을 강화하는 것이다.

시카고 협약의 부속서 17(Annex 17)

시카고 협약의 부속서 17은 국제민간항공국(ICAO)에서 발간한 지침으로, 국제 항공보안 규정을 준수하는 국가 기관 및 항공사의 모범 사례를 포함하고 있다. 이 지침은 각 국가가 자체적인 국가항공보안 프로그램을 만들도록 권장하며, 항공사 운영자에게 객실승무원 교육, 검사, 보안 패스 문제, 승객 검색 등의 요구 사항을 제공한다. 또한, 지상에 있는 항공기의 보안 유지와 케이터링 장비에 대한 지침도 포함되어 있다.

국가항공보안 프로그램

국가항공보안 프로그램은 국내 항공과 관련된 일반적인 필요 사항을 요약하여 제공한다. 이 프로그램은 항공사 및 공항 보안 절차를 규정하며, 항공사 운영자에게 객실승무원 교육, 검사, 보안 패스 문제, 승객 검색 등의 요구 사항을 제공한다. 또한, 항공기 보안 유지와 케이터링 장비에 대한 지침도 포함되어 있다.

담당기관의 검사

각국의 담당기관은 공항과 항공기 객실을 점검하여 규칙이 준수되고 있는지 확인한다. 객실승무원은 업무 중에 검사관을 만나게 되며, 검사관의 자격을 확인한 후 기내로 안내하고 필요한 도움을 제공해야 한다. 검사관은 객실승무원이 보안 절차와 장비에 대해 잘 이해하고 있는지 확인하기 위해 질문할 수 있다. 만약 검사원이 보안 절차가 올바르게 수행되지 않는다고 판단하면, 항공사에 집행 통보서를 보내고 문제를 해결할 시간을 제공한다. 반복적인 문제 발생 시 항공사의 운영 허가가 취소될 수 있다.

이와 같이 국제 항공보안 협약과 규정은 항공기의 안전을 보장하기 위해 마련된 중요한 제도들이다. 객실승무원은 이러한 규정을 숙지하고, 보안 절차를 철저히 준수하여 승객과 항공기의 안전을 유지해야 한다.

5) 항공보안의 발전

2001년 9월 11일 사건 이후 항공보안체계는 많은 변화를 겪으며 강화되었다. 이러한 보안 강화 조치들은 잠재적인 위협을 예방하고 승객과 항공기의 안전을 보장하기 위해 도입되었다.

감시대상명단

일부 정부 기관은 잠재적인 테러 활동을 감시하기 위해 감시대상명단을 작성한다. 이 명단에는 해당 국가의 거주자 또는 방문자의 정보가 포함되며, 이를 통해 국가 안보를 강화한다.

사전 승객 정보 시스템(APIS)

승객은 항공권 예약 시 여권과 비자 정보를 입력해야 하며, 항공사는 이를 수집해 항공편 출발 전에 출입국 관리국에 제출한다. 이 시스템을 통해 출입국관리소와 국경 관리국은 모든 승객의 신상 정보를 확인해 우려할 만한 승객을 차단한다. 무고한 승객이 감시명단에 있는 사람과 이름이 같을 경우 불편을 겪을 수 있다.

위험 기반 보안

위험 기반 보안 프로세스는 테러 위험이 높은 노선에서 사용되었으며, 이제는 더 널리 채택되고 있다. 보안 요원은 탑승 수속 전에 각 승객의 프로파일을 작성하고 여행 목적, 체류 기간 등을 질문해 문제점을 찾아낸다.

신뢰할 수 있는 여행자 프로그램

정기적으로 여행해야 하는 일반 여행자를 위한 프로그램으로, 등록된 여행자는 사전에 신원이 확인되고 국경에서 더 빠른 출입국 심사를 받을 수 있다.

생체 인식 여권

생체 인식 여권에는 전자 칩이 포함되어 있으며, 위조가 어렵고 자동 판독이 가능해 신속한 처리가 가능하다. 홍채 인식 프로그램과 지문 인식 기술도 사용된다.

폭발물 탐지

많은 국가에서 승객의 기내 수하물을 무작위로 검사하는 프로그램을 도입했다. 보안 검사 지점에서 직원이 기내 수하물 안팎을 작은 천 조각으로 닦아 화학 분석을 한다.

조종실 보안

2001년 9월 11일 이후 모든 항공기에 잠글 수 있는 전자식 조종실 문이 설치되었다. 조종실 문은 운항승무원만이 접근을 승인할 수 있다.

폭발 방지 수하물 컨테이너

수하물의 폭발물로 인해 항공기가 파괴되는 사고를 예방하기 위해 강화된 수하물 컨테이너가 개발되었다. 이는 폭발을 억제하고 항공기 파괴를 방지하는 역할을 한다.

고급영상기술

고급영상기술은 승객 스크리닝 장치에 사용되며, 옷을 입은 사람의 신체 이미지를 컴퓨터로 나타내 숨겨진 물건을 감지한다. 이 기술은 "백스케터" 엑스레이 기술을 사용하며, 숨겨진 항목을 쉽게 감지할 수 있다. 하지만 보안 요원이 나체 이미지를 볼 수 있다는 점에서 논란이 있다.

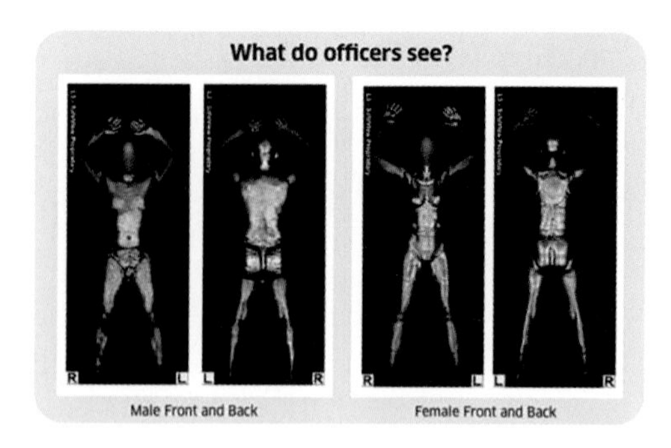

이러한 다양한 보안 조치는 항공기를 이용하는 승객과 승무원의 안전을 보장하기 위해 지속적으로 발전하고 있다.

6) 보안을 유지하기 위한 승무원의 역할

항공 운항에 관련된 모든 사람은 보안 절차를 준수하고, 의심스러운 점을 관찰하고 보고할 책임이 있다. 보안 절차는 항공사와 보안 기관이 테러를 방지하기 위해 정한 것이지만, 취약점이 존재하며 완벽한 보안을 기대하기는 어렵다. 사람의 실수와 간과가 가장 취약한 부분이므로, 객실승무원은 항상 경계를 유지해야 한다. 운항승무원과 객실승무원 모두 보안에 대해 숙지하고 있어야 한다.

객실승무원은 다음과 같은 보안 절차를 수행한다.

- 승객 수 확인
- 항공기 보안 검사
- 기내 공급품 허가
- 항공기 하기 시 감독 및 검사
- 안전과 보안에 대한 자각 유지

객실승무원이 항공기 운영지침 사본과 함께 자신의 유니폼 및 신분증을 지키는 것은 매우 중요하다. 테러리스트는 보안 절차 정보를 얻기 위해 운영지침서를 사용하거나, 유니폼으로 공항이나 항공사 사무실에서 직원으로 위장할 수 있다. 따라서 이러한 품목의 분실이나 도난은 항공사에 즉시 보고해야 한다.

객실승무원은 가방을 꾸릴 때 자신의 가방 내용물을 정확히 알아야 한다. 가족이나 파트너가 짐을 꾸리는 것을 피하고, 내용을 모르는 짐이나 편지는 휴대하지 않는다. 객실승무원은 항상 보안검사를 올바르게 수행해야 한다. 공항 직원이 서둘러 승객을 탑승시키려 할 때에도, 승무원은 안정적이고 전문적으로 검사를 수행해야 한다.

객실승무원은 항공기에 탑승하여 기내에 숨겨진 물품이 없는지 확인해야 한다. 조종실 출입 시기, 기내, 갤리, 화장실에 대한 정기적인 검사를 포함한 항공 보안 절차를 철저히 준수해야 한다. 테러리스트가 이용할 수 있는 틈새를 알고, 이를 최소화하는 방법을 이해해야 한다. 예를 들어, 객실승무원이 예측 가능한 절차를 따르면 테러리스트는 이를 이용해 공격할 수 있으므로, 이를 방지해야 한다.

기내에서 승객 행동을 모니터링하여 의심스러운 활동의 징후를 찾아내야 한다. 숙련된 객실승무원은 승객 행동에서 정상이 아닌 것을 쉽게 인식할 수 있다. 개인이나 상황에 대한 직감은 학습된 분석보다 정확할 수 있다. 의심스럽거나 특이한 점이 있으면 즉시 보고해야 한다. 항공기 내에서는 객실 사무장과 기장에게, 공항에서는 보안 요원에게 즉시 알리고 항공사의 보고 절차에 따른다.

2 항공안전 위협 승객

1) 불법 행동 대응을 위한 규제 환경

도쿄 협약은 185개국이 서명한 국제 협약으로, 국제 항공편의 탑승자나 항공기의 안전을 위협하는 행위에 적용된다. 이 협약에 따르면, 서명한 국가의 항공사는 항공기, 시스템, 승객 또는 승무원을 방해하는 사람을 기소할 수 있으며, 기장은 불법 행동을 하는 사람에 대해 신체적 구속을 명령할 수 있다.

기내 난동을 억제하기 위해 2014년에 국제 인도법 회의가 개최되었고, 이 회의 결과로 체결된 몬트리올 의정서는 도쿄 협약의 내용을 보완하여 항공사의 사법권을 항공편 도착 국가까지 확장했다. 몬트리올 의정서는 기내 난동 행위에 대한 정의를 더 명확히 하며, 위협이나 실제 신체적 공격, 안전 지침 준수 거부 등을 포함한다.

국제적으로 비행하는 승무원은 이 규정을 알고 있어야 한다. 도쿄 협약이 적용되지 않는 경우, 항공기 내에서 발생하는 범죄는 현지 법에 따라 처리된다. 이는 도쿄 협약과 다를 수 있지만, 일반적으로 승객에 대한 공격을 허용한다. 기장에게 혼란을 일으키는 승객을 제지할 권한이 없을 수도 있지만, 일반적인 자기방어법은 승무원이 자신을 보호하기 위해 합당한 예방 조치를 취할 수 있도록 한다. 객실승무원은 합리적인 행동을 결정해야 하며, 때로는 그 행동에 대한 이유를 법원에서 증명해야 한다.

2) 가장 낮은 수준의 불법 행동

기내 소란은 승객이 언어적으로 학대하거나 안전 요청을 준수하지 않는 경우가 많다. 이는 많은 항공편에서 발생하지만, 심각하지 않다.

객실승무원은 대인 관계 기술을 사용해 이러한 분쟁을 해결한다. 그러나 승객의 행동이 육체적으로 공격적이거나 폭력적으로 변하면, 객실승무원은 즉시 상황을 파악하고 보호 조치를 취해야 한다.

다음과 같은 행동은 받아들일 수 없으며, 도쿄 협약에 따라 기소될 수 있다.

- 객실이나 탑승자의 안전 위협 : 승객이 구명조끼, 소화기, 연기 감지기 등 안전 장비를 훼손하거나, 승무원이 안전 또는 의료 사고를 처리하는 것을 방해하는 경우이다.
- 술에 취한 상태 : 항공기에서 술에 취하는 것은 위반 사항이다. 객실승무원은 승객이 중독의 징후를 보이는지 인지해야 한다.

- 흡연 : 기내 흡연은 허용되지 않는다. 2013년 이후 항공사에서 흡연을 허용하는 경우는 거의 없다.
- 기장의 합법적인 지시 불이행 : 좌석벨트 착용 사인이 켜진 후 앉기를 거부하는 경우이다. 기장의 지시를 무시하는 모든 행위는 불복종으로 간주된다.
- 업무 방해 행위 : 승무원에게 위협적이거나 모욕적인 말을 사용하거나, 승무원의 업무 수행을 방해하는 경우이다. 객실승무원은 승객의 불만이나 논쟁을 해결하는 데 대인 관계 기술을 사용해야 한다. 출입국 당국에 의해 추방되는 승객은 종종 소란 행위를 일으킬 수 있다. 추방자들은 비행기에서 내려질 만큼 방해 행동을 하지만, 이륙 후에는 올바르게 행동하게 된다. 객실승무원은 다른 승객의 불편을 최소화하고, 특정 승객의 행동이 다른 사람의 안전을 위태롭게 하는지를 판단해야 한다.

객실승무원은 항상 승객을 관찰하여 실제로 무슨 일이 일어나는지 파악해야 한다. 의심스럽거나 특이한 것이 있으면, 작거나 중요하지 않더라도 항상 보고한다. 항공기 내에서 비정상적인 것에 대해 즉시 객실 사무장과 기장에게 보고해야 한다. 공항의 수상한 물건이나 사람의 행동은 터미널 내 보안요원에게 알리고, 항공사에 보고한다.

객실승무원은 테러리스트가 사용할 가능성이 있는 틈새와 기회를 알아야 하며, 그러한 기회가 최소화될 수 있도록 해야 한다. 예를 들어, 객실승무원이 예측 가능한 절차를 따르는 경우, 테러리스트는 다음 방문 시간을 예상하고 이를 이용하여 공격할 수 있다. 객실승무원은 항공기에 탑승하여 기내에 숨어 있는 것이 없는지 확인하고, 조종실 출입 시기, 기내, 갤리, 화장실에 대한 정기적인 검사를 포함하는 항공보안 절차를 철저히 준수해야 한다.

3) 2단계 수준의 불법 행동

승객의 소란 행위가 계속될 경우, 객실 사무장은 기장에게 이를 보고하고, 기장은 다른 승객이나 승무원의 안전을 위협할 가능성이 있는지 판단한다. 기장은 도쿄 협약에 따라 소란 승객을 제지할 수 있으며, 신체적 구속은 최후의 수단으로 간주한다.

항공사 절차에 따라, 기장의 승인하에 소란 승객에게 2단계 경고를 시행한다. 이 경고는 추가 조치가 있을 수 있으며, 승객을 내리기 위해 임시 착륙할 수 있다는 사실을 알리는 내용이다. 또한, 임시 착륙에 따른 모든 비용을 승객이 부담하며, 국가 기관에 의해 구속될 수 있다는 점도 포함된다. 일부 항공사는 2단계 경고를 위해 카드를 사용하지만, 일반적으로는 객실승무원이 구두로 알린다. 이 경고 이후에도 소란이 멈추지 않으면, 법집행관을 호출하여 승객을 체포할 수 있다.

다음은 필요한 정보 제공 사항이다.

- 관련된 승객 수 : 소란 행위에 관련된 모든 승객 수를 보고한다.
- 행동 설명 : 방해 승객의 행동에 대한 정확하고 상세한 설명을 포함하며, 자신이나 타인에게 상해가 발생했는지, 방해 승객이 여전히 업무를 방해하고 있는지에 대한 상황을 보고한다.
- 승무원의 조치 : 상황을 해결하기 위해 승무원이 취한 조치를 상세히 기록한다.
- 승객의 이름과 좌석 번호 : 관련된 승객의 이름과 좌석 번호를 명시한다.
- 주된 증인 : 객실승무원 또는 다른 승객이 주된 증인이 될 수 있으며, 사건이 기소되면 증인은 법원 청문회에 참석해야 한다. 당국이 승객을 체포하거나 고소할 경우, 증인은 사건에 대한 진술서를 제출해야 한다.

이러한 절차는 기내 안전을 유지하고, 소란 행위를 효과적으로 억제하기 위한 중요한 방법이다. 객실승무원은 평소에도 기민하게 대응하며, 필요한 상황에서 즉각적인 조치를 취할 준비가 되어 있어야 한다.

항공기가 도착하면 해당 기관이 문제를 일으킨 승객을 하기시킨다. 승객이 협조적이면 스스로 내리도록 하고, 객실승무원이 안내한다. 반면, 승객이 여전히 소란을 피우거나 묶여 있는 경우 보안팀이 먼저 탑승해 해당 승객을 하기시킨 후 다른 승객이 내리도록 한다. 객실 사무장은 착륙 전에 승무원과 논의해 착륙 후 수행할 추가 업무와 승객 좌석 유지 여부를 알려야 한다.

모든 증인은 당국에 자세한 진술서를 제출해야 하며, 경찰서에 출석할 수도 있다. 객실승무원은 기소를 위해 당시 본 것과 느낀 모든 것을 기록해야 하며, 진술 전 서로 의논하지 않아야 한다. 이는 서로 영향을 미쳤다는 증거가 되어 결과에 영향을 줄 수 있기 때문이다. 사건 발생 당시의 기록을 남기고 이를 증거로 제출하는 것이 가장 좋다. 진술서는 실제 사실에 충실하고 감정적인 언어를 피해야 한다. 항공사는 승객이 비행 안전운항에 영향을 주었을 경우, 정상적인 안전보고 시스템을 통해 사고에 대한 서면 보고를 요구한다.

4) 방해 승객 구속

승객이 행동을 개선하지 않을 경우, 기장은 최후의 수단으로 신체적 구속을 명령할 수 있다. 일부 항공사는 안전보안장비를 비치하고 있으며, 여기에는 수갑, 여분의 좌석 벨트 또는 케이블타이Tie wrap이 포함된다.

각 항공사는 법적 절차에 따라 승객을 안전하게 제지하는 방법을 마련해야 한다. 결박 후에는 객실승무원이 절차를 정확히 수행하고 승객의 안전을 확보해야 하며, 법적 진술을 조속히 준비하고 승객의 인권에 충분히 주의를 기울여야 한다.

객실승무원은 결박된 승객의 인권에 책임을 지며, 상해를 방지하기 위해 주의를 기울여야 한다. 결박된 승객을 혼자 두지 않고, 호흡이 정상인지와 결박 부위가 너무 조여 피가 통하지 않는지 주의 깊게 관찰해야 한다. 결박된 상태에서도 혼란을 일으킬 수 있지만, 질식 위험을 줄이기 위해 얼굴을 가리지 않는다. 대피 상황에서는 다른 승객이 결박된 승객을 도울 수 있도록 브리핑을 받는다.

신체적 구속은 최후의 수단이며, 객실승무원은 전문성과 평온한 분위기를 유지해야 한다. 결박된 승객을 풀어주려는 시도를 방지하고, 결박 전에 협상과 분위기 안정을 통해 문제를 해결하려 노력해야 한다. 방해 승객이 증가하고 있지만, 실제로 결박되는 경우는 드물다. 객실승무원은 상황을 잘 관리하여 신체적 구속을 피할 수 있도록 주력해야 한다.

3 불법 간섭

1) 불법 간섭의 유형

테러리스트 조직은 혼란과 두려움을 유발하고 그들의 동기와 신념을 홍보하기 위해 활동한다. 이러한 조직들은 자금, 무기, 훈련 등을 제공받아 활동하며, 정치적 또는 종교적 동기를 가지고 있다. 가장 유명한 예로는 2001년 9월 11일 사건을 일으킨 알카에다가 있다. 이 조직은 극단적인 이슬람 해석을 바탕으로 다른 종교를 공격 대상으로 삼는다. 주요 테러 행위로는 자살 폭탄 테러, 폭탄 설치, 항공기 납치 등이 있다.

자살 폭탄 테러의 사례로는 2004년 8월 24일 두 대의 항공기가 모스크바 도모데도보 공항에서 출발한 후 폭발한 사건이 있다. 이 사건으로 탑승객 전원이 사망했으며, 체첸 자살 폭탄 테러범이 관련된 것으로 밝혀졌다.

폭탄 설치의 사례로는 1985년 6월 23일 에어인디아 보잉 747호가 대서양 상공에서 폭발하여 329명이 사망한 사건이 있다. 이 폭발은 시크교 극단 테러리스트가 설치한 폭발물에 의한 것이며, 같은 시기에 다른 항공기에서도 폭발 사건이 발생했다.

항공기 납치의 사례로는 1986년 9월 팬아메리칸 항공기가 카라치에서 무장 테러리스트에 의해 납치hijack된 사건이 있다. 이 사건은 17시간 동안 지속되었으며, 최종적으로 특별 지상 작전 부대의 개입으로 많은 승객이 대피했지만, 22명이 사망하고 다수가 부상을 입었다.

2) 납치 상황

항공기 납치hijack는 다양한 동기와 경험에 따라 발생한다. 망명이나 피난을 목적으로 한 납치 시도는 일반적이며, 무기 사용 가능성은 낮다.

객실승무원은 협상을 통해 상황을 신속히 해결하고 악화를 방지한다. 정신적으로 불안정한 납치범은 동기가 불분명하고 예측 불가능한 행동을 보일 수 있다. 범죄 수익을 목적으로 한 납치는 드물며, 대부분의 납치는 테러리스트에 의해 이루어진다. 테러리스트는 조직적이고 철저히 준비된 상태에서 항공기를 납치하며, 평화적 해결을 원하지 않는다. 초기에는 공포를 조성하고 승객과 승무원을 제압하려 시도한다. 객실승무원은 침착함을 유지하고 승객을 진정시키는 데 중점을 둔다.

납치 상황을 해결할 때, 객실승무원은 다음 사항을 고려한다.

- 출구 근처에서 위치를 확보하고, 필요한 경우 출구를 작동할 준비를 한다.
- 통로를 비워 구조 대원의 접근을 용이하게 한다.
- 침착하게 움직이고 승객의 통제를 유지하여 불필요한 이동을 방지한다.
- 납치범과 승객에 대한 정보를 수집하여 필요한 경우 당국에 제공할 수 있도록 한다.
- 항공기 대피에 대비해 탈출구와 탈출 장치의 작동 방법을 숙지한다.

객실승무원은 이러한 상황에서 신속하고 효과적으로 대응하기 위해 철저한 훈련과 준비가 필요하다. 납치 상황의 심각성을 인지하고, 승객과 자신의 안전을 최우선으로 생각하며 대응한다.

3) 폭탄 위협과 대응

폭탄 위협은 항공사에 자주 발생하지만, 대부분 신뢰할 만한 위협이 아니다. 주로 불만을 품은 직원, 승객, 정신적 문제를 가진 개인이 위협을 가한다. 테러리스트들은 실제 폭발을 목적으로 할 때 사전 경고를 하지 않는다. 폭탄 위협은 범죄 행위로 간주되며, 발생 시 관할 당국에 의해 조사되고 처벌된다.

폭탄 위협이 발생하면 훈련된 폭탄 전문가가 위협 진위 여부를 평가한다. 평가 결과는 적색, 황색, 녹색으로 나뉘며, 각각 즉각적인 조치, 일부 조치, 추가 조치가 필요하지 않음을 의미한다. 기장은 이 평가를 바탕으로 착륙지나 회항을 결정한다. 적색 위협의 경우 가능한 빨리 착륙하여 신속한 대피를 목표로 한다.

지상에서 위협이 발생하면 기장은 비상 대피나 통제된 신속한 하기를 결정한다. 이는 승객이 항공기를 떠나면서 수하물을 가져가도록 하여 객실을 검색할 수 있게 한다. 위협 수준에 따라 보안검색 기관이나 승무원이 검색을 수행할 수 있다.

운행 중 위협이 발생한 경우, 기장은 객실 사무장에게 비상 브리핑 절차를 설명한다. 착륙 지점까지 시간이 소요될 경우, 기장은 객실 승무원에게 기내 검색을 요청할 수 있다. 검색은 장벽 검색 방법을 사용하여 승객을 한쪽 통로에 서게 하고, 빈 좌석을 철저히 검색하는 방식으로 이루어진다. 이 과정에서 기내 방폭담요와 방폭조끼는 폭발물 위협을 관리하기 위한 중요한 안전 장비로 사용된다. 검색이 완료되면, 승무원은 가능한 빠른 시간 내에 가까운 공항에 비상 착륙이나 신속한 하기를 준비한다.

4) 의심스러운 장치 찾기

폭발 장치(IED)는 변형된 폭발 장치로도 알려져 있으며, 다음 세 가지 핵심 구성 요소로 이루어져 있다.

- 전원 공급원(Power Source) : 전원 공급원은 배터리, 휴대 전화, 손목시계와 같은 개인 전자 장치일 수 있다.
- 기폭 장치(Detonator) : 기폭 장치는 전원에 연결될 때 작은 점화나 폭발을 일으켜 더 많은 양의 폭발물을 발화시키는 작은 장치이다.
- 폭발물(Explosives) : 폭발물은 액체 및 고체를 비롯한 다양한 형태로 제공되며, 쉽게 눈에 띄지 않도록 모양을 변형할 수 있다.

항공보안 교육 프로그램은 객실승무원이 폭발 장치를 인식하는 방법을 교육한다. IED Improvised Explosive Device는 일반 품목에 숨겨져 있을 수 있으며, 기내 검색 시 승무원은 잘 맞지 않는 물건을 주의 깊게 살펴야 한다. 의심스러운 물건은 모두 잠재적인 폭발 장치로 간주해야 하며, 모든 물건을 검사하는 것보다 시간을 절약할 수 있다. 발견된 미개봉 품목은 이전 승객의 분실물로 보고하고, 특이한 장소에 있는지 평가해야 한다. 장치를 발견하면 기장에게 보고하고, 지상 보안 요원과 통신하여 전문 의견을 받는다.

기장은 장치의 색상, 모양, 위치, 외관, 표시, 액체나 기름의 징후 등 모든 세부 사항을 기록하고, 필요시 그림이나 사진을 제공한다. 지상 보안 요원이 장치 이동이 안전하다고 판단하면 피해최소지역(LRBL Least Risk Bomb Location)로 이동시킨다. 피해최소지역은 폭발 시 피해를 최소화할 수 있는 항공기의 특정 부분이며, 일반적으로 최하단 문 근처에 위치한다.

장치를 옮길 때는 흔들리지 않도록 주의하고, 발견된 각도를 유지하며 천천히 움직인다. 다른 객실승무원은 통로를 비워주고, 좌석 벨트나 수하물에 걸리지 않도록 한다. 가능하다면 슬라이드를 해제하고, 식별 가능한 항목을 제거하여 LRBL을 준비한다. 부드러운 물품을 모아 견고한 플랫폼을 만들어 바닥을 보호한다.

LRBL에 도착하면 장치를 고정하고 부드러운 물품으로 덮는다. 코트, 수하물, 담요, 시트 쿠션 등을 이용해 천장까지 쌓아 올린다. 장치가 폭발하면 부드러운 물체가 경로를 방해해 장치를 실내가 아닌 문을 통해 외부로 밀어낸다.

연습문제

01 불법적인 방해 행위에 포함되지 않는 것은 무엇인가?

A. 승무원 안전 의무 방해
B. 폭발 장치 설치 위협
C. 항공기 납치
D. 항공기 연료 공급

02 다음 중 항공기의 보안 유지와 케이터링 장비에 대한 지침을 포함한 국제민간항공국(ICAO)에서 발간한 지침은 무엇인가?

A. 도쿄 협약
B. 헤이그 협약
C. 시카고 협약의 부속서 17
D. 국가항공보안 프로그램

03 승객이 항공권 예약 시 여권과 비자 정보를 입력해야 하며, 항공사는 이를 수집해 항공편 출발 전에 출입국 관리국에 제출하여 출입국관리소와 국경 관리국이 모든 승객의 신상 정보를 확인할 수 있도록 하는 시스템은 무엇인가?

A. 신뢰할 수 있는 여행자 프로그램
B. 사전 승객 정보 시스템 (APIS)
C. 위험 기반 보안
D. 감시대상명단

04 항공기에서 전염병이 의심되는 승객이 발견될 경우, 객실승무원이 취해야 할 조치로 올바른 것은 무엇인가?

A. 승객을 가능한 한 분리된 공간으로 이동시키고, 해당 위치와 초기 위치를 청소하도록 지시한다.
B. 승객에게 기침을 할 때 손으로 입을 가리도록 한다.
C. 승객의 의사를 물어 치료를 거부하면 그대로 두고 다른 승객을 돌본다.
D. 승객을 즉시 비행기에서 내리도록 조치한다.

05 도쿄 협약과 몬트리올 의정서의 주요 차이점은 무엇인가?

A. 도쿄 협약은 항공기 납치만을 다루고, 몬트리올 의정서는 모든 기내 불법 행위를 다룬다.
B. 도쿄 협약은 기내 난동에 대한 정의를 명확히 하고, 몬트리올 의정서는 항공사 사법권을 확장한다.
C. 도쿄 협약은 항공사에 승객 구속 권한을 주고, 몬트리올 의정서는 항공기 보안을 담당한다.
D. 도쿄 협약은 국제 항공기 안전을 위협하는 행위에 적용되고, 몬트리올 의정서는 항공기 납치에만 적용된다.

06 객실승무원이 기내에서 발생하는 가장 낮은 수준의 불법 행동에 대응할 때 주로 사용하는 기술은 무엇인가?

A. 법적 조치를 취한다.
B. 승객을 기소한다.
C. 대인 관계 기술을 사용하여 분쟁을 해결한다.
D. 승객을 신체적으로 제압한다.

07 기장이 도쿄 협약에 따라 소란 승객을 제지할 때, 2단계 경고는 어떤 내용을 포함하는가?

A. 기내에서 발생한 소란 행위에 대한 경고와 추가 조치의 가능성을 알린다.
B. 승객에게 구속될 수 있다는 경고와 모든 비용을 부담할 가능성을 알린다.
C. 소란 행위로 인해 기내 안전이 위협받고 있음을 알린다.
D. 소란 행위가 계속되면 기내에서 내릴 것을 명령한다.

08 항공기 납치 상황에서 객실승무원이 취해야 할 조치로 올바르지 않은 것은?

A. 비상구 근처에서 위치를 확보하고 출구를 작동할 준비를 한다.
B. 통로를 비워 구조 대원의 접근을 용이하게 한다.
C. 납치범과 적극적으로 대치하고 협상을 시도한다.
D. 납치범과 승객에 대한 정보를 수집하여 필요한 경우 당국에 제공한다.

09 폭탄 위협 발생 시 객실승무원이 수행해야 하는 기본 절차로 적절하지 않은 것은 무엇인가?

A. 폭탄 위협의 진실성을 평가하고 기장에게 보고한다.
B. 기내 검색을 위해 승객을 한쪽 통로로 모은다.
C. 발견된 의심스러운 장치를 피해최소지역(Least Risk Bomb Location)로 이동시킨다.
D. 발견된 장치를 즉시 폐기하거나 무력화한다.

10 다음 중 항공기 내에서 폭발 장치(IED)를 찾는 방법으로 적절한 것은 무엇인가?

A. 기내 모든 물건을 철저히 검사하는 것보다 의심스러운 물건에 집중한다.
B. 발견된 미개봉 품목은 항상 폭발 장치로 간주하고 처리한다.
C. 발견된 장치는 승무원이 안전하다고 판단되면 즉시 제거한다.
D. 발견된 장치의 색상, 모양, 위치, 외관, 표시 등을 무시한다.

정답과 해설

번호	정답	해설
01	D	항공기 연료 공급은 항공기의 정상적인 운영 절차 중 하나이며, 불법적인 방해 행위에 포함되지 않는다. 불법적인 방해 행위에는 승무원 안전 의무 방해, 폭발 장치 설치 위협, 항공기 납치 등이 포함된다.
02	C	시카고 협약의 부속서 17은 국제민간항공국(ICAO)에서 발간한 지침으로, 각 국가가 자체적인 국가항공보안 프로그램을 만들도록 권장하며, 항공사 운영자에게 객실승무원 교육, 검사, 보안 패스 문제, 승객 검색 등의 요구 사항을 제공한다. 또한, 지상에 있는 항공기의 보안 유지와 케이터링 장비에 대한 지침도 포함되어 있다.
03	B	사전 승객 정보 시스템(APIS)은 승객이 항공권 예약 시 여권과 비자 정보를 입력해야 하며, 항공사는 이를 수집해 항공편 출발 전에 출입국 관리국에 제출함으로써 출입국관리소와 국경 관리국이 모든 승객의 신상 정보를 확인해 우려할 만한 승객을 차단할 수 있게 한다.
04	A	전염병이 의심되는 승객이 있을 경우, 객실승무원은 해당 승객을 가능한 한 분리된 공간으로 이동시키고, 해당 위치와 초기 위치를 청소하도록 지시하는 것이 중요하다. 손으로 입을 가리는 것은 충분하지 않으며, 승객의 상태가 심각하면 의료 지원을 요청하고 지시에 따라 조치해야 한다. 비행 중에는 승객을 내리게 할 수 없으므로, 가능한 최선의 대응을 해야 한다.
05	B	도쿄 협약은 국제 항공기 안전을 위협하는 모든 행위에 적용되며, 기장이 불법 행동을 하는 사람에 대해 신체적 결박을 명령할 수 있도록 한다. 몬트리올 의정서는 기내 난동 행위에 대한 정의를 명확히 하고, 항공사 사법권을 항공편 도착 국가까지 확장한다.
06	C	객실승무원은 기내 소란과 같은 가장 낮은 수준의 불법 행동에 대응할 때 주로 대인 관계 기술을 사용하여 분쟁을 해결한다. 이는 승객과의 언어적 소통을 통해 문제를 해결하고, 상황을 안정시키는 방법이다.
07	B	기장이 도쿄 협약에 따라 소란 승객을 제지할 때 2단계 경고는 승객에게 구속될 수 있다는 경고와 임시 착륙에 따른 모든 비용을 승객이 부담할 가능성을 알리는 내용이 포함된다.
08	C	객실승무원은 납치 상황에서 납치범과 적극적으로 대치하고 협상하는 대신, 침착함을 유지하고 승객을 진정시키며, 비상구 근처에서 위치를 확보하고 비상구를 작동할 준비를 해야 한다. 또한, 납치범과 승객에 대한 정보를 수집하여 필요한 경우 당국에 제공하는 것이 중요하다.
09	D	폭탄 위협 발생 시, 객실승무원은 진실성 평가 후 기장에게 보고하고, 기내 검색을 통해 의심스러운 장치를 찾는다. 장치를 발견하면 피해최소지역으로 이동시키며, 이를 즉시 폐기하거나 무력화하는 것은 보안 전문가의 판단과 지시를 받아야 한다.
10	A	기내에서 폭발 장치를 찾는 가장 효율적인 방법은 모든 물건을 철저히 검사하는 것보다 의심스러운 물건에 집중하는 것이다. 발견된 미개봉 품목은 이전 승객의 분실물로 보고 특이한 장소에 있는지 평가해야 한다. 발견된 장치를 제거하기 전에 보안 요원의 안전 여부 판단이 필요하며, 장치의 색상, 모양, 위치, 외관, 표시 등을 기록하여 기장에게 보고하는 것이 중요하다.

제8장

고객 서비스와 승객과의 상호 작용

1 고객 서비스 환경

1) 우수한 고객 서비스

항공사가 객실승무원을 고용하는 주요 이유는 항공기와 승객의 안전 및 보안을 위해서이다. 그러나 승객이 주로 기억하는 것은 객실승무원의 서비스 부분이다. 객실승무원은 항공사의 중요한 마케팅 도구로, 승객이 동일 항공사를 계속 이용하도록 유도하는 데 중요한 역할을 한다. 저비용 항공사가 주도하는 현재 항공 산업에서는 식사와 음료 제공만으로는 충분한 고객 서비스를 제공하기 어렵다. 따라서 객실승무원의 태도와 행동이 승객이 항공사를 선택하는 데 매우 중요한 요소가 된다.

비행이 항상 편안한 경험은 아니지만, 훌륭한 객실승무원은 승객을 편안하게 하고 비행 중 스트레스를 줄여준다. 승객 만족을 통해 객실승무원은 질서 정연한 객실을 유지하고, 승객에게 잊지 못할 추억을 제공한다. 우수한 고객 서비스를 위해 객실승무원은 모든 일에 숙련된 지식, 기술 및 태도를 보여야 한다.

(1) 지식

승객들은 객실승무원이 항공기 운영, 공항 절차, 안전, 보안 및 의료 절차에 대해 충분히 알고 있다고 생각한다. 따라서 객실승무원은 항공사, 공항, 세관 및 이민 규정, 교통편, 목적지 현지 시각, 인기 목적지 비행편 연결, 터미널 간 이동, 현지 관습 등에 대해 잘 알고 있어야 한다. 승객은 비행과 관련된 모든 질문을 객실승무원에게 하고, 객실승무원이 필요한 정보를 제공하는 것을 고마워한다.

(2) 기술

훌륭한 승무원과 평범한 승무원을 구별하는 몇 가지 대인 관계 기술은 다음과 같다.

듣기

객실승무원은 고객의 문제를 분명히 이해해야 한다. 특히 언어 차이나 다른 방해 요소가 있을 때, 능동적인 청취가 중요하다. 고객의 말을 듣고 문제를 인지하고 이해했는지를 확인하는 시간이 필요하며, 신체 언어를 사용해 적극적으로 참여한다.

커뮤니케이션

객실승무원은 자신을 명확하게 표현하고 모든 질문에 답변할 수 있어야 한다. 항공사는 문답의 예를 제공하며, 승무원은 상황에 맞게 대화 방식을 조정해야 한다. 분명하고 침착하며 확신 있게 말하는 것이 중요하다.

공감

객실승무원은 고객의 문제를 이해해야 한다. 자신이 그 상황에 있을 때 어떤 감정일지를 상상하여 적절한 해결책을 찾는다.

보디랭귀지

커뮤니케이션 연구에 따르면, 메시지의 20%만이 단어로 전달되며, 나머지는 보디랭귀지로 전달된다. 반면, 메어비안 법칙Mehrabian's Rule에 따르면, 언어적 요인은 7%, 청각적 요인(목소리)은 38%, 비언어적 표현(바디랭귀지, 태도, 표정)은 55%를 차지한다. 이러한 법칙들은 단어보다는 목소리와 비언어적 요소가 메시지 전달에 큰 영향을 미친다는 것을 강조하고 있다. 긍정적인 결과를 위해 신체 언어를 조심스럽게 관리해야 하며, 고객의 문제를 도울 때 팔짱을 끼는 등 방어적인 자세를 피한다.

감정 관리

객실승무원은 고객 앞에서 항공사를 대표한다. 고객의 불만을 사적으로 받아들이지 말고, 방어적으로 행동하지 않도록 한다. 모든 문제를 개인에게 돌리면 정서적으로 힘들어질 수 있다.

상황 평가

객실승무원은 회사 지침이나 절차를 벗어나 행동할 때가 있다. 항공사는 일반적인 상황을 다루기 위한 규칙을 제공하지만, 모든 사건에 대비할 수는 없다. 객실승무원은 경험을 쌓아 상황을 인식하고 문제를 해결할 수 있어야 한다.

(3) 태도

태도는 객실승무원의 예의와 관련된 고객 서비스 훈련의 어려운 부분이다. 태도는 인생 경험에 의해 형성되기 때문에 변경하기 어렵다. 객실승무원의 고객 서비스에 대한 태도는 승객을 도우려는 의지에 영향을 준다. 채용 인터뷰에서 항공사는 승무원의 잠재적인 태도를 파악하기 위한 질문을 하며, 역할극과 그룹 평가 중에 바람직한 태도를 보일 것을 요구할 수 있다.

고객 서비스에 영향을 미치는 태도의 예로는 바람직한 태도와 바람직하지 않은 태도가 있다. 바람직한 태도에는 긍정적, 명랑함, 유익함, 돌봄, 공감, 편안함, 따뜻함, 친밀함, 상상력, 기대 이상으로 참여할 의지가 포함된다. 반면, 바람직하지 않은 태도에는 냉정함, 폐쇄적 태도, 비참함, 무관심, 스트레스, 부정적인 관점, 자신의 일 외에는 상관하지 않음이 포함된다.

탁월한 고객 서비스는 설명서에 있는 절차가 아닌 객실승무원의 개별적인 서비스에서 나온다. 승무원이 우수한 고객 서비스를 제공하지 않으면 승객의 불만이 커지고, 고객 만족도가 떨어져 승객은 다음 예약을 경쟁사에 하게 된다. 이는 항공사의 수익에 부정적인 영향을 미친다.

객실승무원이 항상 훌륭한 서비스를 제공하면 승객은 경험을 즐기고, 승무원과의 대화가 늘어 업무가 쉬워진다. 승객은 행복하게 하기하며, 다시 같은 항공사를 이용하게 된다. 이는 항공사의 수익 창출로 이어져 새로운 제품에 투자할 수 있게 하고, 승무원이 업무 환경에 자부심을 갖게 한다.

일반적으로 승객은 항공사의 고객 서비스에 높은 기대를 한다. 대부분의 항공사는 텔레비전, 잡지, 신문 등을 통해 서비스를 광고하며, 객실승무원을 마케팅 도구로 이용해 항상 훌륭한 서비스를 제공한다는 인상을 준다. 이는 항공사의 약속이며, 항공사와 승객 모두 객실승무원이 이러한 서비스를 제공할 것으로 기대한다.

2) 우수한 고객 서비스 실천

승객이 항공기에 탑승하는 순간부터 객실승무원은 승객의 편안함과 안전을 책임진다. 최고의 객실승무원은 승객을 기다리게 하지 않고 먼저 다가가야 한다. 승객의 이름을 사용하여 탑승권과 좌석 번호를 확인하는 등의 개별화된 서비스는 승객에게 환영받는 느낌을 준다.

카타르 항공이 2023년 SKYTRAX에서 세계 최고의 비즈니스 클래스를 수상

좌석에 도착한 승객에게 개인 물품을 보관할 수 있는 공간을 안내하고, 오버헤드 빈이 가득 찬 경우 대안을 제공한다. 승객과 대화하여 필요한 물품을 예측하고 제공한다. 예를 들어, 아기 기저귀를 교체해야 하는 고객에게 더 큰 화장실의 위치를 안내하거나 유아를 안전하게 무릎 위에 앉히는 방법을 조언한다.

혼란스럽거나 불안해하는 승객을 찾아 티슈를 주거나, 도움을 줄 수 있음을 알리는 것도 중요하다. 승객의 불안감을 이해하고, 친절한 행동으로 승객의 편안함을 도모한다. 객실승무원은 승객을 개별적으로 대우하고, 문화와 관습을 존중하며, 유머를 적절히 사용한다. 예를 들어, 사별한 승객에게는 가벼운 친절함이 도움이 되지 않을 수 있다.

항상 긍정적인 언어를 사용하려고 노력한다. 특정 식사나 음료가 부족할 때는 제공할 수 없는 것에 초점을 맞추기보다 선택할 수 있는 대안을 제시한다. 객실승무원은 예상치 못한 추가적인 서비스로 승객에게 좋은 기억을 남길 수 있다. 승객은 승무원이 무엇을 하지 못했는지보다 제공된 서비스를 기억하기 때문에, 객실승무원은 지키지 못할 약속을 하거나 표준 이하의 서비스를 제공하지 않도록 주의해야 한다.

3) 어려운 상황 처리

객실승무원은 항공기, 승객과 승무원의 안전을 확보하기 위한 작업을 수행한다. 승객들은 종종 안전 규정의 중요성을 이해하지 못하고 무시하는 경우가 있어 객실승무원은 단호하게 규칙을 시행해야 한다. 단호한 태도는 공격적이지 않으며, 항상 침착함을 유지해야 한다.

항공 업계의 규칙과 규정은 사람들의 안전을 지키기 위해 존재한다. 객실승무원은 이러한 규정을 준수하며, 우수한 고객 서비스를 제공하는 데 중점을 둔다. 승무원의 주된 책임은 승객의 안전과 편안함을 보장하는 것이다.

안전 및 보안 절차를 준수할 때, 객실승무원은 "안전과 함께 서비스를 제공"해야 한다. 승객에게 권위적이지 않고 예의 바르게 규칙을 안내하고, 정중한 태도로 안전 절차를 설명하고 시행한다. 승무원의 요청이 무례하거나 위협적으로 들리지 않도록 주의해야 한다. 차분하고 부드러운 목소리와 정중한 아이컨택을 통해 승객이 요청을 따르도록 한다.

긴급 대피 상황에서는 강력하고 힘찬 어조로 직접적인 명령을 내린다. 객실승무원은 항공기 안전 절차를 잘 이해하고 있으므로, 승객들이 이를 "그냥 모르는" 이유를 이해하기 어렵다. 안전을 지키려는 승무원의 의도가 공격적이거나 무례하게 보일 수 있는 상황에서는 공감을 시도하는 것이 중요하다. 승객은 비행에 익숙하지 않거나, 다른 생각에 빠져 있을 수 있으므로, 승무원은 항공기 안전을 위해 필요한 절차를 여러 번 상기시킬 필요가 있다.

승객이 일반적인 안전 규칙을 따르지 않으려 할 때, 객실승무원은 다음과 같은 전략을 이용할 수 있다. 눈을 마주치며 미소 짓고 침착성을 유지한다. 반대를 제시할 경우 반복한다. 규칙이나 절차가 지켜져야 하는 이유를 서비스상의 단어와 문장을 사용해 설명한다. "이렇게 하는 건 어떻게 생각하시나요?" 같은 문구를 사용해 대체 제안을 한다. 승객의 이해에 대해 감사 인사를 한다.

더 많은 실습과 경험을 통해 객실승무원은 어려운 승객과의 상호작용을 더 잘 처리할 수 있다. 때때로 고객은 까다롭게 굴며 객실승무원에게 불평할 수 있다. 이를 공격으로 보지 않고, 상황을 되돌리고 고객의 신뢰를 되찾는 도전으로 간주해야 한다. 승객이 스트레스, 좌절감, 또는 두려움에 시달릴 때, "싸움" 또는 "도피" 반응을 경험할 수 있다. 객실승무원도 같은 방식으로 반응할 수 있다. 유일한 해결책은 이러한 반응이 일어날 가능성을 염두에 두고, 효과적이고 적절한 방식으로 대응하는 것이다. 객실승무원은 비상대피와 같이 스트레스가 심한 상황에서도 침착함을 유지하고 승객을 차분하게 해야 한다.

4) 싸움 또는 도피

"싸움" 또는 "도피" 반응은 신체가 위험, 새로운 상황, 또는 스트레스에 직면했을 때 일어나는 일련의 과정이다. 신경 시스템이 아드레날린 및 다른 호르몬을 혈액으로 방출하며, 이는 신체가 위험에 대항하거나 도피할 수 있도록 준비시킨다. 이 상태에서는 흥분, 불안, 불안정, 자극이 발생하고, 합리적 사고나 다른 사람과의 효과적인 협력이 어려워진다.

이 반응은 생명을 위협하는 상황뿐 아니라 일상적인 스트레스 상황에서도 발생할 수 있다. 대부분의 경우, 싸움 상태에 있는 사람은 차분하고 합리적이며 민감한 접근 방식에 반응한다.

(1) 싸움 반응을 보이는 승객

싸움 반응을 보이는 승객은 매우 화가 나거나 개인적인 스트레스를 겪는 경우에 나타난다. 스트레스와 관련이 없는 상황에서도 긴장된 반응을 보일 수 있다. 이들은 합리적이지 않고, 냉소적이거나 혐오감을 보이며, 과도하게 비판적이거나 이상한 말과 행동을 할 수 있다. 이들을 다룰 때는 차분한 대화를 유도하는 것이 중요하다. 싸움 반응을 보이는 승객을 돕는 몇 가지 전략은 다음과 같다.

승객이 화를 내는 상황은 항공편 지연이나 취소로 연결편이나 중요한 회의를 놓친 경우, 기내 수하물 공간 부족으로 위탁 수하물로 처리해야 하는 경우, 지연 또는 취소 중 정보 부족 등이 있다. 객실승무원은 승객의 분노와 혼란이 비행 안전을 위협할 수 있음을 인식해야 한다. 싸움 반응을 보이는 승객을 다룰 때는 침착성을 유지하며, 반격하거나 방어적인 진술을 피해야 한다.

다른 문화에서의 커뮤니케이션 스타일의 차이를 이해하는 것도 중요하다. 승객이 분노하거나 혐오감을 보일 때, 객실승무원은 전문적이고 침착하게 질문하여 승객의 감정을 확인해야 한다. 분노 표출 방법은 문화권마다 다르므로 이를 이해하고 대응하는 것이 바람직하다.

객실승무원의 큰 과제는 침착함을 유지하면서 감정적으로 대응하지 않는 것이다. 화를 내며 반응하는 것은 자연스러운 본능이지만, 충돌을 확대하고 문제 해결에 도움이 되지 않는다. 다른 사람의 스트레스 상황을 인식하고 충돌을 피하는 것은 객실승무원의 책임이다. 권위를 사용하는 것은 문제를 해결하지 못하며 상황을 더 악화시킬 수 있다.

(2) 도피 반응을 보이는 승객

도피 반응을 보이는 승객은 항공기나 좌석을 떠나고 싶어 하며, 신체적 반응을 더 많이 보인다. 이들은 비합리적인 반응과 태도를 보이며 다루기 어려울 수 있다. 도피 반응을 보이는 상황에는 항공기의 기계적 문제, 비행 공포, 난기류 등이 있다. 이러한 승객을 다룰 때는 주의를 다른 데로 돌려 합리적인 상태로 되돌아오게 하면 된다.

객실승무원은 조심스럽게 접근하여 신뢰를 얻고, 승객에게 공감을 보여준다. 이를 통해 승객은 정상적으로 상황을 이해하고 침착함을 찾게 된다. 싸움 반응 승객을 다루는 것과 마찬가지로, 도피 반응 승객에게도 침착성을 유지하고 감정적으로 대응하지 않는 것이 중요하다. 객실승무원은 승객의 안전을 최우선으로 생각하며, 그들의 불안감을 완화하고 비행 중 편안함을 제공하는 데 주력해야 한다.

5) 비행 공포증이 있는 승객

비행에 심각한 두려움을 느끼는 사람도 있다. 비행기로 여행하는 불안에 대처할 수 없는 일부 승객에게 비행은 무서운 일이다. 어떤 사람들은 비행기에 탑승하지 않고도 두려움을 느끼며, 어떤 사람들은 정신적 충격의 결과로 비행을 무서워한다.

객실승무원은 종종 비행을 두려워하는 승객을 만나므로 두려움을 일으키는 요소를 알아두고 대처하는 방법을 배우는 것이 중요하다. 이러한 상황에서 객실승무원은 승객에게 비행이 즐거운 경험이 될 수 있음을 확신시키고, 편안하게 만들기 위해 노력한다. 비행에 대한 두려움을 이해하는 것은 두려움을 드러내는 사람을 돕는 데 필수적이다.

비행은 실제로 가장 안전한 교통수단으로 지상 여행보다 안전하며, 자동차 운전보다 29배 더 안전하다는 통계가 나오지만, 최근의 테러 행위는 비행에 대한 두려움을 증가시켰다. 비행에 대한 두려움은 불안 장애의 한 유형이다. “두려움”은 일어날 수 있는 일보다는 무언가 일어날 수 있다는 것에 대한 불안함이다. 이 두려움은 삶에는 약점이 많고, 우리가 그것을 통제할 수 없다는 인식에 기초한다.

인간은 새처럼 날기 위해 설계되지 않았기 때문에 우리가 비행기에 타면 인간의 취약성에 직면하게 된다. 비행에 대한 공포의 세 가지 근본 원인은 다음과 같다.

- 기본적인 항공 절차에 관한 정보 부족
- 항공기 사고나 사건으로 인한 심리적 외상
- 관련 없는 대인 갈등을 상징적으로 비행 경험과 연관한다.

비행에 대한 두려움은 비행과 직접 관련이 없는 요소들로 인해 발생할 수 있다. 다음은 항공 여행에 대한 두려움을 주는 주요 요인들이다.

높이에 대한 두려움	높은 곳에 대한 두려움이 있는 사람들은 비행기로 지상에서 수천 미터 위로 올라가는 것에 큰 불안감을 느낀다. 비행은 보통 사람들이 가장 높은 고도로 올라가게 되는 경험이므로 높이에 대한 공포를 가진 사람들에게 특히 두렵다.
밀실 공포증	비행기는 창문을 열 수 없고 바깥으로 나갈 수 없는 닫힌 공간이므로 밀실 공포증이 있는 사람들은 비행 중에 사방이 벽으로 둘러싸인 느낌으로 인해 두려움을 느낀다. 오랜 시간 비행하는 것은 이러한 사람들에게 큰 걱정거리가 된다.
통제감 상실	비행에 대한 두려움은 자신이 통제할 수 없는 상황에 놓여 있다는 느낌에서 비롯된다. 조종사와 정비기술자, 항공기의 기계 구성 요소에 의존해야 하는 상황은 많은 승객에게 어려운 일이다.
비행 상태	난기류와 같은 비행 상태는 비행에 대한 두려움을 증가시킨다. 난기류로 인한 항공기의 움직임은 승객의 불안감을 크게 높일 수 있다.
테러	테러로 인한 항공보안 위협은 승객의 비행에 대한 두려움을 증대시킨다. 많은 승객이 이러한 일이 자신의 비행기에서 발생할 수 있다는 불안감을 느낀다.

다른 많은 공포증과 불안 장애와 마찬가지로 비행 공포증도 특정한 신체적 증상을 동반한다. 이러한 증상은 불안한 심리와 직접 관련이 있으며, 의학적 또는 생

리학적 질병 때문만은 아니다. 객실승무원은 다음과 같은 신체적, 정신적 증상을 인식함으로써 승객들이 두려움을 극복하도록 도울 수 있다.

- 근육 긴장과 떨림
- 무거운 호흡과 현기증
- 심계항진(심장이 떨림), 가슴 통증
- 복부 불편
- 땀 흘림
- 붉어지거나 창백한 얼굴
- 구강 건조증
- 기억 상실과 판단력 부족
- 인지능력 감소

비행 공포를 대처하는 방법에는 몇 가지가 있다. 객실승무원은 불쾌한 상황 대신 다른 생각을 하도록 승객을 돕고, 자신에게 긍정적인 말을 하도록 유도한다. 예를 들어, "이틀이나 남았으니 잊어버리자. 멋진 경치를 보자"와 같이 말이다.

승객이 최선을 다하고 있다는 점을 상기시키고, "불안을 대처하는 새로운 방법들을 배웠으니 점점 좋아질 거야"라고 격려한다. 승객은 스스로 칭찬하며 긴장을 풀도록 노력한다. 두려움을 직시하고 이에 맞서는 방법도 있다. "탑승 중 두렵지만, 문제를 피하려고 도망간 적은 없어"라고 말하며 자신을 다잡는다.

해결책은 두려움의 원인을 식별하고 해결하는 데 있다. 객실승무원은 비상 착륙, 승객 사망, 난기류 등 중대한 사건을 경험할 수 있다. 사고 후 며칠 또는 몇 주까지 신체적 또는 정신적 증상이 나타날 수 있어 주의가 필요하다. 객실승무원은 정신적 외상이나 심각한 사고와 관련된 증상을 인지하여 적절한 도움과 지원을 제공해야 한다.

두려움이나 불안의 원인을 식별하고 해결하는 것이 중요하다. 객실승무원은 비행 중 언제든지 중요한 사건을 경험할 수 있으며, 이러한 사건이 스트레스나 비행 공포를 유발할 수 있음을 인지해야 한다. 비상 착륙, 승객 사망, 난기류, 이륙 또는 착륙 실패, 심각한 부상 등 중대한 사건이 이에 해당한다.

정신적 외상과 함께 충격을 받지만, 사고 후 며칠 또는 몇 주까지 신체적 또는 정신적 증상이 나타나지 않을 수도 있다. 객실승무원은 자신과 다른 승객들이 정신적 외상이나 비행 공포와 관련된 증상을 보이는 것을 인지하고, 필요한 도움과 지원을 제공하는 것이 중요하다.

2 추가 도움이 필요한 승객 서비스

1) 추가 도움이 필요한 승객의 항공 운송을 위한 규제 환경

추가 도움이 필요한 승객의 항공 운송을 위한 규제 환경에서는 장애가 있거나 이동이 불편한 승객을 돌볼 때 승객 접근 규정을 준수해야 한다. 이러한 규정은 승객의 항공 여행을 돕기 위해 시행된다. ACAA Air Carrier Access Act는 항공사가 장애인을 차별하는 것을 금지하는 법안으로, 미국을 오가는 국내 및 국제 항공기에 적용된다. 이와 관련된 항공기 규정은 다음과 같다.

- 30개 이상의 좌석이 있는 새로운 항공기(1992년 4월 5일 이후 제조되거나 인도된 비행기)는 기내 통로 좌석 절반에 이동식 통로 팔걸이를 갖추고 있어야 한다. 승객이 팔걸이를 들어 올려 휠체어에서 좌석으로 옮겨 앉을 수 있어야 한다.
- 새로운 와이드 바디(트윈 통로) 항공기는 휠체어를 타고 사용할 수 있을 만큼 충분한 공간을 마련해야 하며, 휠체어 사용자를 위한 추가 손잡이와 설비가 있는 화장실을 갖추어야 한다.
- 60석 이상의 항공기에 장애인용 화장실이 없는 경우, 장애인 승객이 일반 화장실을 이용하기 위해서 기내 휠체어가 필요하다는 것을 항공사에 48시간 전에 통보하면, 항공사는 휠체어를 기내에 준비해야 한다.

- 100명 이상의 좌석이 있는 신규 항공기는 접는 휠체어를 우선순위로 보관할 수 있는 공간을 마련해야 한다. 이는 휠체어를 사용하는 승객이 접을 수 있는 휠체어를 수화물로 보내는 불편함을 없애기 위함이다. 다만, 여러 휠체어 사용자가 있을 때 공간 부족 문제가 발생할 수 있다.

항공기에 대한 요구 사항뿐만 아니라 객실승무원 및 지상 직원의 역할과 책임에 관한 추가 요구 사항이 있다.

- 항공사는 탑승, 하기 및 연결에 대해 지원해야 한다. 좌석이 30석 미만인 비행기에 탑승하는 승객이 신체적 제한으로 기존 리프트, 탑승용 의자, 기타 장치를 사용할 수 없는 경우에는 직원들이 승객을 기내로 옮겨야 한다. 기내에서 도움은 제공하지만, 화장실 처리와 같은 광범위한 개인 서비스는 제공하지 않는다.
- 기내에 저장된 승객 물품이 반드시 기내 반입 수화물 규정에 부합해야 한다. 보조 장치(예 휠체어, 보행기 등)는 기내 수화물 수에 포함되지 않는다. 휠체어 및 기타 보조 장치가 필요한 장애인 승객이 다른 승객보다 먼저 탑승하기로 예약한 경우에는 다른 승객의 물품보다 기내 수납공간에 대한 우선권을 갖는다.
- 휠체어 및 기타 보조 장치를 화물칸에 넣을 때는 다른 품목보다 우선권을 가진다. 항공사는 배터리를 포함한 배터리 구동 휠체어를 수락해야 하며, 필요한 경우 항공사가 포장재를 제공하여 위험 물질 패키지로 배터리를 포장한다.
- 항공사는 배터리 같은 위험물 포장에 대한 장비 지원 또는 제공에 대해 비용을 청구할 수 없다. 그러나, 산소와 같은 선택적 서비스에 대해서는 비용을 청구할 수 있다.
- 이동 보조 장치 및 보조기기, 승객 정보, 청각 장애인을 위한 편의 시설, 보안 검사, 전염병 및 의료 증명서, 서비스 동물에 관한 기타 규정이 있다.

2) 도움이 필요한 승객의 항공 여행 절차

여행 중 추가 지원이 필요한 승객은 항공권 예약 시 이를 요청해야 한다. 하지만, 많은 승객이 이를 미리 생각하지 않거나 요청해야 한다는 사실을 몰라 사전에 도움을 요청하지 않을 수 있다. 특별한 의료 조건을 가진 일부 승객은 사전 신고가 필요하며, 이 경우 담당 의사가 의료소견서(MEDIF)을 작성한다.

항공사는 예약 시 특정 코드를 입력해 도움을 요청한 승객의 세부정보 및 요구 사항을 객실승무원이 알 수 있도록 한다. IATA는 이를 위한 표준 코드를 제정했다. 객실승무원은 이 코드를 숙지해야 하며, 해당 코드는 탑승 전 또는 탑승 시 제공되는 승객 정보 목록에 이름, 좌석 번호, 요청 세부정보와 함께 표시된다.

Emirates

MEDIF - Medical Information for Fitness to Travel or Special Assistance

All sections must be completed clearly. See MEDIF Part 3 for guidance. Use Block letters or a typewriter when completing this form. Yes/No boxes should be completed with a cross in the relevant box

PART 1
To be completed by Passenger

NB. The MEDIF should be submitted to the carrier at the latest 48 hours before travel is due to commence

Passengers travelling with any one of the following conditions are requested to prepare a Medical Information Form (MEDIF) and submit it when making a reservation.

- Passenger whose medical condition requires oxygen supply, or needs stretcher, medical escort and / or medical treatment onboard the flight.
- Carriage and use of medical equipment or instruments.
- Passenger whose fitness for air travel is in doubt, as evidenced by recent instability, disease, treatment or surgery.
- Passenger who comes under any one of the categories listed on MEDIF part 3 as usually unacceptable for travel, or other serious or unstable sickness / injuries

1. Passenger Details

1.1 Family name, Initials	1.2 Age	1.3 Title	1.4 Languages	1.5 Contact Telephone No

2. Itinerary: Note. You may need to allow longer for transfer between flights. Booking Ref. Number

Date	Flight No	From	To	Class	Reserv'n. status	Date	Flight No	From	To	Class	Reserv'n status

3. Nature of Incapacitation / Illness

4. Intended Escort Details
Name
☐ Travel Companion
☐ Medical Escort
*for Medical escort only Qualification

5. Stretcher needed?
Yes ☐ No ☐
(All stretcher Cases must be escorted)
Incubator needed?
Yes ☐ No ☐
Type?

6. Wheelchair needed?
Yes ☐ → Can climb steps and can walk in cabin (WCHR) ☐
→ Unable to climb steps, can walk cabin (WCHS) ☐
→ Unable to climb steps or walk in cabin (WCHC) ☐
No ☐
(Choose one)

Own wheelchair?	Collapsible?	Power driven?	Battery type spillable?
No ☐	No ☐	No ☐	No ☐
Yes ☐	Yes ☐	Yes ☐	Yes ☐

Note Wheelchairs with "spillable" batteries are considered "dangerous cargo"

7. Have ambulance arrangements been confirmed?

		* if yes, please choose one
At Departure port*	Yes ☐ No ☐	Airside Landside
At Transit port*	Yes ☐ No ☐	Airside Landside
At Arrival port*	Yes ☐ No ☐	Airside Landside

8. Has hospital admission been confirmed at arrival port? Yes ☐ No ☐
*Hospital details: (Full name, address, and telephone number)

9. Are any special in-flight arrangements required?
Special meals, special seating, extra seat(s), special equipment etc. For provision of special equipment such as oxygen etc. please complete completion Part 2 overleaf

10. Do you have a valid FREMEC card? Yes ☐ No ☐
If yes, add below FREMEC data to your reservation requests.
If no, for additional data needed by carrying airline(s), have physician in attendance complete Part 2 overleaf

Number	Issued by	Valid until
Incapacitation	Limitation	

Passenger's declaration

I hereby authorise ________________ (name of attendant physician)
to complete Part 2 for the purpose as indicated overleaf and in consideration thereof, I hereby relieve that physician of his/her professional duty of confidentiality in respect of such information, and agree to meet such physician's fees in connection therewith.

I take note that my journey will be subject to the general conditions of carriage/tariffs of the carrier(s) concerned and that the carrier(s) do not assume any special liability exceeding those conditions/tariffs. I am prepared at my own risk to bear any consequences which carriage by air may have for my state of health and I release the carrier, its employee's servants and agents from any liability for such consequences. I agree to reimburse the carrier upon demand for any special expenditures or costs in connection with my carriage.

Passenger or Agent's signature	Date
I have read and understood MEDIF Part 3 Signed....................	

3) 특별한 도움이 필요한 승객 지원

항공기의 문을 닫고 유도로로 이동하기 전에 객실승무원은 특별한 도움이 필요한 승객들에게 특정 정보를 제공할 책임이 있다. 객실승무원은 이러한 특별 브리핑을 통해 정보를 제공하고, 승객이 질문할 기회를 준다. 필요 시에는 승객이 편안하게 지낼 수 있도록 적절한 지원을 한다. 예를 들어, 임산부와 유아 및 어린이가 있는 승객에게는 좌석벨트 위치 및 고정 방법을 안내한다.

객실승무원이 특별한 도움이 필요한 승객에게 제공하는 개별 안전 브리핑 내용은 다음과 같다.

- 안전 및 비상 절차
- 특별 지침
- 기내 배치(가장 가까운 출구와 화장실)
- 특수 장비 사용법(승객 서비스 장치, 좌석과 좌석벨트 작동, 통화 버튼)

PIL Passenger Information List 사본을 미리 이용할 수 있는 경우에는 객실 사무장이 승무원 브리핑 중에 해당 정보를 검토하고 확인할 수 있다. 특별한 도움이 필요한 승객을 확인한 후에는 객실승무원을 배정하여 항공기 이륙 전에 개별 브리핑을 담당하도록 한다.

자주 사용되는 코드와 약어

BLND (Blind Passenger)	시각장애인 승객. 가이드 동물 동반 가능
DEAF (Deaf Passenger)	청각장애인 승객. 가이드 동물 동반 가능
DPNA (Disabled Passenger Needing Assistance)	지적 또는 발달 장애로 도움이 필요한 승객
WCHR (Wheelchair - R for Ramp)	자력으로 계단을 오르내릴 수 있고 좌석에 도달할 수 있는 승객. 먼 거리 이동 시 휠체어 필요
WCHS (Wheelchair - S for Steps)	자력으로 계단을 오르내릴 수 없으나 좌석에 도달할 수 있는 승객
WCHC (Wheelchair - C for Cabin Seat)	자력으로 이동할 수 없는 승객
WCBD (Wheelchair with Dry Cell Battery)	건전지가 장착된 휠체어를 이용하는 승객
WCBW (Wheelchair with Wet Cell Battery)	습전지가 장착된 휠체어를 이용하는 승객

WCBL (Wheelchair with Lithium Battery)	리튬 전지가 장착된 휠체어를 이용하는 승객
WCMP (Manual Wheelchair Passenger)	수동 휠체어를 이용하는 승객
WCOB (Onboard Wheelchair Requested)	기내 휠체어 사용을 요청한 승객
MEDA (Medical Case)	임상적 이유로 인해 이동성이 떨어지며, 여행 중 의사의 허가가 필요한 승객
LEGL (Left Leg in Cast)	왼쪽 다리에 깁스를 한 승객
LEGR (Right Leg in Cast)	오른쪽 다리에 깁스를 한 승객
OXYG (Oxygen Required)	비행 중 산소가 필요한 승객
STCR (Stretcher Passenger)	들것에 실려 있는 승객. 추가 좌석을 사전에 예약해야 하며, 모든 항공기에서 들것을 사용할 수 있는 것은 아니다
UMNR (Unaccompanied Minor)	5~12세의 혼자 여행하는 아동 승객. 모든 항공사에서 허용하는 것은 아니다
MAAS (Meet and Assist Service)	공항에서 수하물 운반 등에 도움이 필요한 승객(노인)
LANG (Language Assistance Required)	출발 또는 도착 국가의 언어를 말하지 못하는 승객

일부 승객은 가이드 동물과 함께 여행한다. 일반적인 가이드 동물은 시각 또는 청각 장애인을 돕기 위해 훈련된 개이다. 대부분의 규제 기관은 개 이외의 동물 운송을 허용하지 않는다. 가이드 동물이 승인된 경우, 승객에게 앞줄 좌석이 제공되며, 동물은 좌석 벨트나 좌석 다리에 연결된 승무원 좌석 벨트로 고정된다. 각 항공사는

관련 절차를 따로 가지고 있다.

객실승무원은 가이드 동물이 업무 중임을 기억해야 한다. 동물에게 관심을 주기 어렵더라도, 동물의 작업을 방해하지 않도록 주의해야 한다. 일반적으로 동물은 승무원의 주의가 거의 필요하지 않으며, 소유주가 필요에 따라 먹이나 물을 제공한다. 대부분의 가이드 동물은 항공기에 탑승하기 전에 배변 훈련을 받았지만, 필요 시 흡수성 매트가 필요할 수 있다.

다른 승객이 알레르기나 위생 문제를 제기할 수 있지만, 항공사는 동물 운송을 금지하지 않는다. 다른 승객이 동물과 함께 여행하는 것을 거부할 경우, 거부한 승객이 항공편에서 내려야 하며 대안이 제공된다.

특별한 요구 사항이 있는 승객들 중 많은 이들이 대부분의 일을 스스로 할 수 있으며, 여행 경험이 많아 도움이 거의 필요하지 않을 수 있다. 그러나 어떤 승객은 여행이 처음이거나 환경이 익숙하지 않아 스트레스를 받을 수 있다. 객실승무원은 특별한 요구 사항이 있는 승객과 상호작용할 때 자신을 소개하고, 필요한 도움을 제공하며, 승객이 필요한 도움을 질문하는 세 단계 과정을 수행할 수 있다.

특별한 도움이 필요한 승객에게는 우선 탑승 기회를 제공한다. 신체적 활동 능력이 없는 승객은 다른 승객이 내린 후에 항공기에서 내리도록 요청받는다. 이는 통로를 막지 않고 휠체어와 장비를 더 잘 지원하기 위한 조치로, 모든 승객과 승무원의 안전을 보장하기 위함이다.

4) 특별한 도움이 필요한 승객 지원 지침

특별한 도움이 필요한 사람들이 활동적인 삶을 이끌 기회가 점점 늘어나고 있다. 이들에게 고등 교육 이후의 교육 기회가 많아지고, 많은 사람이 직업을 가지게 되었다. 이들이 더욱 적극적인 생활 스타일을 갖게 되면서 여행도 증가하고 있다.

일부 국가에서는 고령 인구가 항공 여행객의 큰 비중을 차지하고 있으며, 고령 여행객 중 일부는 경제적인 여력을 갖추고 충분한 에너지가 있지만, 종종 추가적인 도움이 필요하다. 다음은 승객들이 항공기를 보다 편안하게 이용할 수 있도록 도와주는 지침이다.

(1) 장애인에 대한 일반적인 예의

장애인에 대한 일반적인 예의는 다음과 같다.

- 객실승무원은 따뜻한 태도로 환영하고, 자신을 소개한다.
- 미소와 동시에 말로 인사하는 것이 바람직하다.
- 장애인은 타인과 마찬가지로 감정을 가진 사람이며, 존중하는 태도로 대우한다.
- 객실승무원은 그들이 도움을 원하는지와 어떻게 돕는 것이 좋은지 물어볼 수 있다. 장애가 있는 승객은 자신이 필요로 하는 것을 가장 잘 판단할 수 있는 사람이다.
- 객실승무원은 질문하고 듣는다.
- 장애에 관한 질문은 피하고, 불가피한 경우 민감한 사안임을 고려하여 배려하는 자세로 질문한다.
- 객실승무원은 장애인 승객의 보호자가 아닌 해당 승객을 직접 보며 커뮤니케이션한다.
- 승무원의 가정하에 결정을 내려서는 안 된다.
- 상호작용에서는 장애가 아닌 개인을 언급한다.
- 객실승무원은 장애인을 용감하고 특별하거나 초인으로 묘사하면 안 된다.
- 장애가 없는 사람들을 묘사할 때 "정상"이라는 단어를 사용하지 않는다. 적절한 표현은 "장애가 없는 사람들"이다.
- 느긋한 접근 방식을 취하며 예의를 갖추지 않았을 때 사과하여 존중의 의지를 보여준다.
- 휠체어는 그들의 개인 공간의 일부이므로 요청을 받지 않는 한 휠체어를 밀거나, 기대거나 붙잡는 행동을 피한다.
- 휠체어에 앉은 승객과 이야기할 때는 눈높이를 맞춘다. 휠체어에 앉아 있는 사람 앞에 앉거나 무릎을 꿇을 수 있다.

(2) 청각 장애인에 대한 예절

청각 장애인에 대한 예절은 다음과 같다.

- 객실승무원은 얼굴을 마주 보고 대화한다.
- 이름과 위치를 알리고 소개한다.
- 정상적으로 말한다.
- 통역사가 있어도 당사자를 보며 말한다.
- 소리 지르지 않는다.

- 필요한 경우 연필과 종이를 제공한다.
- 방송 공지사항을 개인적으로 알린다.
- 이해를 돕기 위해 다른 단어를 사용한다.

(3) 시각 장애인에 대한 예절

시각 장애인에 대한 예절은 다음과 같다.

- 객실승무원은 이름과 직위를 밝히며 소개한다.
- 주변의 다른 승무원이나 직원이 있으면 함께 소개한다.
- 승객의 장애 수준을 파악하여 도움의 수준을 조정한다.
- 승객의 이름을 알고 있다면, 이름을 불러 목소리를 인식하게 한다.
- 정상적인 목소리를 사용한다.
- 자리를 뜰 때 승객에게 알린다.
- 시각 장애인 승객을 안내할 때 한 발 앞선 상태를 유지한다.
- 승객이 객실승무원의 팔을 잡고 이동할 수 있게 한다.
- 점자 카드와 큰 글자로 된 안전 카드를 제공한다.
- 식사할 때 트레이와 접시의 내용물을 시계 방향으로 설명한다.

(4) 지적, 정신적 장애가 있는 승객에 대한 예의

지적, 정신적 장애가 있는 승객에 대한 예의는 다음과 같다.

- 객실승무원은 따뜻하고 진실한 태도로 노력한다.
- 소개할 때는 이름과 직위를 포함한다.
- 승객들이 응답하거나 질문하는 데 시간이 걸릴 수 있음을 고려해 인내심을 가진다.
- 승객들이 응답할 때 집중한다.
- 긴장하거나 불안해하는 승객을 도와주고 안심시킨다.

항공사는 장애나 특수 조건으로 여행하는 승객에게 서비스를 제공하려고 노력하지만, 다음과 같은 특정 서비스는 제공 의무가 없다. 도움이 필요한 개인은 에스코트를 동반한다.

- 음식 섭취에 대한 지원(포장 개봉, 품목 식별, 음식 절단 지원 제외)
- 자리에서의 배설물 처리나 화장실에서의 도움(기내 휠체어를 사용해 화장실 이동만 지원)

비행 중에 개인의 안전이나 다른 사람들의 안전에 영향을 미칠 수 있는 심각한 상태나 질병이 있는 경우, 비행 전 의료 허가가 필요할 수 있다. 항공사 교육 과정에서는 운송 계약과 여행 허용을 선택할 수 있는 의료 조건에 관한 세부 사항을 제공한다.

5) 보호자 비동반 아동(UMNR)

보호자 비동반 소아(UMNR)는 5세에서 12세 사이의 부모나 보호자 없이 혼자 여행하는 아동이다. 항공사는 어린이가 안전하게 목적지에 도착하도록 책임진다. 객실 사무장에게 아동의 신분 증명서, 항공권, 식별 태그 등이 제공된다. UMNR에 대한 절차는 다음과 같다.

- UMNR은 객실승무원이 쉽게 볼 수 있는 곳에 좌석이 배치된다.
- 동반자 없이 비행기에서 내리거나 공항에 가지 못한다.
- 도착 시 아이를 만나는 사람은 신분증을 제시해야 하며, 운송 요청서에 기재된 사람이어야 한다.

일반 고객과 비슷하지만, UMNR에 대한 추가 지침은 다음과 같다.

- 객실승무원은 UMNR에게 자신을 소개한다.
- UMNR이 도움을 받는 방법을 알려준다.

- 에스코트 없이 항공기를 떠날 수 없음을 인지시킨다.
- 보호자는 UMNR이 지루하지 않고 편안하게 여행할 수 있도록 특별한 주의를 기울여 여행용품을 준비한다. 객실승무원은 UMNR이 가지고 온 여행용품에 쉽게 접근할 수 있는지 확인한다.

3 방해 및 중독 승객 관리

1) 방해 행위 관리를 위한 일반적 접근

대부분의 승객은 예의 바르게 행동하여 대부분의 항공편은 문제없이 운영된다. 그러나 가끔 승객 행동으로 문제가 생길 수 있다. 술을 제공하는 항공사는 승객이 과음하지 않도록 하고, 승무원의 업무 방해로 이어지지 않게 책임감 있게 의무를 이행해야 한다. 승무원의 노력에도 불구하고 때때로 승객은 술에 취한다. 객실승무원은 난폭하거나 술 취한 승객들을 효과적으로 다루어야 하며, 그렇지 않으면 생명을 위협하는 안전사고로 이어질 수 있다.

기내에서의 방해 행위는 1963년과 1969년 발효된 ICAO 도쿄 협약의 국제 규정을 따른다. 도쿄 협약은 185개국이 서명한 조약으로, 항공기 기장은 항공기의 안전을 위협하거나 위태롭게 할 행위를 할 것으로 확신되는 사람에 대해 신체적 구속을 포함한 합리적 조치를 취할 수 있는 권한을 갖는다. 협정 조약 국가들은 범죄자를 인도하고 합법적인 지휘관에게 항공기 통제권을 부여한다. 이 조약은 문제를 일으키는 승객에 대해 국제적으로 합의된 최초의 법이다. IATA와 회원국은 지속적으로 법정 조항을 업데이트한다.

오늘날에도 많은 사람에게 비행기는 스트레스가 될 수 있으며, 통제할 수 없는 행동은 다양한 요인에 의해 시작된다. 공항으로 가는 길의 교통 혼잡, 체크인 대기, 원하는 자리를 얻지 못해 가족과 떨어져 앉게 되는 상황 등이 스트레스를 유발할 수 있다. 또한, 보안 검사를 통과한 후 보딩 마감 시간 전에 출발 게이트로 달리는 것, 기내 엔터테인먼트 화면이 고장난 채로 장시간 비행을 해야 하는 상황 등이 있다. 어떤 사람은 비행에 대해 걱정할 수도 있다. 작은 문제들이 모여 큰 스트레스로 이어질 수 있으며, 침착한 사람조차도 인내심을 잃을 수 있다.

객실승무원은 이러한 상황에서 승객을 인지하고 공감하며, 걱정과 불편함을 줄이기 위해 가능한 모든 조치를 해야 한다. 탑승객을 잘 살펴보고 불편함을 줄이면 통제 불가능한 상황을 예방할 수 있다. 객실승무원이 승객을 무시하거나 도움을 줄 수 없다고 말하면, 승객은 불평을 시작하게 되고, 이를 처리하지 않으면 상황이 악화될 수 있다.

2) 방해 행위의 수준

통제를 벗어난 행동을 효율적으로 처리하려면 객실승무원은 그러한 행동의 유형을 알아야 한다. 방해 행동은 네 가지로 나뉜다.

1단계 - 공격적 언어, 규칙 불이행, 의심스러운 행동

기내에서 가장 흔한 유형의 통제를 벗어난 행동이다. 1단계 행동을 보이는 승객은 다음과 같다.

- 외설적인 언어 사용 등 반사회적 행동
- 다른 승객 또는 승무원과의 다툼 (좌석 등받이를 눕히거나, 서비스 수준에 대한 불만 등)
- 승무원의 안전 지시 사항을 준수하지 않음 (예: 좌석벨트 착용 거부)
- 금연 구역에서의 흡연
- 전자 기기 사용 금지 지시를 무시함
- 비정상적인 질문을 통해 항공기 운영이나 승무원의 절차를 문의함

2단계 - 신체 공격

주로 1단계 행동 후 발생한다. 2단계 행동에는 다음이 포함된다.

- 신체적 공격 (펀치, 발로 차기, 침 뱉기 등)
- 부적절한 접촉
- 항공기 설치물 및 부속품 손상

3단계 – 생명 위협 행동

거의 발생하지 않지만 즉각적인 개입이 필요하다. 다음과 같은 행동이 포함된다.

- 무기 또는 기타 물건으로 다른 사람을 위협
- 목을 조르거나 폭행

4단계 – 조종실 침입 시도

조종실 문을 열려는 시도 또는 조종실에 침입하여 항공기를 장악하려는 시도이다. 조종실 문이 잠겨 있어도 승객이 접근하지 못하도록 해야 한다. 이 경우 다른 승객의 도움이 필요할 수도 있다. 3단계와 4단계의 행동은 드물지만, 객실승무원은 이러한 상황을 관리하고 신체 구속 절차를 적용하는 방법을 교육받는다.

3) 대응 수준별 방해 행위 관리

객실승무원은 객실 사무장의 지휘 아래 기내 상황을 관리하는 주도권을 가져야 한다. 승객의 행동 정도에 따라 다양한 대응 방법이 있다. 방해 승객을 다룰 때 승무원은 대인 관계 기술을 사용해 상황을 진정시키고 관리해야 한다. 다른 승객이 보고 있는 상황에서 객실승무원은 다른 승객이 개입하지 않도록 조심하며, 차분하고 전문적인 태도로 일해야 한다.

1단계 승객을 다룰 때는 행동의 원인을 이해하는 것이 중요하다. 승객은 객실승무원이 아닌 항공사의 대표자에게 불만을 제기하려고 한다. 승객에게 행동이 용납될 수 없다는 경고를 하기 전에 객실승무원이 불만 사항이나 문제를 해결할 수 있다면 우선 이를 해결해야 한다. 차분하고 재치 있는 접근과 고객 서비스 기술은 승객을 객실승무원의 요청에 따르게 하고, 정상적으로 받아들일 수 있는 행동으로 되돌릴 수 있다.

난기류로 인해 좌석벨트 표시가 켜졌을 때, 객실승무원이 확인하기 위해 승객을 깨우면 문제가 발생할 수 있다. 상황을 진정시키기 위한 조치는 다음과 같다.

- 객실승무원은 승객을 방해한 것에 대해 사과할 수 있다. "잠을 깨워서 죄송하지만, 좌석벨트를 착용해 주시기 바랍니다."
- 필요한 이유를 설명한다. "모든 승객의 안전과 보호를 위해서 좌석벨트 착용 사인이 켜졌습니다."
- 승객이 해야 할 일을 명시한다. "좌석벨트를 착용해 주시겠습니까?"
- 같은 상황이 다시 발생하지 않도록 방법을 설명한다. "담요 위로 벨트를 보이게 착용하시면 다시 방해하지 않겠습니다."
- 긍정적인 결과를 만들기 위해 노력한다. "필요하시면 마실 것을 드리겠습니다. 물을 갖다 드릴까요?"

각 승객은 다르게 대응하지만, 원칙은 비슷하다. 문제가 계속되면 객실 사무장의 도움이 필요할 수 있다.

2단계 행동을 보이는 승객에게는 더욱 단호하고 확실한 태도가 필요하지만, 평온하고 전문적인 태도를 유지해야 한다. 이 단계의 승객은 신체적으로 공격적이어서 직접 대응할 때 승무원이 다칠 가능성이 있다. 항공사 훈련은 '이탈 기술Breakaway Techniques'을 교육하여 부상 가능성을 줄이고 신중하게 행동하도록 한다. 이 상황에서는 조종실 문이 닫혀 있어야 하며, 방해 승객 문제로 인해 기장에게 전화하지 않는다. 드문 경우지만, 방해 승객의 행동을 멈추기 위해 신체적으로 결박하는 것은 최후의 수단으로 고려해야 한다. ICAO 규정에 따르면, 승객이 항공기, 승객 또는 승무원의 안전을 위태롭게 할 때 기장만이 이를 제지할 권한을 가진다. 기장이 방해 승객의 구속을 승인하면, 객실승무원은 항공기에 구비된 안전보안장비를 사용할 수 있다.

승객 항공보안장비는 항공사마다 다르며, 표준은 없다. 안전보안장비는 육체적 공격이나 폭력 행위를 방지하기 위해 사용된다. 항공사는 안전보안장비 사용 방법을 객실승무원에게 훈련시킨다. 안전보안장비는 케이블타이, 수갑, 변형된 좌석벨트 등으로 구성된다. 경우에 따라 다른 장비를 변형하여 사용할 수도 있다.

승객을 제지할 때, 객실승무원은 최소한의 힘을 사용하며, 기소 과정에서 이 사안이 자세히 조사된다. 승객의 변호사는 승무원의 과도한 대응을 증명하려 할 것이다. 객실승무원은 항공사의 절차를 완전히 이해하고, 이러한 행동을 방지하는 것이 중요하다.

방해 행동 유형은 여러 단계로 나뉘며, 각 단계에 따라 적절한 대응이 필요하다.

1단계 – 공격적 언어, 규칙 불이행, 의심스러운 행동

- 다른 승객과 다툼
  - 승객을 분리하고 행동이 용납될 수 없음을 경고한다.
  - 계속되면 객실 사무장에게 보고한다.
- 흡연
  - 기내에서 흡연이 금지됨을 경고한다.
  - 중단하지 않으면 객실 사무장과 기장에게 보고한다.
- 비이성적 또는 예측 불가능한 행동 : 행동이 용납될 수 없음을 경고하고, 객실 사무장에게 보고한다.
- 휴대용 전자 기기 끄는 것을 거부 : 경고 후에도 중단하지 않으면 기장에게 보고하고 공항 경찰에 인계한다.
- 반복적으로 승무원 지시에 따르지 않음 : 경고 후에도 중단하지 않으면 기장에게 보고하고 공항 경찰에 인계한다.

2단계 – 신체 공격

- 성폭행, 성희롱, 모욕적인 말 : 경고 후 중단하지 않으면 객실 사무장과 기장에게 보고하고 경찰에 인계한다.
- 승객이나 승무원에게 부상 입힘 : 경고 후 중단하지 않으면 객실 사무장과 기장에게 보고하고 경찰에 인계한다.
- 항공기 고정 장치나 장비 파괴 : 경고 후 중단하지 않으면 객실 사무장과 기장에게 보고하고 경찰에 인계한다.

3단계 - 생명 위협 행동

- 조종실 문을 열려는 시도
- 운항 승무원에게 알리고, 승객을 구속하며 경찰에 인계한다.
- 

4단계 - 조종실에 접근

- 조종실에 접근하려는 시도
- 즉시 조종실로 가고, 승객을 구속하며 이 사건을 비상사태로 간주한다.

4) 중독 승객

객실승무원은 승객의 중독을 인식하고 관리하여 다른 승객의 불편을 최소화하고 항공기 안전을 유지해야 한다. 중독은 알코올, 마약 또는 약물의 영향으로 나타날 수 있다. 탑승 과정에서 객실승무원은 모든 승객의 행동을 주시해야 한다.

술에 취한 것으로 의심되는 승객은 비행 중 예측할 수 없는 행동을 할 수 있으므로 탑승을 허용해서는 안 된다. 지상 직원이 이를 확인하고 오프로딩Offloading 절차를 진행하지만, 객실승무원이 이를 처음 인식하는 경우도 있다. 이때 기장에게 보고하여 승객의 탑승 여부를 결정한다.

비행시간이 긴 경우, 승객은 24시간 이상 항공기에 머물러야 할 수 있다. 일부 승객은 수면제를 복용하는데, 이는 비상상황 시 대응 능력을 저하시킨다. 특히 수면제와 알코올을 함께 섭취하면 행동이 예측할 수 없게 되므로 주의해야 한다.

5) 기내 주류 서비스

객실승무원이 기내에서 승객의 술 섭취를 관리하지 않으면, 술에 취한 승객이 업무 방해를 할 가능성이 높다. 각 국가는 술을 마실 수 있는 법적 나이가 다르며,

항공사는 자국의 법을 따른다. 예를 들어, 미국은 주류 소비의 최소 법적 나이가 21세이고, 영국은 18세다.

일부 승객은 항공기에서 술을 마시는 것을 권리로 생각하지만, 비행 안전에 미치는 영향을 이해하지 못한다. 객실승무원은 특정 유형의 승객이 술을 더 마시는 경향이 있다는 것을 알고, 중독의 징후를 관찰해야 한다.

- 불안한 승객 : 비행을 두려워해 술이나 약물을 통해 자신을 진정시키려 한다.
- 사별이나 별거를 겪은 승객 : 화가 났거나 슬퍼해 알코올을 사용한다.
- 휴가를 가는 그룹 여행객 : 분위기가 고조되어 음주를 한다. 특히 결혼을 축하하는 단체에 주의한다.
- 가족 구성원 없이 단체로 여행하는 학생들 : 부모나 보호자의 감독이 없어 술 마실 기회로 여긴다.
- 여행 중인 사업가 : 프리미엄석으로 여행하며 술을 자유롭게 섭취할 권리로 여긴다.

객실승무원은 이러한 승객들을 인지하고, 그들의 행동을 주의 깊게 관찰해 기내 안전을 유지해야 한다.

승객은 항공기에서 취하면 안 된다. 객실승무원은 제공되는 술의 양을 관리하고, 중독의 징후를 나타내지 않도록 조심해야 한다. 다음은 기내에서 술의 양을 관리하기 위한 객실승무원 지침이다.

- 승객은 자신이 가져온 술을 기내에서 마시면 안 된다. 공항 면세점에서 술을 구매한 승객이 마시려 할 수 있다. 하지만 일부 국가에서는 밀폐된 병에 있는 경우에만 세금을 내지 않는 주류로 허용한다. 승객이 술을 소비하면 세관 및 출입국 규정을 위반할 수 있다. 또한, 목적지에 도착 전에 술 일부를 소비하면 도착 시 세금을 내야 할 수 있다. 승객이 가져온 술을 마시면, 객실승무원은 승객이 술을 얼마나 마셨는지 알 수 없어 술에 취하게 되는 것을 예방할 수 없다.
- 객실승무원은 적절한 양의 술을 제공해야 한다. 한 번에 두 가지 이상의 음료를 제공하면, 승객이 더 빨리 많은 양을 마실 가능성이 있다.
- 이코노미석 객실에서는 일반적으로 2번 분량의 작은 병에 술을 제공한다. 하지만 프리미엄 객

실에서는 더 큰 병을 사용하여 승객이 더 많은 알코올을 섭취하기 쉽다. 큰 병에서 음료를 쏟을 때는 항상 부어 줄 정확한 양을 생각하고, 많은 양을 제공하지 않아야 한다.

- 객실승무원은 중독의 징후를 인식하고, 대응하는 방법을 배워야 한다.

승객의 알코올 섭취 관리를 위해 신호등 시스템을 사용하여 중독의 수준과 객실승무원이 취해야 할 행동을 설명한다. 다음은 승객의 만취 수준을 구분하고 이에 따른 조치를 서술한 내용이다.

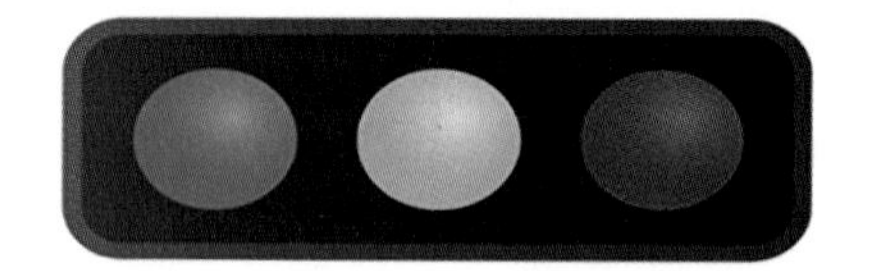

	승객 행동	조치
녹색 수준	승객의 기분이 좋음, 술을 약간 마시거나 마시지 않음, 술에 취하지 않음	특별한 조치가 필요하지 않음
황색 수준	술을 빨리 마셨지만 아직 취하지 않음, 축하하기 위해 술을 많이 마심, 약간 취한 흔적이 있음.	이 승객은 취하지는 않았지만 주의가 필요함.
적색 수준	술을 빨리 마시기, 술 마시기에 열중하고 있음.	이 승객은 술에 취해 보이므로, 술을 제공하면 안 됨. 음식이나 알코올이 들어 있지 않은 다른 음식을 제공해야 함.

승객의 행동을 주의 깊게 관찰하고, 각 수준에 맞는 적절한 조치를 취하는 것이 중요하다. 이를 통해 기내에서 발생할 수 있는 문제를 예방하고, 승객 모두가 안전하고 편안한 비행을 즐길 수 있도록 한다.

다음은 중독의 징후가 보이지 않는 승객에게 알코올 제공을 줄이는 방법이다. 승객이 보지 못하는 갤리에서 다음과 같이 음료를 준비하여 좌석에 가져갈 수 있다.

- 얼음으로 음료를 희석한다. 얼음을 더 추가하면 알코올을 많이 첨가할 수 없다.
- 더 작은 치수를 붓는다.

- 술을 음료에 마지막으로 부은 다음 섞지 않는다. 술이 잔 위에 머무르므로 승객이 먼저 술을 맛보게 된다.

승객이 충분한 양의 알코올을 섭취했다는 것이 명백할 때도 있다. 이때 객실승무원은 대인 관계 기술 및 고객 서비스 전문 기술을 사용하여 승객과 협상하고, 더 많은 알코올을 제공할 수 없는 이유를 설명해야 한다.

연습문제

01 객실승무원이 고객의 문제를 효과적으로 해결하기 위해 사용해야 할 기술로 적절하지 않은 것은?

A. 능동적인 청취　　B. 신체 언어 조정
C. 개인 감정에 따라 대응　　D. 명확하고 침착하게 말하기

02 다음 중 승무원의 태도 중 바람직하지 않은 태도는 무엇인가?

A. 공감　　B. 긍정적
C. 무관심　　D. 유익함

03 다음 중 '싸움' 반응을 보이는 승객을 다루는 올바른 전략이 아닌 것은 무엇인가?

A. 승객의 분노와 혼란을 이해하고 침착하게 대처한다.
B. 승객의 화난 상태를 무시하고 다른 업무를 먼저 처리한다.
C. 반격하거나 방어적인 진술을 피한다.
D. 다른 문화의 커뮤니케이션 스타일을 이해하고 대응한다.

04 다음 중 비행 공포증을 가진 승객이 비행기를 두려워하는 주된 이유가 아닌 것은 무엇인가?

A. 밀실 공포증으로 인해 닫힌 공간에서 불안감을 느낀다.
B. 비행 중 통제할 수 없는 상황에 대한 두려움이 있다.
C. 비행기에서 제공되는 기내식이 마음에 들지 않는다.
D. 항공기 사고나 사건으로 인한 심리적 외상을 겪었다.

05 다음 중 도움이 필요한 승객의 항공 여행 절차에 대한 설명으로 옳지 않은 것은 무엇인가?

A. 승객이 항공권 예약 시 추가 지원을 요청해야 한다.
B. 특정 의료 조건이 있는 승객은 담당 의사가 작성한 의료정보양식(MEDIF)을 제출해야 한다.
C. 항공사는 승객의 요청 세부정보와 함께 해당 정보를 객실승무원에게 제공한다.
D. 모든 승객은 추가 지원이 필요한 경우, 항공사에 도착 후에 요청할 수 있다.

06 다음 중 추가 도움이 필요한 승객의 항공 운송을 위한 규제 환경에 대한 설명으로 옳지 않은 것은 무엇인가?

A. 30개 이상의 좌석이 있는 새로운 항공기는 기내 통로 좌석 절반에 이동식 통로 팔걸이를 갖추어야 한다.
B. 100명 이상의 좌석이 있는 신규 항공기는 접는 휠체어를 우선순위로 보관할 수 있는 공간을 마련해야 한다.
C. 항공사는 장애인 승객의 화장실 처리를 포함한 광범위한 개인 서비스를 제공해야 한다.
D. 배터리가 장착된 휠체어는 화물 보관실에 우선적으로 보관되어야 한다.

07 다음 중 청각 장애인을 지원하기 위한 객실승무원의 적절한 예절로 옳지 않은 것은 무엇인가?

A. 얼굴을 마주 보고 대화한다.
B. 통역사가 있어도 당사자를 보며 말한다.
C. 소리를 지르지 않는다.
D. 방송 공지사항을 모두에게 동시에 알린다.

08 다음 중 시각 장애인 승객을 지원할 때 객실승무원이 지켜야 할 예절로 적절하지 않은 것은 무엇인가?

A. 이름과 직위를 밝히며 소개한다.

B. 승객의 이름을 알고 있다면, 이름을 불러 목소리를 인식하게 한다.

C. 시각 장애인 승객을 안내할 때 승객의 뒤에서 한 발 앞선 상태를 유지한다.

D. 식사할 때 트레이와 접시의 내용물을 시계 방향으로 설명한다.

09 UMNR에 대한 추가 지침으로 옳지 않은 것은 무엇인가?

A. 객실승무원은 UMNR에게 자신을 소개한다.

B. UMNR이 도움을 받는 방법을 알려준다.

C. 보호자는 UMNR이 지루하지 않도록 여행용품을 준비한다.

D. UMNR이 항공기에 탑승할 때는 부모가 항상 동반해야 한다.

10 기내 방해 행위의 1단계에 해당하지 않는 것은 무엇인가?

A. 외설적인 언어 사용 등 반사회적 행동

B. 신체적 공격 (펀치, 발로 차기, 침 뱉기 등)

C. 다른 승객 또는 승무원과의 다툼

D. 승무원의 안전 지시 사항을 준수하지 않음 (예: 좌석벨트 착용 거부)

11 2단계 방해 행동을 보이는 승객에 대한 대응 방법으로 적절하지 않은 것은 무엇인가?

A. 신체적으로 공격적인 승객에게 단호하고 확실한 태도를 유지하되, 평온하고 전문적인 태도로 대응한다.

B. 승객의 행동이 지속될 경우, 기장에게 보고하고 신체적으로 결박할 수 있는 권한을 요청한다.

C. 기장이 방해 승객의 결박을 승인하면, 항공기에 구비된 안전보안장비를 사용하여 승객을 제지한다.

D. 승객의 행동을 무시하고 다른 승객의 도움을 요청한다.

12 승객이 항공기에서 술을 소비할 때, 객실승무원이 중독의 징후를 인식하고 적절히 대응해야 합니다. 다음 중 승객이 중독된 상황에서 객실승무원이 취해야 할 적절한 조치가 아닌 것은 무엇인가?

A. 승객이 가져온 술을 소비하려 할 때 이를 막고, 승객이 마신 양을 기록하여 상황을 관리한다.

B. 술을 빨리 마시는 승객이 있을 경우, 음료를 더 많이 제공하여 승객의 요구를 만족시킨다.

C. 중독의 징후가 보이는 승객에게는 더 이상 알코올을 제공하지 않고, 대신 음식이나 비알콜 음료를 제공한다.

D. 승객의 행동을 주의 깊게 관찰하여 신호등 시스템을 통해 중독 수준을 평가하고 적절한 조치를 취한다.

정답과 해설

번호	정답	해설
01	C	고객의 문제를 효과적으로 해결하기 위해 객실승무원은 능동적인 청취, 신체 언어 조정, 명확하고 침착하게 말하기 등의 기술을 사용해야 한다. 그러나 개인 감정에 따라 대응하는 것은 적절하지 않다. 객실승무원은 고객의 불만을 사적으로 받아들이지 말고, 방어적으로 행동하지 않도록 주의해야 한다.
02	C	바람직한 태도는 긍정적, 공감, 유익함, 돌봄, 친밀함 등을 포함한다. 무관심은 바람직하지 않은 태도로, 고객 서비스의 질을 저하시킬 수 있다.
03	B	'싸움' 반응을 보이는 승객을 무시하고 다른 업무를 먼저 처리하는 것은 올바른 전략이 아니다. 승객의 분노와 혼란을 이해하고 침착하게 대처해야 한다.
04	C	비행 공포증을 가진 승객이 비행기를 두려워하는 주된 이유에는 밀실 공포증, 통제할 수 없는 상황에 대한 두려움, 항공기 사고나 사건으로 인한 심리적 외상 등이 포함되지만, 비행기에서 제공되는 기내식은 주된 이유가 아니다.
05	D	모든 승객은 추가 지원이 필요한 경우, 항공권 예약 시 이를 요청해야 한다. 많은 승객이 사전에 도움을 요청하지 않으면, 필요한 지원을 받기 어려울 수 있다. 따라서 항공사에 도착 후에 요청하는 것은 바람직하지 않다.
06	C	항공사는 장애인 승객의 탑승, 하기 및 연결에 대한 지원을 제공해야 하지만, 화장실 처리를 포함한 광범위한 개인 서비스는 제공하지 않는다.

07	D	청각 장애인이 있는 승객에게는 방송 공지사항을 개인적으로 알리는 것이 중요하다. 일반 방송 공지사항을 모두에게 동시에 알리는 것은 청각 장애인이 정보를 놓칠 수 있게 한다.
08	C	시각 장애인 승객을 안내할 때는 승무원이 승객의 팔을 잡고 이동할 수 있게 하고, 한 발 앞서서 이동하는 것이 바람직하다. 승객의 뒤에서 안내하는 것은 적절하지 않다.
09	D	UMNR은 보호자 없이 혼자 여행하는 아동이므로 항공기에 탑승할 때 부모가 항상 동반할 필요는 없다. 다만, 보호자는 UMNR이 지루하지 않도록 여행용품을 준비하고, 객실승무원은 UMNR이 해당 품목에 쉽게 접근할 수 있는지 확인한다.
10	B	신체적 공격 (펀치, 발로 차기, 침 뱉기 등)은 2단계 방해 행위에 해당한다.
11	D	2단계 방해 행동을 보이는 승객에 대해서는 단호하고 전문적인 태도로 대응해야 하며, 기장에게 보고하고 안전보안장비를 사용할 수 있다. 승객의 행동을 무시하거나 다른 승객의 도움을 요청하는 것은 적절하지 않다.
12	B	승객이 술을 빨리 마시는 경우 더 많은 술을 제공하는 것은 상황을 악화시킬 수 있으므로, 이는 적절한 대응이 아니다. 승무원은 술 제공을 중단하고 다른 대안을 제공해야 한다.

제9장

케이터링 및 기내 판매 서비스

1 항공사 케이터링 조직

1) 기내 서비스 설계와 케이터링 업체

항공사는 사업 목표, 사용 가능한 자금 및 제품 목표에 따라 고객 서비스를 설계한다. 제공하는 서비스는 저비용 모델에서 식음료를 별도 구매해야 하는 경우부터, 식음료가 항공권 요금에 포함된 프리미엄 서비스까지 다양하다. 풀 서비스 항공사는 여러 좌석 등급을 운영하며, 이에 따라 다양한 기내식을 제공한다.

서비스 설계자는 항공기 객실을 식당으로 가정하고, 객실승무원이 제공할 수 있는 메뉴를 만든다. 이 메뉴는 탑승 승객에게 매력적이며, 싣는 국가에서 준비 가능해야 하고, 계절에 따라 달라질 수 있는 신선한 과일과 채소가 포함되어야 한다. 또한 비행 시간에 따라 메뉴는 변경되며, 정기적으로 변경하여 승객이 같은 음식에 질리지 않도록 한다.

다른 항공사나 여행사를 대신해 전세 항공편을 운영하는 항공사는 고객이 주문하는 서비스 수준에 맞추어 메뉴를 선택한다. 전세기가 호화로운 세계 일주 여행을 담당하는 경우, 1등석 수준의 식사와 식기를 선택하며, 더 짧은 노선의 성수기 항공편에서는 스낵 스타일의 서비스를 제공할 수 있다. 객실승무원은 각 비행편의 메뉴를 숙지하고 승객에게 정확히 기내식을 제공하며 관련 질문에 응답할 수 있어야 한다.

기내 서비스 디자인 팀은 기내식 제공을 위한 접시류, 공기그릇 제품, 식기 도구 및 쟁반을 구매하고, 이 도구들은 좌석 등급에 따라 다양한 재료로 만들어진다. 케이터링 회사는 디자인에 맞춰 기내식을 개발하며, 필요한 재료를 준비하고 기내식 준비 및 가열 시간을 계획한다. 디자인 팀의 요구에 맞는 기내식을 만든 후 항공사와 시연, 물량 및 비용에 대한 합의를 이루고 계약을 체결한다. 이러한 과정을 통해 항공사에 납품될 식사가 만들어진다.

2) 갤리 장비와 계획

항공기 내 갤리는 주방 역할을 하며, 객실승무원이 식사를 준비하고 제공할 수 있는 공간이다. 이곳에는 오븐, 싱크대, 온수 공급 장치, 찬장, 쓰레기통 등이 갖춰져 있으며, 일부는 물과 싱크대가 없는 건조 갤리로 불린다. 항공기 갤리는 효율적이고 안전하게 음식과 음료를 저장할 수 있는 다양한 장비와 도구로 구성되어 있다.

항공기에서 자주 사용되는 장비로는 표준 서비스 유닛(SSU, 아틀라스 박스Atlas Box, 또는 캐니스터Canister, 바Bar, 바 박스Bar Box, 벌크 로드Bulk loaded, 금속상자, 카트, 칠러Chiller, 데드헤드Deadhead, 서랍, 드라이아이스Dry Ice, 앙뜨레Entrée/Casserole, 할러웨어Hollowware, 인서트Oven insert, 실버웨어Silverware, 썬드리스Sundries, 트레이Tray, 트레이셋업Tray Set Up, TSU, 트롤 리Trolley/Cart 등이 있다. 이러한 장비들은 표준화되어 있어서 객실승무원이 어떤 갤리를 사 용하더라도 쉽게 찾고 사용할 수 있다.

SSU = Atlas box = Canister

아틀라스 박스는 필요한 품목을 담은 금속 상자이며, 바와 바 박스는 주류 및 면세품을 보관하는 데 사용된다. 카트는 음식과 음료를 저장하고 제공하는 주요 도구로, 통로에 맞게 설계되어 있으며 브레이크가 장착되어 있다. 칠러는 항공기 내에서 음식이 차가워지도록 유지하는 데 필요하다. 썬드리스는 기내 서비스를 제공하기 위해 사용할 수 있는 비표준 품목들로 코르크 따개, 얼음 집게 등이 포함될 수 있다.

트레이는 식사를 표준 크기로 적재하는 데 사용되며, 트레이셋업은 이미 준비된 승객의 식사 트레이를 나타내는 용어이다. 이러한 장비와 도구의 적절한 사용은 객실승무원이 항공기 내에서 효과적으로 서비스를 제공하는 데 필수적이다.

항공사는 각 항공기의 갤리 평면도와 갤리 탑재계획Galley Loading Plan을 작성하여,

케이터링 업체에 각 품목의 정확한 탑재 위치를 지시한다. 갤리 탑재계획은 각 구역에 번호를 매겨 모든 장비와 물품의 위치를 명확히 하며, 항공기 내 모든 물건의 무게를 엄격히 통제한다. 이 계획은 무게를 전체 갤리에 고르게 분배하여, 객실승무원이 필요한 품목에 쉽게 접근할 수 있도록 하고, 서비스 효율을 높인다.

또한, 무거운 물품은 낮은 위치에 배치하여 객실승무원의 부상 위험을 줄이며, 자주 사용하지 않는 품목은 자주 사용하는 품목 뒤에 배치된다. 객실승무원은 기내에서 물건을 옮길 때 항상 갤리 탑재계획을 인지하고, 항공기의 무게와 균형 유지를 고려해야 하며, 무거운 물건을 옮길 때 추가적인 위험을 피한다. 이러한 과정은 항공기가 출발하기 전에 케이터링 업체가 식사 제공 계약을 체결하고 탑재 장소에 대한 세부 정보를 제공함으로써 시작된다. 이러한 정밀한 계획과 실행은 기내 서비스의 효율성과 안전성을 보장한다.

3) 특별식

항공사는 승객의 문화적, 종교적 및 의학적 요구를 고려하여 다양한 특별식을 제공해야 한다. 승객은 여행사나 항공사를 통해 특별 식사를 요청할 수 있으며, 이러한 요청은 예약 시 입력된다. 특별식 요구 사항은 IATA에서 발행하는 표준 코드를 사용하여 예약 시스템에 입력되며, 이를 통해 케이터링 업체와의 혼란을 방지하고, 항공사는 적절한 시간에 특별식 목록을 케이터링 업체에 전달하여 정확하게 준비되도록 한다.

특별식 코드와 그에 대한 설명은 다음과 같다.

- BBML(Baby Meal) : 유아용 식사로, 과일, 야채, 고기, 디저트 등을 포함한다.
- BLML(Bland/Soft Meal) : 소화 문제가 있는 승객을 위한 부드럽고 섬유질이 적은 식사다.
- CHML(Child Meal) : 2~12세 아동을 위한 식사로, 햄버거, 땅콩버터, 젤리, 샌드위치 등을 포함할 수 있다.
- DBML(Diabetic Meal) : 당뇨병 환자를 위한 식사로, 복합 탄수화물, 저지방, 높은 식이섬유를 포함하고 튀김 음식이나 과당이 제외된다.
- FPML(Fruit Platter Meal) : 과일만을 제공하는 식사로, 신선하거나 통조림으로 된 무가당 과일이 포함된다.

- GFML(Gluten-Free Meal) : 글루텐 민감성이 있는 승객을 위해 밀, 호밀, 보리, 귀리를 제외한 식사다.
- HFML(High Fibre Meal) : 고섬유질 식사로, 통밀빵, 시리얼, 생과일, 채소 등을 포함한다.
- HNML(Hindu Meal) : 힌두교 식습관에 맞는 식사로, 쇠고기, 송아지고기, 돼지고기를 제외하고 매운 카레 요리를 포함한다.
- IFML(Infant Meal) : 12개월 미만 유아를 위한 식사로, 주로 분유, 우유, 가공 이유식 등이 제공된다.
- KSML(Kosher Meal) : 유대교 식습관에 따라 제공되는 식사로, 완제품을 밀봉된 상태로 제공한다.
- LCML(Low Calorie Meal) : 저칼로리 식사로, 낮은 지방과 콜레스테롤을 포함하며, 1200 칼로리를 제공한다.
- LFML(Low Cholesterol, Low Fat Meal) : 저콜레스테롤, 저지방 식사로, 불포화 지방을 포함한다.
- LPML(Low Protein Meal) : 저단백질 식사로, 소금 사용을 피하며 고기, 생선, 달걀, 유제품이 주성분이다.
- LSML(Low Sodium, No Salt Added Meal) : 소금을 추가하지 않고 준비된 염분조절식이다.
- MOML(Moslem Meal) : 이슬람교도를 위한 식사로, 돼지고기, 젤라틴, 알코올을 제외한다.
- NLML(Non-Lactose Meal) : 유당을 포함하지 않는 식사로, 신선한 채소와 고기, 가금류를 포함한다.
- ORML(Oriental Meal) : 매콤한 동양식 식사로, 고기, 가금류, 생선을 기본으로 한다.
- PRML(Low Purine Meal) : 퓨린이 낮은 식사로, 과일과 채소를 포함하며 지방은 제한된다.
- SFML(Seafood Meal) : 해산물식으로, 현지 규정에 따라 준비된다.
- SPML(Special Meal) : 특수한 식사 요구 사항에 따라 제공되며, 구체적인 성분이 표시된다.
- VGML(Vegetarian Meal) : 다양한 채식주의자를 위한 식사이다. 종교, 건강, 경제적 또는 정치적 이유 등으로 채식 식사를 제공한다.

Saudia Airlines, Special In-Flight Meal

이러한 다양한 특별식은 승객의 건강, 종교적, 문화적 요구에 맞춰 항공 여행 경험을 개선하는 데 중요한 역할을 한다.

4) 케이터링 탑재

케이터링 탑재 과정은 항공사의 운영 효율성과 보안을 보장하기 위해 매우 엄격하게 관리된다. 이 과정은 다음과 같이 진행된다.

- 케이터링 위치와 준비 : 케이터링 시설은 대개 공항의 랜드사이드에 위치하며, 모든 위탁화물은 항공기 적재 전 에어사이드 지역을 통과해야 한다. 이는 보안 요구 사항을 준수하기 위함이다.
- 보약 검사와 포장 : 준비된 음식과 서비스 품목은 갤리 선적 계획에 맞게 상자와 카트에 적재되며, 내부에 아무것도 숨겨져 있지 않은지 보안 검사를 거친다. 검사 후 케이터링 트럭에 실린다.
- 온도 관리 : 케이터링 트럭은 음식이 적절한 온도를 유지하도록 냉장 설비가 되어 있거나, 필요에 따라 드라이아이스로 식품을 포장한다.
- 보안 및 문서화 : 적재된 음식은 번호가 매겨지고 밀봉되며, 모든 세부 사항은 'Catering Consignment Note'에 기록된다. 이 문서는 필요한 모든 보안 절차가 준수되었는지 확인하는 동시에 보안 신고서 역할을 한다.
- 보안 봉인 검사 : 보안 봉인은 항공기로의 운송 도중 개입 여부를 검사하는 데 사용된다. 봉인에 문제가 발견되면 해당 물품은 항공기 적재 전에 재검사를 받아야 한다.
- 항공기 적재 : 케이터링 트럭은 항공기 오른쪽 문 옆에 주차하여 적재와 하역을 용이하게 한다. 트럭에는 카트와 상자를 항공기 문과 같은 높이로 올릴 수 있는 기계장치가 내장되어 있다.
- 승무원과의 조정 : 케이터링 적재는 일반적으로 객실승무원이 항공기에 탑승하기 전에 완료되며, 승무원이 탑승 중일 때는 출입구에서 멀리 떨어져 있어야 하고, 갤리에서 나와 있어야 한다.

일본항공 케이터링

이러한 절차는 항공기가 지상에 머무는 시간이 매우 제한적이므로 신속하고 정확하게 이루어져야 한다. 전체 케이터링 절차는 항공사와 신중하게 조정되어, 기내식 준비가 완료되는 즉시 올바른 내용물이 정확한 항공기로 준비되도록 하며, 모든 운영의 원활함을 보장한다.

5) 기내식 안전

객실승무원은 기내에서 음식 서비스의 청결과 위생을 관리하는 중요한 역할을 담당한다. 수백만 명의 승객과 승무원이 안전하게 식품을 섭취할 수 있도록 엄격한 지침을 따르는 것이 필수적이다. 이는 식품으로 인한 질병 발생률을 낮추는 데 기여한다. 식중독은 드물지만 발생할 경우 승객의 건강에 심각한 영향을 미칠 수 있으며, 항공사의 평판과 재정적 부담에도 영향을 줄 수 있다.

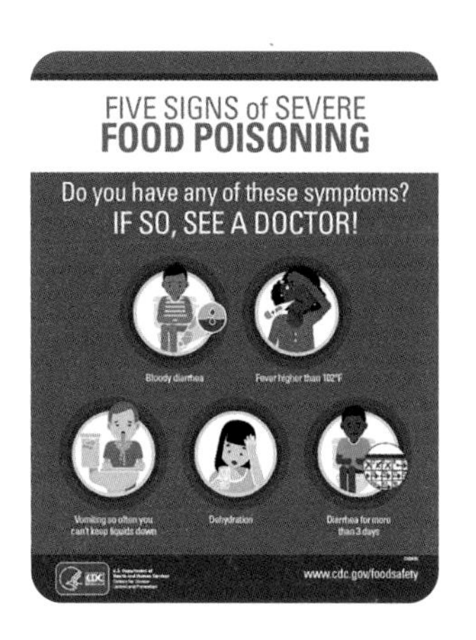

▷ 식중독의 주요 원인

- 시간과 온도의 부적절한 관리
  - 온도 조절 실패로 인한 빠른 박테리아 증식
  - 조리 또는 냉각 과정에서의 부적절한 온도 유지
- 교차 오염
  - 요리된 음식과 날 음식 간의 교차 오염
  - 위생적으로 처리되지 않은 표면 사용
  - 오염된 도구 사용
- 개인 위생의 미흡
  - 음식을 다루기 전 손 씻기의 미흡
  - 아플 때 음식 준비

▷ 객실승무원의 음식 질병 예방법

- 위생 유지
  - 제복과 개인 위생 상태 철저히 관리
  - 갤리를 항상 청결하게 유지
- 적절한 음식 취급
  - 더러워진 도구와 깨끗한 도구 분리 보관
  - 조리 도구와 표면에서 기침이나 재채기를 하지 않음
- 자주 손 씻기
  - 식사와 음료 서비스 전에 손을 자주 씻기
  - 상처가 있는 경우, 방수 붕대로 완전히 보호
- 적절한 식품 보관
  - 냉장 및 냉동 품목을 적절한 온도에서 저장
  - 드라이아이스 사용 시 적절한 시간까지 보관
- 승객 질병 발생 시 조치
  - 의료 지원 요청 및 적절한 신고 양식 작성
  - 객실 사무장과 기장에게 보고하여 필요한 조치 취하기

이러한 조치들은 승객과 승무원 모두에게 안전하고 쾌적한 비행 환경을 제공하는 데 중요하다. 식중독 예방은 항공 여행의 안전성을 유지하고, 항공사의 서비스 품질을 보장하는 핵심 요소이다.

2 기내식 제공

1) 기내에 제공되는 일반적인 식품 제공의 예

저비용항공사(LCC)는 음식과 음료 서비스를 통해 추가 수익을 창출하기 위해 승객에게 개별 품

목을 구매하도록 한다. 이러한 항공사들은 간편하게 서비스할 수 있고, 승객이 쉽게 접근할 수 있는 다양한 식사 옵션을 제공한다. 일반적으로 제공되는 식품은 다음과 같다.

▷ 스낵

- 샌드위치 : 다양한 종류의 샌드위치가 제공된다.
- 감자 칩, 견과류, 과자, 초콜릿 : 간편하게 먹을 수 있는 스낵으로, 간식이나 작은 식사 대용으로 적합하다.
- 스낵 박스 : 세이버리 품목(크래커, 치즈, 파테, 피클), 케이크, 초콜릿, 비스킷 등이 포함되어 있다.

▷ 따뜻한 음식

- 피자, 베이컨 샌드위치, 치즈 롤 : 주문 시 오븐에서 가열되며, 약 15분 가량 가열하여 서빙한다.
- 수프와 컵라면 : 뜨거운 물을 부어 간편하게 즐길 수 있는 식품이다.

▷ 차가운 식사(콜드밀)

- 차가운 육류와 치즈 접시, 샐러드, 차가운 디저트, 빵 롤 : 빠른 서비스를 위해 미리 준비된 차가운 식사로, 이륙 직후 즉시 제공될 수 있다.
- 트레이세트에는 차가운 식사와 함께 뜨거운 음료를 위한 컵이 제공된다.

▷ 뜨거운 식사

- 빵 롤, 샐러드, 디저트와 함께 제공되며, 항공편 동안 제공하기에 충분한 시간이 있는 경우 선택된다.
- 햄버거, 치킨 조각 등의 패스트푸드 유형 식사가 포함된다.

▷ 프리미엄 클래스 서비스

- 전통적인 뜨거운 또는 차가운 식사를 제공하며, 서비스는 승객이 필요할 때 직접 제공된다.
- 승객에게 테이블을 준비하고, 식사를 직접 서빙하며, 디저트와 차나 커피를 제안한다.

저비용항공사는 이러한 서비스를 통해 간편하게 승객에게 식사를 제공하고, 항공기의 운영 효율성을 높이며, 승객의 만족도를 향상시키려고 한다. 이러한 식사 옵션은 승객에게 선택의 폭을 제공하며, 짧은 항공 노선에서 특히 인기가 있다.

2) 식사 및 식품 탑재

기내에서 제공하는 식사 유형과 관계없이 항공기의 저장 공간은 매우 제한적이다. 항공기는 가능한 많은 좌석을 수용할 수 있도록 설계되며, 갤리는 보통 그 후에 고려된다. 식사는 항공사의 갤리 선적 계획에 따라 각 갤리에 탑재된다.

객실승무원은 각 항공편에 정확한 양의 음식이 탑재되었는지 확인하는 책임이 있으며, 항공사의 절차를 숙지해야 한다. 이 점검은 객실승무원이 탑승하여 안전 및 보안 검사를 완료하는 즉시 수행된다.

식사가 카트에 탑재되고 쟁반에 설치되는 경우, 관련된 모든 따뜻한 음식을 각 오븐 내부의 오븐용 트레이에 넣는다. 각 카트에는 탑재량의 세부 사항을 기재한 라벨이 부착되어 있으며, 객실승무원은 총 개수가 맞는지 확인한다. 항공사는 객실승무원이 정확한 수의 식사를 탑재했는지 확인하는 자체 요건과 절차를 가지고 있다.

객실승무원이 카트를 확인하는 합리적인 방법은 다음과 같다.

- 표시된 내용의 레이블을 확인한다.
- 문을 열고 식사 트레이를 살짝 밀어서 모든 칸에 트레이가 채워져 있는지 확인한다.
- 채워진 칸의 수를 세고, 칸마다 있어야 하는 트레이 숫자를 곱해서 총수를 계산한다.
- 임의로 트레이를 빼서, 해당 트레이가 필수 항목으로 바르게 채워져 있는지 확인한다. 이것은 구성 과정에서 잊어버린 것이 있는지 알려주는 데 도움이 된다.
- 총 식사수를 적어두고, 나머지 카트를 확인한다.
- 탑재된 총수량을 계산하고, 음식 항공화물 운송장과 대조하여 확인한다.

각 카트 내용물을 확인한 후에는 뜨거운 식사 수를 확인하기 위해서 오븐을 확인한다. 특히 여러 식사 선택 옵션이 제공되는 경우에 추가 식사가 가끔 탑재되어 객실승무원이 유연성 있게 승객에게 제공할 수 있다.

대량 탑재품목은 트레이에 놓여 있지 않은 품목으로서 손으로 잡고 먹는 뜨거운 음식, 스낵 상자, 아이스크림 및 스낵이 포함될 수 있다. 대량 탑재품목은 카트 또는 상자에 탑재되며, 각 문 안의 레이블에는 내용물이 표시되어 있다. 객실승무원은 상자나 카트를 열어 정확한 수량이 탑재되었는지 확인해야 한다.

3) 지상에서 기내식 준비

객실승무원은 항공기 탑승 후 바로 비행 준비를 위한 안전 및 보안 검사를 수행한다. 점검 후, 갤리의 책임자는 탑재된 기내식을 확인하고, 기내 탑재리스트와 대조한다. 추가적인 보안 검사도 이루어져 식사 위탁물 안에 부적절한 물품이 실리지 않도록 한다.

객실승무원은 필요에 따라 서비스 물품을 재배열해야 할 수도 있으나, 중량과 항공기의 균형에 영향을 미치지 않도록 주의해야 한다. 식품은 적절한 온도에서 보관되어야 하며, 일부 항공기에서는 갤리를 차갑게 유지하기 위해 시스템을 확인한다. 드라이아이스를 사용하는 경우, 오븐 사용 전에 제거해야 화재 위험을 방지한다.

식사 준비에는 식품 포장을 제거하고, 필요한 음식물을 오븐으로 옮기는 작업이 포함된다. 또한, 대량 탑재 서비스 품목을 트레이로 옮기고, 모든 품목의 개수를 확인한다. 프리미엄 객실을 위한 환영 음료와 신문 준비, 특별식 탑재 여부 확인, 서비스 트레이 준비, 스위트 바구니 및 뜨거운 수건 준비 등이 이루어진다.

모든 준비를 마친 후, 객실승무원은 케이터링 업체 담당자와 함께 주문한 모든 품목을 최종 확인하고, 항공화물 운송장에 서명한다. 모든 케이터링이 확인되고 준비되면, 이륙 전에 다시 보관하고 빨간색 고정 장치로 고정하여 택싱과 이륙 중에 제자리에 있도록 해야 한다. 기내 승무원이 이를 잊어버리면, 항공기가 이동 중일 때 무거운 케이터링 물품이 떨어져 복도를 따라 굴러가서 승객이나 승무원을 부상시키거나, 항공기 객실을 손상시키거나, 조종실 문을 부딪칠 수 있다.

4) 기내서비스 수행

Singapore Airlines, in-flight service

객실승무원은 안전하고 난기류가 없는 상황에서만 이륙 후 직접 업무를 시작할 수 있다. 단거리 항공편에서는 가능한 한 빠르게 서비스를 시작하여 최대한 서비스 시간을 확보하며, 장거리 항공편에서는 좌석벨트 신호가 꺼질 때까지 기다려야 한다. 안전 및 보안 점검 후, 객실승무원은 탑재된 음식물을 확인하고 기내식 탑재 리스트와 대조한다. 객실승무원은 항공기가 상승 중일 때 물품을 고정하고, 전력 제어로 인해 갤리 전력이 항상 사용 가능하지 않다는 점을 고려해야 한다.

짧은 비행에서는 음료와 적당량의 뜨거운 음식을 제공하고, 긴 비행에서는 차, 커피 및 따뜻한 식사가 필요할 수 있다. 서비스 브리핑은 객실 사무장이 비행 전에 제공하여 각 항공편에 필요한 서비스를 승무원이 알 수 있도록 한다. 장거리 항공편에서는 여러 차례의 식사 서비스가 포함될 수 있으며, 서비스 완료에는 2~3시간이 소요될 수 있다. 항공 교통 관제 변경에 따라 비행 경로나 시간이 조정될 수 있으므로, 승무원은 서비스 시간을 융통성 있게 조정할 수 있어야 한다.

서비스는 트레이를 사용하여 이루어지며, 한 번에 식사 서비스로 각 카트의 식사 수에 따라 미리 지정된 좌석 번호에서 시작된다. 더 큰 항공기에서는 특정 좌석 번호부터 서비스를 제공할 수 있으며, 승객이 서비스 중 좌석을 비울 경우 다시 확인한다. 프리미엄 및 비즈니스 클래스에서는 트레이 설정 없이 개별적으로 서비스를 제공하며, 다단계 식사 서비스로 진행된다. 이 과정에는 테이블 설정, 전채요리 및 메인 코스 제공, 디저트 및 차나 커피 제공 등이 포함된다.

객실승무원은 서비스를 수행하면서 침착하고 효율적으로 일해야 하며, 승객을 편안하게 만드는 것과 업무를 완료하는 사이에 균형을 유지해야 한다. 모든 승객이 서비스를 받고, 빈 음식 트레이가 오랫동안 방치되지 않도록 주의하며, 다른 객실승무원과 팀워크를 유지한다.

5) 갤리 장비 작업 시 안전

객실승무원은 기내에서 기내식 준비와 서비스에 다양한 갤리 장비를 사용한다. 이 장비는 안전 위험 요소가 될 수 있으므로 각종 안전 조치를 준수해야 한다.

Boeing 787-9 Dreamliner, 갤리

- 케이어 박스(Boxed), 카트(Carts), 적재함(cupboards) : 갤리에 있는 모든 상자, 카트, 찬장에는 물건이 떨어지지 않도록 빨간색 고정 걸쇠(시건 장치, 락킹고리)가 달려 있다. 객실승무원은 난기류 시에도 이 걸쇠를 사용하여 안전을 확보해야 한다.
- 기내 오븐 : 습식 및 건식 오븐이 있으며, 습식 오븐은 스팀을 사용해 조리하고 건식 오븐은 핫 에어를 순환시킨다. 객실승무원은 사용 전 오븐 내부를 점검하여 깨끗하고 타지 않도록 해야 하며, 오븐 사용 중 연기나 타는 냄새가 나지 않도록 주의해야 한다.
- 전자레인지 : 특히 프리미엄 객실에 설치되어 있으며, 객실승무원은 전자레인지 사용 시 금속 용기를 넣지 않도록 주의한다.
- 워터보일러 : 뜨거운 음료를 위한 보일러는 갤리에 고정되어 있으며, 객실승무원은 사용 전에 파이프의 공기를 제거하는 'Purging' 절차를 수행해야 한다.
- 커피메이커 : 프리미엄 객실에서 사용되며, 커피메이커를 통해 직접 증기를 공급하여 에스프레소나 카푸치노를 제공한다. 승무원은 고압 스팀 사용 시 주의해야 한다.
- 뜨거운 컵(Hot cup) : 주전자와 유사하며, 객실승무원은 차가운 물로 용기를 채워 물을 끓인다.
- 냉장고 및 냉동고 : 냉장 필요 품목은 냉장고나 냉동고, 또는 냉장 아이스박스에 보관된다. 객실승무원은 이 장치들이 적절히 작동하고 배출구가 막히지 않도록 주의해야 한다.
- 쓰레기통 : 갤리나 특수 설계된 카트에 설치된 쓰레기통에는 불이 붙었을 때 산소 유입을 방지하는 덮개가 있다. 객실승무원은 쓰레기가 통에 완전히 들어가도록 하고 덮개가 항상 닫혀 있는지 확인해야 한다.

이러한 장비들은 기내 서비스의 중요한 부분이며, 객실승무원은 장비 사용 시 안전 규정을 엄격히 준수하여 승객과 자신의 안전을 확보해야 한다.

6) 서비스 물품의 수거, 처리 및 재활용

객실승무원은 서비스 후 남은 물품과 쟁반을 수거하기 위해 특별히 지정된 수거용 카트를 사용한다. 이 카트에는 재활용 가능한 물품을 분리하기 위한 플라스틱 상자나 서랍이 마련되어 있으며, 일부 항공사는 포장을 열지 않은 기내식을 수거하여 자선 기관에 기부하기도 한다.

항공사는 기내와 지상에서 활용 가능한 재활용 시스템을 운영하고 있다. 이 시스템을 통해 재활용 가능성을 높이기 위해 착륙 전에 재활용 물품을 일반 쓰레기에서 분리하여 준비한다. 인프라가 부족한 작은 공항에서는 항공사가 재활용 물품을 다른 지역으로 운반하여 처리할 수 있도록 조치를 취하기도 한다.

항공사는 음식 쓰레기 건조기를 활용하여 기내 음식물 쓰레기를 재활용하기도 한다. 이 기술을 통해 음식물 쓰레기에서 수분을 제거하고, 건조된 가루를 퇴비화하거나 연료로 사용한다. 이와 같은 재활용 촉진 방안은 공항 운영사들의 지원을 받으며, 점차 증가하는 추세에 있다. 이러한 노력은 환경 변화에 긍정적인 영향을 주며, 매립 쓰레기양을 줄이는 중요한 시작점이 될 수 있다.

7) 고객 만족 및 피드백

항공사와 객실승무원의 노력에도 불구하고, 모든 승객이 항공사 기내식을 만족하는 것은 아니다. 차가운 음식은 불만의 주요 원인 중 하나이며, 객실승무원이 이를 관리해야 한다. 따뜻한 음식을 제공할 때는 조리 후 서비스 시까지 뜨거운 상태를 유지하도록 신경 써야 한다. 음식이 오븐에서 너무 일찍 꺼내지 않도록 하고, 즉각적인 서비스가 필요할 때까지 오븐에 보관한다.

많은 승객이 식사에 대해 공개적으로 불평하지 않지만, 객실승무원은 이를 인식하고 대응해야 한다. 기내식을 먹지 않은 채 반환되면 승객에게 상태를 확인하고, 대체 기내식을 제공할 수 있으면 이를 제공하여 승객의 불만을 최대한 해소할 수 있도록 방법을 모색한다. 대체할 수 없는 경우, 불만 사항을 기록하여 항공사에 보고한다. 이는 항공사가 케이터링 서비스를 개선하고, 공급 업체와의 관계를 유지하는 데 도움이 된다.

엄격한 건강 및 위생 규정이 항공사 식품에 적용되지만, 때때로 음식 이외의 물질이 발견될 수 있다. 대부분의 이물질은 해를 끼치지 않지만, 승객의 불만을 유발할 수 있다. 음식 취급자는 장갑을 착용하고 머리를 묶어 음식과의 직접 접촉을 피해야 하며, 실수로 손을 베이면 파란색 반창고를 사용해야 한다.

식사 중에 발견되는 이물질의 종류는 다음과 같다.

- 머리카락 : 최선의 노력을 기울여도 음식에 떨어질 수 있다.
- 곤충 : 주로 샐러드에서 발견되며, 음식물 처리 과정에서 대부분 제거되지만 가끔 남아 있을 수 있다.
- 붙이는 반창고 : 밝은 파란색으로 쉽게 식별되며, 발견되면 식사의 나머지 부분도 오염되었음을 유의한다.
- 바퀴벌레, 생쥐, 해충 : 케이터링 주방이나 항공기 근처에 살며, 식품 위생과 항공기 안전에 위험을 초래할 수 있다.

항공사는 음식 안의 이물질 조사를 위해 자체 절차를 가지고 있으며, 객실승무원은 증거를 보존해야 한다. 기내에서 발생하는 식중독은 드물지만, 발생 시에는 승무원이 같은 음식을 섭취한 승객들을 확인하여 보고해야 한다.

항공사 피드백은 고객 서비스의 중요한 요소이다. 객실 사무장은 기내에서 발생한 문제를 기록하는 객실승무원 비행 보고서를 작성한다. 이 보고서는 승객의 불만사항과 선호도를 포함하며, 기내서비스 부서에 전달된다. 객실승무원은 승객으로부터 직접 피드백을 수집할 수 있는 최적의 위치에 있으므로, 객실 사무장이 이를 반영하도록 한다.

각 항공사는 객실승무원이 따라야 할 자체 피드백 프로세스를 가지고 있으며, 목표는 예산을 유지하면서 제품을 개선하는 것이다.

8) 승무원 식사

객실승무원과 운항승무원은 근무 중 식사와 음료 섭취가 필요하다. 승무원은 높은 고도의 건조한 공기로 인해 탈수될 수 있으므로, 정기적으로 물을 마셔야 한다. 운항승무원은 주로 조종실에서 식사하며, 짧은 비행의 경우 지상에서 식사한다. 객실승무원이 조종실에 기내식을 가져갈 때는 조종사의 업무를 방해하지 않도록 주의해야 한다.

객실승무원은 음료를 제공할 때 비행통제장치에 엎지르지 않도록 주의해야 한다. 가능하다면 음료를 기장과 부기장의 바깥쪽으로 전달하고, 안전하게 잡을 때까지 쟁반 위에 놓는다. 일부 항공사는 엎질러질 위험을 줄이기 위해 조종실 내 음료수 홀더에 맞는 특수 컵이나 용기를 제공한다. 엎질러진 모든 음료는 즉시 치우고, 항공기 로그에 기록하여 점검받아야 한다.

운항승무원은 서로 다른 식사를 제공받아야 한다. 이는 한 명이 식중독에 걸리더라도 다른 조종사가 비행을 계속할 수 있도록 하기 위함이다. 식중독의 가능성은 낮지만, 항공사는 이를 예방하기 위해 엄격한 규칙을 시행한다. 두 조종사에게는 다른 시간에 식사를 제공하여 한 명이 항상 조종할 수 있도록 한다.

객실승무원은 운항승무원의 식사 선호도와 시간을 확인하여 적절히 제공해야 한다. 약 20분마다 운항승무원의 상태를 확인하고, 조종실 문을 열 때는 보안 절차를 준수해야 한다. 객실승무원은 운항승무원이 건강하고, 항공기 통제에 문제가 없는지 정기적으로 점검한다.

객실승무원의 식사도 중요하다. 건강을 유지하기 위해 정기적으로 식사 휴식 시간을 가지며, 건강에 해로운 간식은 피해야 한다. 하루 세 끼 식사를 가능한 한 정기적으로 섭취하고, 한 명의 승무원이 식사할 때 다른 승무원은 계속 업무를 수행한다. 객실승무원은 정기적으로 물을 마셔야 하며, 탄산음료는 피하는 것이 좋다.

3 기내 판매 서비스

1) 기내 판매 서비스 유형

대부분의 항공사는 기내에서 제품 판매를 부수적인 수익의 필수 요소로 간주한다. 항공사 고객에게 제공되는 기내 서비스에는 다음과 같은 네 가지 유형이 있다.

▷ 면세품

다른 국가로 여행하는 승객에게 다양한 부티크 상품을 현지 관세 또는 세금 없이 판매한다. 판매 품목에는 담배류, 주류, 향수, 화장품, 액세서리, 전자제품, 시계 및 보석류가 포함된다.

▷ 비과세 품목

1999년 유럽연합(EU) 국가 간의 면세품 판매가 폐지되었다. 항공사는 담배, 주류 등을 제외한 다른 품목을 세금 없이 판매한다. 이 경우 항공사는 고객을 대신하여 세금을 내고 운영 국가에 지급한다.

▷ 기내 구매

항공사가 고객에게 제공하는 식음료를 비행 중 판매한다. 많은 항공사는 무료 식사나 음료를 제공하지 않으며, 더 다양한 제품을 소개하여 고객이 구매하도록 한다.

▷ 가상 구매 제품(VIP)

많은 항공사는 탑재된 전자 POS 장치를 통해 다양한 제품을 판매한다. 예를 들어, 버스나 철도 승차권, 극장 관람권, 명소 입장권 등이 포함된다.

이 네 가지 유형의 기내 판매 서비스는 항공사가 고객에게 다양한 선택지를 제공하고, 추가적인 수익을 창출하는 데 중요한 역할을 한다.

2) 기내 판매 전략

객실승무원은 일반적으로 기내 판매에 대한 수수료와 인센티브를 받는다. 이러한 인센티브는 보너스, 상품권, 상품, 선물 등 다양하다. 기내 판매를 극대화하기 위해 항공사와 객실승무원은 다양한 전략을 사용한다. 성공적인 기내 판매를 위한 다섯 가지 기술은 다음과 같다.

EVA Airways, in-flight duty free

▷ 판매 인식

- 객실승무원은 비행이 시작되기 전에 다음 질문들을 고려할 수 있다.
- 일 년 중 시기적 특징 : 어떤 달인가? 무슨 요일인가?
- 출발 시각 : 아침, 오후, 저녁, 밤 비행인가?
- 비행시간 : 얼마나 걸리는가? 정상적인 시간과 다른가?
- 특별한 경우 : 특정 제품의 구매량에 영향을 미칠 수 있는 이벤트가 있는가?
- 목적지 동향 : 이 경로에서 고객이 어떤 제품을 더 많이 구매하는가?
- 고객 프로필 : 어떤 유형의 고객이 탑승하는가? 연중 변화가 있는가?
- 고객 프로모션 : 특별 프로모션이 있는가? 브로슈어로 확인할 수 있는 무료 제공 제품이 있는가?
- 평균 승객 지출 : 총 매출을 고객 수로 나눈 값을 일반적인 판매 매출과 비교할 수 있는가?
- 승무원 경험과 기술 : 판매에 능숙한 승무원은 누구인가? 누가 PA를 하고 싶어 하는가?
- 서비스 계획 : 이 경로의 절차는 무엇인가?
- 승무원 인센티브 : 항공사가 제공하는 인센티브는 무엇인가?
- 비행 중에도 다음 질문을 염두에 둔다.
- 날씨 : 난기류와 같은 잠재적인 기상 이슈가 서비스에 영향을 줄 수 있는가?

- 시간 관리 : 각 객실에 몇 명의 고객이 있는가? 판매 서비스를 수행할 충분한 시간이 있는가?
- 구매 신호 : 승객이 구매를 고려하고 있음을 나타내는 신호가 있는가?
- 지루한 아이들 : 어린이용품을 제공하여 부모를 기쁘게 할 수 있는 방법이 있는가?

▷ 제품 지식

객실승무원은 제품의 기능과 이점을 알고 있어야 한다. 특징은 제품의 역할이며, 이점은 고객이 그 특징에서 얻는 것이다. 고객은 제품의 이점을 고려하여 구매를 결정한다.

▷ 상품 판매

서비스 전에 카트를 설치하고 가능한 한 매력적으로 진열하여 제품을 호소력 있게 만든다.

▷ PA의 성공적인 사용

- 명확하고 간결한 공지 표시
- 특별 판매 제품 강조
- 감정을 자극하는 단어 사용
- 얼마나 절약할 수 있는지 강조
- 짧고 간단하며 효과적으로 전달
- 브랜드 이름 항상 언급

▷ 영업 기법

- 관계 판매 : 승객에게 판매를 강요하지 않고, 고객의 관심을 염두에 두고 판매한다.
- 첫인상과 기내에서의 처음 몇 분은 성공적인 관계 구축의 시작점이다.
- 눈을 마주치고 진실한 미소를 짓고, 승객의 기호에 귀 기울인다.
- 일부 승객은 승무원의 추천에 따라 구매하려는 경향이 있다.
- 특정 제품은 함께 판매하는 것이 더 좋다(예 남성과 여성 향수).
- 기회가 있다면 대안을 제시한다.

- 상향 판매 : 고객이 선택한 제품보다 더 높은 가격의 제품을 추천한다.
- 교차 판매 : 고객이 선택한 제품과 관련된 제품을 추천한다.
- 판매 완료 시 고객에게 기억에 남는 인상을 준다. 제품을 가방에 넣고 고객에게 미소 지으며 감사한다.

각 국가는 승객이 가져올 수 있는 물품에 대한 제한 사항이 다르다. 일반적으로 항공사 안내 책자에 세관에서 허용되는 담배, 향수, 선물, 주류의 양을 명시한다. 각 항공사는 고객이 물품 구매 시 사용할 수 있는 통화와 신용카드 한도 금액에 대한 제한 사항을 가지고 있다.

3) 재무보고

항공기 소매 서비스 수입을 측정하는 다양한 지표는 항공사의 수익성을 평가하는 데 중요한 역할을 한다. 다음은 몇 가지 주요 지표와 그 산출 방법이다.

▷ 한 명당 평균 소비(평균 고객 지출)

- 수익을 총 기내 고객 수로 나눈 값이다.
  예) 항공편의 총 수익이 £300이고, 고객이 10명인 경우 인당 평균 지출은 £30이다.

▷ 고객 보급률

- 항공편에서 상품을 구매한 고객의 비율을 나타낸다.
- 구매 고객 수를 탑승한 총 승객 수로 나눈 후 100을 곱하여 계산한다.
  예) 100명의 기내 승객 중 25명이 구매한 경우 고객 보급률은 25%이다.

▷ 평균 거래 금액

- 거래당 평균 지출 금액을 나타낸다.
- 총 매출액을 총 판매 거래 수로 나눈 값이다.
  예) 총 수익이 $2,000이고, 20건의 거래가 발생한 경우 평균 거래 금액은 $100이다.

▷ 거래당 평균 제품 수

- 총 제품 수를 총 거래 수로 나눈 값이다.
  예 25건의 거래 중 50개의 제품이 판매된 경우 거래당 평균 제품 수는 2개이다.

▷ 경로 당 평균 수익

- 일정 기간에 걸쳐 계산되며, 일정 기간의 총 수익을 같은 기간의 해당 노선 항공편 수로 나눈 값이다.
  예 해당 월의 총 수익이 $70,000이고, 15회의 항공편이 있었다면 이 경로의 평균 수익은 $4,666이다.

이러한 지표들은 특정 노선 및 항공편에서의 고객 행동과 선호 제품을 이해하는 데 도움이 되며, 고객의 요구에 맞추어 변화를 수행할 수 있게 한다.

4) 판매 회계

기내 판매 시, 객실승무원은 판매 품목 및 가격의 세부 사항을 승객에게 제공한다. 승객은 다양한 방법으로 결제할 수 있으며, 각 항공사에는 신용카드 수령 및 외화 관련 자체 허용 기준이 있다. 이는 항공사가 자금을 은행에 송금하고, 관련 규율을 준수해야 하기 때문이다.

대부분의 항공사는 기내 판매를 효율적으로 관리하기 위해 EPOS Electronic Point of Sale 컴퓨터를 사용한다. EPOS는 객실승무원이 판매하는 각 품목의 바코드를 스캔하고, 다양한 통화로 가격을 계산하며, 승객에게 영수증을 제공할 수 있게 해주는 소형 장치이다. EPOS는 판매된 모든 품목과 가격을 인쇄한다. 객실승무원은 인쇄물과 실제 금액을 일치시키면 된다. 만약 EPOS 장치가 작동하지 않으면, 객실승무원은 판매된 모든 품목과 금액을 수동으로 기록해야 한다.

목적지에 도착하기 전에 객실승무원은 면세품을 계산하고 봉인한다. 판매 시간과 문서 작성 시간을 충분히 관리하여 모든 승객이 구매 기회를 얻을 수 있도록 한다. 면세품 판매가 끝나면, 객실승무원은 판매된 모든 품목과 금액을 계산한다.

각 항공사는 회계 방식과 돈을 넘기는 절차가 다르다. 세관 규정에 따르면, 항공기에 탑재된 모든 면세품은 항공기가 지상에 있는 동안 수량을 확인하고 봉인해야 한다. 이는 세금을 내지 않은 품목이 시장에서 판매되는 것을 방지하기 위한 것이다. 항공기가 착륙하는 동안 면세품을 꺼내야 할 때는 "본드Bond"라고 불리는 안전한 위치로 이동시켜 보관한다.

객실승무원이 항공사로 돌아올 때마다 면세 서류를 정확하게 작성하고 봉인 번호를 기록해야 한다. 착륙 시 현지 세관을 위해 유사한 서류를 작성해야 할 수도 있다. 세관은 이 봉인과 서류를 자주 확인하며, 규정을 준수하지 않는 항공사에 대해서는 과태료를 부과할 수 있다.

연습문제

01 다음 중 항공사의 기내 서비스 설계와 관련된 내용으로 옳지 않은 것은 무엇인가?

A. 항공사의 사업 목표와 자금 상황에 따라 고객 서비스 설계가 다를 수 있다.
B. 풀 서비스 항공사는 다양한 좌석 등급에 따라 여러 종류의 기내식을 제공한다.
C. 케이터링 회사는 항공사의 서비스 설계와 관계없이 기내식을 준비하여 제공한다.
D. 정기적으로 메뉴를 변경하여 승객이 같은 기내식을 제공받지 않도록 한다.

02 다음 중 특별식과 그에 대한 설명이 올바르게 연결된 것은 무엇인가?

A. CHML - 당뇨병 환자를 위한 식사로, 복합 탄수화물, 저지방, 높은 식이섬유를 포함하고 튀김 음식이나 과당이 제외된다.
B. FPML - 과일만을 제공하는 식사로, 신선하거나 통조림으로 된 무가당 과일이 포함된다.
C. LCML - 저콜레스테롤, 저지방 식사로, 불포화 지방을 포함한다.
D. GFML - 고섬유질 식사로, 통밀빵, 시리얼, 생과일, 채소 등을 포함한다.

03 다음 중 항공사의 케이터링 탑재 과정에 대한 설명으로 옳지 않은 것은 무엇인가?

A. 케이터링 위치는 주로 공항의 랜드사이드에 위치하며, 모든 위탁화물은 항공기 탑재 전 에어사이드 지역을 통과해야 한다.
B. 준비된 기내식과 서비스 품목은 갤리 선적 계획에 맞게 상자와 카트에 탑재되며, 내부에 아무것도 숨겨져 있지 않은지 보안 검사를 거친다.
C. 케이터링 트럭은 기내식이 적절한 온도를 유지하도록 냉장 설비가 되어 있으며, 필요에 따라 드라이아이스로 식품을 포장한다.
D. 케이터링 탑재는 일반적으로 객실승무원이 탑승 중일 때 완료되며, 승무원과 조율하여 갤리에서 나와 있도록 한다.

04 다음 중 항공기 갤리에서 객실승무원이 식사와 음료를 탑재할 때 해야 할 절차로 옳지 않은 것은 무엇인가?

A. 표시된 내용의 레이블을 확인한다.

B. 문을 열고 식사 트레이를 살짝 밀어서 모든 칸에 트레이가 채워져 있는지 확인한다.

C. 채워진 칸의 수를 세고, 칸마다 있어야 하는 트레이 숫자를 곱해서 총수를 계산한다.

D. 카트 내용물을 확인하지 않고, 믿을 수 있는 다른 승무원에게 확인을 맡긴다.

05 다음 중 객실승무원이 기내에서 식사 준비를 할 때 주의해야 할 사항으로 올바르지 않은 것은 무엇인가?

A. 드라이아이스를 사용하는 경우, 오븐 사용 전에 제거하여 화재 위험을 방지한다.

B. 식품 포장을 제거하고 필요한 음식물을 오븐으로 옮긴다.

C. 탑재된 기내식을 확인하고 기내 탑재리스트와 대조한다.

D. 모든 음식물을 오븐에 동시에 넣어 빠르게 가열한다.

06 다음 중 객실승무원이 기내 서비스 수행 시 준수해야 할 사항으로 올바르지 않은 것은 무엇인가?

A. 안전하고 난기류가 없는 상황에서만 업무를 시작한다.

B. 단거리 항공편에서는 가능한 한 빠르게 서비스를 시작하여 최대한 서비스 시간을 확보한다.

C. 장거리 항공편에서는 좌석벨트 신호가 꺼질 때까지 기다린다.

D. 프리미엄 및 비즈니스 클래스에서는 트레이 설정 없이 개별적으로 서비스를 제공한다.

E. 기내에서 서비스 중에는 승객의 요구와 상관없이 모든 승객에게 동일한 서비스를 제공한다.

07 다음 중 객실승무원이 갤리 장비 작업 시 주의해야 할 안전 사항으로 올바르지 않은 것은 무엇인가?

A. 모든 박스, 카트, 찬장은 난기류 시에도 빨간색 고정 걸쇠를 사용하여 안전을 확보한다.
B. 전자레인지 사용 시 금속 용기를 넣지 않도록 주의한다.
C. 커피메이커를 사용할 때 고압 스팀 사용 시 주의한다.
D. 워터보일러를 사용하기 전에 파이프의 공기를 제거하지 않고 바로 사용한다.

08 다음 중 승무원의 기내식 안전 관리와 관련된 올바른 방법으로 알맞은 것은 무엇인가?

A. 음식을 다루기 전 손을 씻지 않아도 된다.
B. 모든 음식물 쓰레기는 일반 쓰레기와 함께 처리한다.
C. 항공사 피드백 절차를 따르지 않아도 된다.
D. 기내 오븐 사용 중 연기나 타는 냄새가 나지 않도록 주의한다.

09 다음 중 기내 판매 서비스의 유형이 아닌 것은 무엇인가?

A. 면세품
B. 비과세 품목
C. 기내 구매
D. 온라인 쇼핑

10 다음 중 기내 판매 서비스에서 고객 보급률을 올바르게 계산하는 방법은 무엇인가?

A. 총 매출액을 총 거래 수로 나눈 값
B. 구매 고객 수를 탑승한 총 승객 수로 나눈 후 100을 곱한 값
C. 총 제품 수를 총 거래 수로 나눈 값
D. 일정 기간의 총 수익을 해당 노선 항공편 수로 나눈 값

정답과 해설

번호	정답	해설
01	C	케이터링 회사는 항공사의 서비스 설계에 맞추어 기내식을 개발하고 준비합니다. 따라서 항공사의 서비스 설계와 긴밀한 관계가 있습니다.
02	B	FPML (Fruit Platter Meal)은 과일만을 제공하는 식사로, 신선하거나 통조림으로 된 무가당 과일이 포함됩니다.
03	D	케이터링 탑재는 일반적으로 객실승무원이 항공기에 탑승하기 전에 완료되며, 승무원이 탑승 중일 때는 출입구에서 멀리 떨어져 있어야 하고, 갤리에서 나와 있어야 한다.
04	D	객실승무원은 식사 카트의 내용을 직접 확인하여 정확한 수의 식사가 탑재되었는지 확인해야 한다. 다른 승무원에게 확인을 맡기는 것은 절차에 어긋난다.
05	D	모든 음식물을 오븐에 동시에 넣는 것은 음식의 균일한 가열을 방해할 수 있으며, 특정 음식이 과열되거나 덜 익을 수 있다. 따라서, 적절한 가열을 위해 음식물을 차례대로 넣어야 한다.
06	E	객실승무원은 승객의 요구에 맞춰 개별적인 서비스를 제공해야 하며, 모든 승객에게 동일한 서비스를 제공하는 것이 아니라 각각의 필요에 맞는 서비스를 제공하는 것이 중요하다.
07	D	워터보일러 사용 전에 파이프의 공기를 제거하는 'Purging' 절차를 수행해야 한다. 공기를 제거하지 않으면 보일러가 제대로 작동하지 않을 수 있다.
08	D	객실승무원은 기내 오븐 사용 중 연기나 타는 냄새가 나지 않도록 주의해야 하며, 이는 승객의 안전과 기내식의 질을 보장하기 위해 중요하다.
09	D	기내 판매 서비스의 유형에는 면세품, 비과세 품목, 기내 구매, 가상 구매 제품이 포함되지만, 온라인 쇼핑은 포함되지 않는다.
10	B	고객 보급률은 구매 고객 수를 탑승한 총 승객 수로 나눈 후 100을 곱한 값이다.

제10장

객실 승무원의 경력개발

1 안전 및 피로 관리

객실승무원에게 안전 관련 업무는 가장 중요하다. 또한, 우수한 고객 서비스도 요구된다. 규제 당국은 객실승무원의 역할에 대한 세부 조건을 규정하지 않지만, 안전과 관련된 직무를 수행하는 능력에 관한 규정은 존재한다. 예를 들어, 객실승무원이 아플 경우 업무를 수행할 수 없으므로, 이를 대비한 규정이 있다.

객실승무원이 안전 업무를 효과적으로 수행하기 위해서는 근무 시작 시 건강 상태가 적합해야 한다. 항공사는 객실승무원을 처음 고용할 때 건강 상태를 진단하여 비행 중 나빠질 수 있는 증상이 있는지 확인한다. 이 진단은 소화기관, 시력, 청력, 심장과 폐의 기능뿐만 아니라 귀, 코, 목을 검사하여 기압 차이로 발생할 수 있는 문제를 확인한다. 이후 건강을 유지하는 책임은 승무원 자신에게 달려 있다. 일부 규제기관은 정기적으로 건강 검사를 요구하기도 한다.

비행 업무 시작 시, 객실승무원은 예기치 않은 상황에 대비하여 최대 업무 허용 시간 동안 근무할 수 있어야 한다. 예를 들어, 시드니에서 멜버른까지 비행 시간이 한 시간 조금 넘는 구간에서도 지연이 발생할 수 있다. 지연은 악천후 등 항공사가 통제할 수 없는 요인에 의해 발생하며, 승무원은 집중력을 유지해야 한다. 따라서 휴식시간을 적절히 관리하는 것이 중요하다.

피로Fatigue는 충분한 수면을 취하지 못한 사람의 성과가 떨어지는 것을 의미한다. 비행이 끝날 무렵 승무원이 오랫동안 잠을 자지 못해 집중력이 떨어지면, 문의 디스암을 잊어버리는 사고가 발생할 수 있다. 이로 인해 슬라이드가 펴져 외부 사람들이 다치거나 다음 출발이 지연될 수 있다. 이런 사고는 우발적 슬라이드 배치 사고로 알려져 있으며, 많은 항공사에서 주요 우려 사항 중 하나이다.

IATA 회원 항공사들 사이에서는 피로 관리를 위한 교육이 점차 도입되고 있으며, 그 원칙은 모든 항공사에서 같다. 중요한 점은 피로 관리는 전적으로 객실승무원 자신에게 달려 있다는 점이다.

1) 피로 관리

충분한 수면 시간

일반적으로 피로와 피곤함을 피하기 위해서는 8시간의 수면이 필요하다. 개인의 건강 상태에 따라 차이가 있을 수 있지만, 8시간을 기준으로 여긴다. 야간 비행 시에는 객실승무원이 8시간 수면을 취하기 어렵기 때문에 비행 전후로 휴식을 취하도록 노력해야 한다.

숙면

깊은 수면이 중요하므로 방해받지 않고 잠을 잘 수 있는 공간에서 휴식하는 것이 중요하다. 소음이나 전화 소리에 방해받지 않도록 휴대전화, TV, 컴퓨터를 꺼두고, 방이 밝은 경우 어둡게 만들거나 눈가리개를 착용한다. 소음이 많은 경우에는 귀마개를 착용한다. 숙면을 취하면 더 양질의 휴식을 얻을 수 있다.

불면증 인지

자신의 코 고는 소리 등으로 주기적으로 깨어나 잠들기 힘든 경우가 있다. 이러한 경우, 같이 잠을 자는 사람이 이를 알려주는 것이 유일한 방법일 수 있다.

짧은 낮잠

많은 국가에서 낮잠을 최대 성과를 유지하는 방법으로 인식하고 있다. 낮잠은 우리 몸의 시계 주기가 낮에는 떨어지기 때문에, 기회가 있을 때 짧은 낮잠을 자는 것이 좋다. 업무 중에는 불가능하지만, 여행 중이거나 집에 있는 경우에는 좋은 방법이다.

개인 생활과 책임 관리

지속적인 비행 시 회사 생활과 개인 생활의 균형을 맞추는 것이 중요하다. 아이들이나 파트너가 있는 객실승무원은 가족 구성원들에게 휴식이 필요함을 알리고 수면 시 방해받지 않도록 한다.

사교 활동 유지

사교 활동이 업무에 영향을 주지 않도록 업무 시작 전에 충분히 휴식을 취하고 회복할 시간을 가져야 한다. 승무원에게 할당된 체류시간은 다음 비행 전의 휴식 시간으로, 충분한 휴식을 취할 시간을 확보해야 한다.

균형 잡힌 식사

건강하고 균형 잡힌 식습관은 긴 업무에서 회복하고 잠을 잘 자는 데 도움이 되며, 비행 업무를 완수하는 데 필요한 에너지를 공급한다. 정기적으로 음식을 섭취하고, 탄수화물 스낵보다는 단백질(고기, 생선, 달걀, 콩)을 균형 있게 섭취한다. 업무 특성상 규칙적으로 식사하기 어렵기 때문에 계획을 세우는 것이 중요하다.

2) 마약류, 술, 향정신성 물품

항공기 안전과 관련된 모든 직원(항공종사자 및 객실승무원 포함)은 업무 수행 능력에 부정적인 영향을 주는 술, 마약, 향정신성 물질(이하 "주정음료 등") 사용에 대한 엄격한 규칙을 준수해야 한다.

▷ 알코올 섭취 규칙

- 업무 중과 업무 시작 8시간 전에는 알코올 섭취가 허용되지 않는다.
- 업무 시작 시 혈중알코올농도가 리터당 0.2mL 또는 0.007oz를 초과해서는 안 된다.
- 객실승무원은 업무 시작 전날 과도한 음주를 피해야 하며, 브리핑 전에 음주 측정을 한다.
- 평균적으로 신체에서 흡수하고 분해할 수 있는 알코올의 양은 시간당 10ml/8g이지만, 이는 나이, 성별, 몸무게에 따라 달라질 수 있다.

- 참고할 수 있는 알코올의 분해 시간은 다음과 같다.
  - 작은 싱글 샷 알코올 : 1시간
  - 와인 작은 잔(125ml/4oz) : 1.5시간
  - 맥주 한 병(330ml/11oz) : 1.7시간
  - 맥주 큰 캔 : 2시간
  - 와인 큰 잔(250ml/9oz) : 3시간

▷ 향정신성 약품

- 향정신성 약품은 뇌 기능에 영향을 미친다.
- 코카인, 마리화나, 암페타민, 솔벤트류 등 불법적인 마약류 사용은 객실승무원에게 엄격히 금지된다.
- 이러한 물질은 안전 업무 수행과 비상 상황 대처 능력에 심각한 영향을 미칠 수 있다.

▷ 무작위 테스트

- 항공사나 규제기관은 객실승무원과 운항승무원을 대상으로 무작위 테스트를 시행할 수 있다.
- 이는 알코올과 약품으로 인한 사고를 예방하고 항공사의 부정적 이미지를 방지하기 위함이다.

▷ 약품 복용 주의사항

- 약국에서 판매하는 많은 약품이 안전 업무 수행에 영향을 미칠 수 있다.
- 항히스타민제, 멀미약 등의 복용을 피해야 하며, 특히 졸리거나 잠이 오게 할 수 있는 약품은 주의해야 한다.
- 약품 복용 시 주의 사항과 설명서를 자세히 읽고, 기계류 취급에 대한 주의 사항이 적혀 있는 경우 객실승무원 업무 수행을 중단해야 한다.

객실승무원은 이러한 규정을 준수하여 안전한 비행 환경을 유지해야 한다.

3) 스트레스 관리

(1) 객실승무원 업무의 장단점

거의 모든 직업에는 어느 정도의 스트레스가 따르며, 이를 적절히 조절하지 않으면 신체건강과 정신건강에 영향을 미칠 수 있다. 객실승무원으로서의 비행은 여러 면에서 많은 스트레스를 줄 수 있지만, 동시에 많은 장단점을 가지고 있다.

▷ 장점

- 매일 바쁜 출퇴근 시간을 피할 수 있다.
- 쇼핑센터나 슈퍼마켓이 바쁘지 않은 시간에 이용할 수 있다.
- 일이 다양하며 일정이 흥미롭다.
- 다양한 도착지, 가보지 못한 곳을 여행할 수 있다.
- 객실승무원은 일반적으로 사교적이며, 집에서 떨어져 있을 때 서로를 의지하고 도와준다.

▷ 단점

- 생일파티나 결혼식 등과 같은 사교 활동이나 가족 모임에 빠져야 하는 경우가 많다.
- 공휴일, 페스티벌이나 종교 행사에 빠져야 하는 경우가 많다.
- 불규칙한 수면 시간과 호텔에서 자는 것이 불편하다.
- 불규칙한 식사는 영양 상태의 불균형을 초래할 수 있다.
- 너무 무리하여 지칠 수 있다.
- 생리학적 리듬의 방해로 피로감을 더 느끼고, 잠재적으로 업무 수행 시 피곤함을 느낀다.
- 피로와 피곤함을 관리하지 않으면 불안함과 우울함이 나타날 수 있다.

(2) 스트레스 요인

스트레스 인식은 객실승무원에게 중요한 역량이다. 스트레스가 증가하면 의사소통 능력과 서비스 품질에 부정적인 영향을 미칠 수 있다. 주요 스트레스 요인으로는 시간 압박, 승객 관련 문제, 기술적 문제가 있다.

- 시간 압박 : 비행 시간 내에 필요한 서비스를 완료해야 하며, 특히 비행 종료 전에는 물품 정리와 준비가 필요하여 스트레스가 증가한다. 야간 근무 시 생체 리듬의 방해로 인해 신체적 스트레스도 증가한다.
- 승객 관련 승객 수가 많을수록 승무원의 업무량은 증가한다. 좌석 문제, 엔터테인먼트 시스템 오류, 좌석 배치 불만 등 승객의 불평은 승무원의 스트레스를 증가시킨다.
- 기술적 항공기 기술 문제로 인한 지연이나 시설 고장은 승무원의 추가적인 승객 대응을 요구하며, 이는 스트레스를 증가시킨다.

이러한 스트레스 요인을 효과적으로 관리하는 것은 객실승무원의 업무 효율과 고객 서비스 질을 유지하는 데 필수적이다.

(3) 스트레스로 인한 질병

장기간의 스트레스는 객실승무원에게 심각한 건강 문제를 일으킬 수 있다. 객실승무원은 업무 중 자신이나 동료의 신체적, 정신적 스트레스 반응을 감지할 경우 적극적으로 대응해야 한다. 스트레스 관리는 팀워크를 통해 감소시킬 수 있으며, 동료와의 대화를 통해 심리적 안정을 찾는 것이 효과적이다. 스트레스로 인해 다음과 같은 증상이 발생할 수 있다.

- 정신적 증상 : 불안감, 우울함, 감정 기복
- 심장 및 순환계 고혈압, 심장병, 심계항진
- 피부 습진, 건조증, 건선
- 신진대사 체지방 증가, 인슐린 저항성
- 근육 및 관절 근육의 양과 기능 감소, 통증 및 근육 뭉침, 골다공증
- 소화계 식욕 부진, 잦은 복통, 소화관 궤양
- 면역계 특정 감염에 대한 면역성 감소

적절한 스트레스 관리는 객실승무원의 건강과 업무 수행 능력을 유지하는 데 중요하다.

(4) 스트레스 관리 방법

스트레스 관리는 객실승무원의 일상에서 필수적인 요소이다. 다음은 효과적인 스트레스 관리 방법들이다.

- 활동적인 생활 유지 : 규칙적인 운동과 신체 활동은 스트레스 해소에 도움을 주고, 문제에 대처할 자신감을 부여한다.
- 문제의 주도권 잡기 : 주도권을 갖고 문제를 해결하려는 노력은 스트레스 감소에 도움이 된다.
- 사회적 연결 유지 : 친구와 가족과의 관계를 유지하고, 필요할 때 지원을 구하는 것이 중요하다.
- 휴식 시간 현명하게 사용 : 근무 외 시간에는 자신만의 취미를 가지고 일과 분리된 시간을 즐긴다.
- 자신에게 도전하기 : 새로운 목표와 도전을 설정하여 삶에 긍정적인 동기를 부여하고, 성취감을 느끼도록 한다.
- 건강하지 않은 습관 피하기 : 알코올, 담배, 카페인 등의 의존성 물질 사용을 피한다.
- 긍정적 사고 유지 : 일상에서 긍정적인 면을 찾으려 노력하며 낙관적인 태도를 유지한다.
- 변화 불가능한 것들을 받아들이기 : 변화시킬 수 없는 사항들에 대해 스트레스를 받지 않고 받아들이는 태도를 갖는다.

이러한 스트레스 관리 기술은 객실승무원이 업무 중 겪는 스트레스를 효과적으로 조절하고, 건강한 작업 환경을 유지하는 데 도움을 준다.

2 경력관리

1) 객실승무원 업무의 특징

객실승무원의 업무는 매우 다양하며, 이는 특수한 기술과 경험을 필요로 한다. 객실승무원은 소방대원, 간호사, 웨이터 등 다양한 역할을 수행해야 하므로, 다양한 기술을 익혀야 한다. 효율적인 업무 수행에는 약 6개월이 소요되며, 이 기간 동안 단거리 비행에서는 약 180편, 장거리 비행에서는 약 60편의 비행 경험을 쌓게 된다.

객실승무원은 근무한 비행편을 기록하고, 최소 12개월에 한 번씩 안전 교육을 받아야 한다. 장기 근속자는 승진 기회, 근무 시간 선택의 융통성, 휴가 우선권 등 추가 이익을 받을 수 있다. 이러한 혜택은 객실승무원이 일정한 경력을 쌓아가며 전문성을 높이는 데 도움이 된다.

2) 전문성개발

항공사들은 객실승무원의 전문성 개발을 지원하기 위해 다양한 통신 교육 프로그램을 운영하고 있다. 이러한 프로그램은 승진을 목표로 하는 객실승무원에게 중요한 기술 향상의 기회를 제공한다. 이러닝은 객실승무원이 비행 중에도 학습할 수 있는 효과적인 방법이며, 이를 통해 배운 내용을 실제 업무에 적용할 수 있다.

객실승무원은 업무 외 시간에 추가 교육을 받을 기회도 많으므로, 어떤 항공사는 다양한 자격 교육을 지원하여 객실승무원이 더 다양한 언어를 배우거나 특별한 기술을 익힐 수 있도록 한다. 예를 들어, 청각장애인 승객을 위한 수화를 배울 수 있다.

객실승무원에게 유용한 교육 과정에는 다양한 언어 습득, 고객 서비스 기술 향상, 협상 및 영향력 기술 개발, 그리고 피드백 주고받는 기술 등이 포함된다. 이러한 교육은 객실승무원이 승객과의 상호작용에서 더 효과적으로 대처하고, 객실 사무장 같은 관리직으로의 승진에 필요한 능력을 개발하는 데 도움이 된다.

3) 객실승무원 이외의 업무 기회

객실승무원이 경험을 쌓으면 항공사 내에서 다양한 발전 기회를 갖게 된다. 이러한 기회는 다음과 같다.

- 객실승무원 교육 : 경험 많은 객실승무원은 신입승무원이나 동료에게 교육과 훈련을 제공하는 역할을 할 수 있다. 이들은 실제 업무 경험을 바탕으로 지식을 전달하고 어려움을 해결하는 데 도움을 준다.
- 기내서비스 개발 : 객실승무원은 기내 서비스 제공 방식 개선에 중요한 의견을 제공한다. 그들의 실무 경험은 서비스 프로세스를 최적화하는 데 필수적이다.
- 안전과 보안 절차 : 객실승무원은 신규 규제를 기내 절차에 효과적으로 통합하는 방법을 잘 알고 있으며, 규제기관의 지침을 현장에 적용하는 데 중요한 역할을 한다.
- 객실승무원 관리 : 객실승무원 관리자는 객실승무원의 병가 관리와 일반적인 문제 해결을 담당한다. 경험 많은 객실승무원은 동료들이 직면하는 독특한 문제들을 이해하고 해결책을 제공할 수 있다.
- 예약 : 객실승무원 경험을 가진 직원은 예약 부서에서 고객 문의에 대응하고 최적의 해결책을 제시하는 데 유리하다.

이러한 다양한 역할은 객실승무원이 항공사 내에서 장기적인 경력을 쌓을 수 있게 하며, 전문성과 경험을 바탕으로 항공사의 여러 부서에서 중요한 기능을 수행하게 한다.

4) 자격증

일부 국가에서는 모든 객실승무원이 자격증을 취득해야 한다. 이는 객실승무원이 해당 국가의 항공사에서 근무하려면 필수적인 훈련과 시험을 통과하고, 정기적으로 자격증을 갱신해야 함을 의미한다. 자격증 취득 과정에는 의료 검사가 포함되어 있어, 객실승무원이 비행에 적합한 신체 조건을 갖추었는지 확인한다. 이 자격증은 항공 안전과 객실승무원의 전문성을 인증하는 중요한 요소로, 객실승무원의 지위와 가치를 공식적으로 인정받게 하는 중요한 역할을 한다.

5) 객실승무원 훈련

객실승무원 훈련은 ICAO의 요구 조건을 기반으로 하며, 자격증의 필요 여부에 상관없이 진행된다. 훈련은 다음과 같이 구성된다.

- 초기 교육 : 모든 항공사와 항공기 유형에 적용되며 위험물, 비행 이론, 전문용어, 가압과 고도 생리학, 응급상황 절차, 응급 처치 및 생존 기술을 포함한다.
- 전환 훈련 : 객실승무원이 새로운 항공기 유형에 대해 배우고 운영할 수 있도록 하며, 기내 통신 시스템, 비상 산소 공급 시스템, 기내 설비, 탈출 도구 및 비상 출입구 작동 등을 다룬다.
- 친숙 훈련 : 전환 훈련을 마친 후, 객실승무원은 특정 항공기에 대한 실습을 포함한 비행을 통해 필수 탑승 객실승무원의 임무를 맡을 수 있다. 이 훈련은 항공기 외관, 내부, 항공기 시스템들에 대한 전체 개요를 포함하여 진행된다.
- 정기 훈련 : ICAO와 국가 기관의 요구사항에 따라 12개월과 36개월마다 재교육을 받으며, 자격증이 요구되는 경우 교육 기관에 의해 승인된 교육을 받는다.

각 단계별로 항공사는 교육이 규정에 따라 이루어지고 있는지 확인할 책임이 있으며, 자격증을 발급받기 위해서는 교육과 시험, 그리고 의료 검사를 포함한 과정을 거쳐야 한다.

연습문제

01 객실승무원이 피로를 효과적으로 관리하기 위해 취해야 할 올바른 행동은 무엇인가?

A. 비행 직후에 수면을 피하고 사회활동에 집중한다.
B. 비행 중에는 짧은 낮잠을 자지 않는다.
C. 야간 비행 후에는 휴식을 취하지 않고 바로 업무를 시작한다.
D. 방해받지 않는 환경에서 8시간 수면을 취한다.

02 객실승무원이 향정신성 약품을 사용하는 것이 금지된 이유는 무엇인가?

A. 약품은 객실승무원의 업무 수행 능력을 향상시키기 때문이다.
B. 향정신성 약품은 뇌 기능에 영향을 미쳐 안전 업무 수행과 비상 상황 대처 능력을 저하시킬 수 있기 때문이다.
C. 약품 사용은 승무원의 건강에 전혀 영향을 미치지 않기 때문이다.
D. 항공사 규정에 포함되지 않기 때문이다.

03 다음 중 객실승무원의 주요 스트레스 요인이 아닌 것은 무엇인가?

A. 비행 시간 내에 필요한 서비스를 완료해야 하는 시간 압박
B. 승객 수가 많을수록 증가하는 업무량과 승객 불만
C. 항공기 기술 문제로 인한 지연이나 시설 고장
D. 기내에서 제공되는 식사의 품질

04 객실승무원의 전문성 개발을 위해 항공사가 지원하는 교육 과정으로 적절하지 않은 것은 무엇인가?

A. 다양한 언어 습득
B. 고객 서비스 기술 향상
C. 협상 및 영향력 기술 개발
D. 비행 중 알코올 섭취 증가

05 객실승무원이 경력을 쌓아 항공사 내에서 다양한 업무 기회를 갖게 되는 분야가 아닌 것은 무엇인가?

A. 객실승무원 교육
B. 기내서비스 개발
C. 기내 청소
D. 예약 부서

06 객실승무원이 새로운 항공기 유형에 대해 배우고 운영할 수 있도록 진행하는 훈련은 무엇인가?

A. 초기 교육 B. 전환 훈련
C. 친숙 훈련 D. 반복 교육

정답과 해설

번호	정답	해설
01	D	객실승무원은 피로를 관리하기 위해 방해받지 않는 환경에서 충분한 수면을 취해야 한다. 이는 숙면을 통해 높은 성과를 유지하는 데 중요한 요소이다.
02	B	향정신성 약품은 뇌 기능에 영향을 미쳐 안전 업무 수행과 비상 상황 대처 능력을 저하시킬 수 있으므로 객실승무원에게 엄격히 금지된다.
03	D	객실승무원의 주요 스트레스 요인에는 시간 압박, 승객 관련 문제, 기술적 문제가 포함된다. 기내에서 제공되는 식사의 품질은 승무원의 주요 스트레스 요인이 아니다.
04	D	비행 중 알코올 섭취 증가는 객실승무원의 전문성 개발과 관련이 없다. 나머지 과정들은 객실승무원의 전문성 개발에 유용하다.
05	C	객실승무원은 경력을 쌓아 교육, 기내 서비스 개발, 예약 부서 등 다양한 업무 기회를 갖게 된다. 기내 청소는 객실승무원의 발전 기회와는 관련이 없다.
06	B	전환 훈련은 객실승무원이 새로운 항공기 유형에 대해 배우고 운영할 수 있도록 하며, 기내 통신 시스템, 비상 산소 공급 시스템, 기내 설비, 탈출 도구 및 비상 출입구 작동 등을 다룬다.

객실승무원을 위한 용어약어

A

ABLE BODIED PASSENGER (ABP)(신체 건강한 승객) : 긴급 상황에서 승무원을 도울 수 있는 신체적, 정신적으로 건강한 사람

ABORT(중단) : 항공기가 위험을 감지하여 예정된 조작을 중단하는 긴급 절차 (예: 이륙 중단, 착륙 중단)

AUTOMATIC EXTERNAL DEFIBRILLATOR (AED)(자동 제세동기) : 심장 리듬을 분석하고 필요시 전기 충격을 제공하여 심장 리듬을 회복시키는 장치

AILERONS(에일러론) : 항공기의 날개 후방에 위치한 조종면으로, 항공기의 롤을 제어하여 좌우로 회전하게 함

AFT(후방) : 항공기 꼬리 부분 또는 객실 꼬리 쪽 영역

AIR TRAFFIC CONTROL(항공 교통 관제) : 비행 중 또는 활주로 근처에서 항공 교통의 안전하고 질서 있는 흐름을 담당하는 공식 기관

AIRBORNE(이륙) : 항공기가 지면과의 접촉을 끊고 공중에 떠 있는 상태

AIRCRAFT MAINTENANCE LOGBOOK(항공기 정비 기록부) : 기장, 부기장, 승무원 및 정비 부서가 기록한 모든 정비 불량 및 수정 사항의 지속적인 기록

AIRCRAFT MARSHALLING(항공기 유도) : 항공기를 주기 위치로 안내하기 위해 지상 직원과 조종사 간의 시각 신호 방법

AIRCRAFT NUMBER(AIRCRAFT REGISTRATION, TAIL NUMBER)(항공기 등록 번호) : 항공기를 식별하는 문자와 숫자의 조합으로, 항공기의 후방 또는 꼬리 부분에 표시됨

AIRLINE ALLIANCE(항공사 동맹) : 연합 회원 항공사 간의 통합된 협력 형태로, 동일한 자원으로 더 나은 서비스와 확장된 범위를 제공함

AIRPORT(공항) : 항공기가 이착륙하고 승객과 화물을 탑재 및 하역하는 장소. 대형 공항은 소방서, 경찰서, 세관 및 출입국 관리국, 의료 시설, 소매점 및 호텔이 있음

AIRPORT CODE(공항 코드) : 각 공항에 부여된 세 글자 코드로, 모든 항공사 일정, 매뉴얼 및 수하물 태그에 사용됨

AIRSHIP(비행선) : 조타 장치와 추진 장치를 사용하여 공중에서 조종 및 추진할 수 있는 경비행선

AIRSIDE(공항 통제 구역) : 통제된 접근이 필요하며 보안이 유지되는 공항 부분. 활주로, 유

도로, 램프 등이 포함됨

AIRSPEED(대기 속도) : 항공기가 이동 중인 공기 속도에 대한 항공기의 속도

AIRSTAIRS(탑승 계단) : 메인 탑승구에 탈출 장치 대신 설치된 접이식 계단

AIRWAY(항로) : 비행 경로의 통제된 통로

AIRWORTHY(비행 가능) : 안전 비행 조건; 항공기와 시스템이 안전 운영 기준을 충족함을 나타내는 인증서

ALTERNATE AIRPORT(대체 공항) : 원래 예정된 목적지 공항이 아닌 다른 공항으로, 일반적으로 날씨로 인해 원래 목적지에 착륙할 수 없는 경우 사용됨

ALTIMETER(고도계) : 항공기의 고도를 보여주는 계기

ALTITUDE(고도) : 해수면 위 항공기의 비행 고도

APPROACH PHASE(접근 단계) : 항공기가 착륙하려고 할 때의 비행의 마지막 부분

ARMED(무장) : 비상 시 비상구를 준비하는 것. 비상구가 열리면 슬라이드가 자동으로 펼쳐짐

ARRIVALS(도착 구역) : 승객이 항공기에서 나와서 출입국, 세관, 수하물 찾기 구역을 거치는 공항 구역

AUTO PILOT(자동 조종 장치) : 자동 비행 제어 시스템의 일부로, 조종사가 지정한 주요 비행 제어 장치를 제어함

AUXILIARY POWER UNIT (APU)(보조 동력 장치) : 항공기가 지상에 있을 때 내부 전원을 제공하는 대체 동력 장치

AVIATION(항공) : 항공기와 비행의 과학과 실습. 상업, 일반, 군사로 분류됨

B

BAGGAGE CLAIM(수하물 찾는 곳) : 공항 터미널에서 승객이 자신의 수하물을 찾고 회수하는 장소

BANK(기울기) : 조종사가 항공기를 회전시키는 동작. 날개를 올리거나 내리는 동작을 통해 달성됨

BEVERAGE TROLLEY(음료 트롤리) : 음료 서비스 제공에 사용되는 칵테일 및 음료 용품이 포함된 트롤리

BIDDING(입찰) : 승무원이 선호하는 비행 일정 또는 휴가를 선택하는 과정. 선임 승무원 순서에 따라 배정됨

BLOCK IN(블록 인) : 항공기 도착 시 바퀴에 블록이 놓이는 시점

BLOCK TO BLOCK (BLOCK TIME)(블록 투 블록) : 출발 시 바퀴에서 블록이 제거된 시점부터 도착 시 바퀴에 블록이 놓인 시점까지의 시간

BLOCK OUT(블록 아웃) : 출발을 위해 항공기 바퀴에서 블록이 제거되는 시점

BLOCKS, CHOCKS(바퀴 고정 장치) : 주기 시 항공기가 굴러가는 것을 방지하기 위해 사용되는 고무 또는 나무 스톱

BOARDING PASS(탑승권) : 체크인 후 고객에게 제공되는 티켓으로, 좌석, 게이트 배정 및 출발 시간을 알려줌

BOARDING STAIRS(탑승 계단) : 항공기에 탑승하거나 하기할 때 사용되는 이동식 계단

BRACE POSITION(충격 방지 자세) : 충격의 힘을 최소화하여 생존 가능성을 높이는 보호 자세

BRIEFING(브리핑) : 비행 전 기장 또는 선임 승무원이 전 승무원과 함께 비행에 대한 일반적인 개요를 제공하는 회의

BULKHEAD(격벽) : 항공기의 다양한 구역을 분리하는 칸막이

C

CABIN ALTITUDE(객실 고도) : 항공기 객실 내부의 기압을 유지하는 것. 예를 들어, 항공기가 10,000미터 이상의 고도로 비행할 때 객실 고도는 2,400미터 이하로 유지됨

CABIN CONFIGURATION(객실 구성) : 항공기 객실의 구성 방식

CALL LIGHT(호출등) : 승객의 요구에 대응하기 위해 승무원을 호출하는 신호등, 보통 승객 좌석 위에 위치함

CATERING(기내식 서비스) : 비행을 위해 항공기에 제공되는 음식, 음료 및 주방 용품. Catering 또는 Commissary는 모든 음식, 음료 및 용품을 처리하는 부서

CHARTER FLIGHT(전세기) : 정기 일정에 따라 운영되지 않는 수익 창출 비행. 특수 요구를 충족시키기 위해 대규모 승객이나 화물의 운송 계약 비행

CHECK-CALL-CARE(응급처치 절차) : 응급 처치를 제공할 때 기억해야 할 세 단계. 이 단계는 구조자가 환자에게 안전하고 효과적으로 응급 처치를 제공하는 데 도움을 줌

CHECK-IN CONCOURSE(체크인 구역) : 공항 터미널의 출발 구역을 지칭하는 또 다른 용어

CIRCUIT BREAKERS(회로 차단기) : 항공기의 전류 흐름을 자동으로 중단시키는 스위치로, 주 회로 차단기 패널은 조종석에 위치함

CLIMB(상승) : 항공기가 이륙 후 순항 고도에 도달할 때까지 상승하는 과정

COCKPIT (FLIGHT DECK)(조종석) : 항공기를 조종하는 모든 제어 장치와 항법 장비가 있는 구역으로, 조종사와 부조종사가 앉는 곳

COCKPIT VOICE RECORDER(조종석 음성 기록 장치) : 항공기의 조종석 내 대화를 녹음하는 장치로, 사고 조사 시 유용함

CODESHARING(코드쉐어링) : 한 항공사가 다른 항공사가 운영하는 비행에 자신의 항공편

코드를 사용하여 좌석을 판매하는 협정

CONTROL TOWER(관제탑) : 공항 건물로, 항공 교통 관제사가 항공기 이동을 감독하고 지시함

CONTROLS (INSTRUMENTS)(조종 장치) : 조종사가 항공기를 조종하는 데 사용하는 기계적 및 유압 장치

CARDIOPULMONARY RESUSCITATION (CPR)(심폐 소생술) : 호흡과 심장이 멈춘 사람에게 산소가 함유된 혈액을 심장과 뇌로 전달하는 응급 응급처치 절차

CUSTOMS(세관) : 수입된 상품에 세금을 부과하고, 사람, 동물 및 상품의 흐름을 처리하는 국가의 권한. 밀수 방지 및 금지된 상품의 출입을 막음

CUSTOMER SERVICE AGENT (PASSENGER SERVICE AGENT)(고객 서비스 담당자) : 공항에서 승객 및 운영 관련 기능을 지원하는 직원

CREW SCHEDULING(승무원 스케줄링) : 승무원의 모든 일정 계획 및 스케줄을 책임지는 부서

CREW PATTERN(승무원 패턴) : 승무원의 일정에서 근무일을 순차적으로 배정하는 것

CROSS CONTAMINATION(교차 오염) : 한 표면에서 다른 표면으로 바람직하지 않은 요소(박테리아, 바이러스 등)가 전이되는 것

CRUISE(순항) : 일정한 고도에서 최적의 속도와 연료 효율을 제공하는 파워 설정으로 비행하는 것

DEADHEAD(데드헤드) : 승무원 또는 장비의 위치 변경을 의미하는 용어. 비근무 승무원이 비행 지점으로 이동하거나 돌아오는 것을 의미

DEBRIEF(디브리핑) : 사건 후 당국이 절차를 검토하고 필요한 정보를 수집하는 회의

DECOMPRESSION(감압) : 항공기 내부 기압의 손실 또는 감소

DE-ICE(제빙) : 항공기 날개의 얼음을 제거하는 것

DEPARTURE LOUNGE (GATE AREA)(출발 라운지) : 승객이 탑승하기 전에 기다리는 구역

DEPLANE (DISEMBARK)(하차) : 승객이 항공기에서 내리는 것을 나타내는 용어

DESCENT(하강) : 항공기가 고도를 점차 낮추는 것

DISPATCH(디스패치) : 조종사에게 비행 계획, 날씨 보고서 등 비행에 중요한 정보를 제공하는 부서

DITCHING(비상 착륙) : 물에 비상 착륙하는 것

DIVERSION(우회) : 항공기가 목적지에 착륙할 수 없어 다른 곳에 착륙하도록 지시받는 것

DOGHOUSE(도그하우스) : 승무원 휴게실 아래의 공간

DOMICILE (BASE, CREW BASE)(근무지) : 승무원의 근무가 시작되고 종료되는 장소

DOWNLINE/DOWNROUTE(다운라인/다운루트) : 근무지 외의 위치
DRESSING THE CABIN(객실 정비) : 승객을 위해 객실을 청소하고 준비하는 것
DUTY(관세) : 수입 또는 수출된 상품에 부과되는 세금
DUTY FREE(면세) : 정부 세금과 관세가 면제된 상품

ECONOMY CLASS(이코노미 클래스) : 항공기의 가장 저렴한 좌석
ELECTRONIC POINT OF SALE(전자 판매 시점) : 매장 계산대의 모든 작업을 수행하는 전산 장비
ELEVATORS(엘리베이터) : 항공기 후방 수평 안정판에 장착된 조종면으로, 항공기의 상하 자세를 제어함
EMERGENCY BRIEFING CARD(비상 안내 카드) : 좌석 주머니에 보관된 안전 지침서
EMERGENCY EQUIPMENT CHECK(비상 장비 검사) : 비행 전 비상 장비의 위치와 작동 상태를 검사하는 것
EMERGENCY EVACUATION(비상탈출) : 긴급 상황에서 항공기를 빠르게 떠나는 것
EMERGENCY LANDING(비상착륙) : 긴급 상황에서 항공기가 안전하게 착륙하는 것
ENFORCEMENT NOTICE(시행 공지) : 항공 보안 검사에서 발견된 결함을 알리는 문서
ENROUTE(경로) : 목적지로 가는 도중
ESTIMATED FLIGHT TIME(예상 비행 시간) : 출발 지점과 도착 지점 간의 전체 예상 비행 시간
ESTIMATED TIME OF ARRIVAL (ETA)(예상 도착 시간) : 항공편이 목적지에 도착할 것으로 예상되는 시간
ESTIMATED TIME OF DEPARTURE (ETD)(예상 출발 시간) : 항공편이 특정 공항에서 출발할 것으로 예상되는 시간
E-TICKET(전자 티켓) : 디지털 형태의 예약 확인서
EQUIPMENT(장비) : 항공사가 운항하는 항공기 유형
EVACUATION(비상 탈출) : 모든 사용 가능한 비상구를 통해 승객을 비상 탈출시키는 것
EVACUATION SLIDE (SLIDE)(탈출 슬라이드) : 비상 시 자동으로 팽창하여 승객이 지상으로 미끄러져 내려올 수 있게 하는 슬라이드
EXIT ROW SEAT(비상출구좌석) : 비상 탈출구 근처의 좌석

FERRY FLIGHT(페리 비행) : 승객 없이 항공기를 한 지점에서 다른 지점으로 비행하는 것

FINDING (OBSERVATION, NON-COMPLIANCE)(발견 사항) : 항공 당국이 검사 후 승무원이 절차를 제대로 따르지 않을 때 발행하는 통지서

FLAPS(플랩) : 추가 양력을 제공하는 조종면으로, 이륙 및 착륙 시 사용됨

FLIGHT DATA RECORDER(비행 데이터 기록 장치) : 항공기의 성능 매개변수를 기록하는 장치

FLIGHT PATH(비행 경로) : 항공기의 비행 방향

FLIGHT PLAN(비행 계획서) : 기장이 비행 전 작성하는 상세한 문서로, 계획된 경로, 비행 시간, 고도, 연료량 등을 포함함

FLIGHT RELEASE(비행 허가) : 비행이 특정 요구 사항을 충족함을 확인하는 절차

FLIGHT SCHEDULE(비행 일정) : 항공사의 모든 비행과 예정된 출발 및 도착 시간을 보여주는 시간표

FREQUENT FLIER PROGRAM(상용 고객 프로그램) : 항공사의 고객 충성도 프로그램

FURLOUGH(일시 해고) : 비즈니스 감소로 인한 무기한 휴직

FUSELAGE(동체) : 항공기의 주된 몸체, 날개 및 꼬리를 포함하지 않음

GALLEY(기내 주방) : 항공기 내 음식과 음료가 보관되고 준비되는 구역

GATE(탑승구) : 출발 라운지에서 항공기로 연결되는 비상구

GLOBAL DISTRIBUTION SYSTEM(글로벌 배급 시스템) : 항공권, 호텔 객실 및 렌터카 예약 시스템

GROUND CONTROL(지상 관제) : 모든 지상 구역 관리를 책임지는 부서

GROUND POWER UNIT (GPU)(지상 전원 장치) : 지상에서 항공기에 전원을 공급하는 휴대용 장치

GROUND SPEED(지상 속도) : 항공기의 지상 속도

GROUND TIME(지상 대기 시간) : 항공기와 승무원이 비행 사이에 지상에 머무는 시간

HANGAR(격납고) : 항공기가 보호되고 정비되는 건물

HARNESS(하네스) : 승무원의 안전을 위해 좌석에 고정하는 장비

HEADWINDS(맞바람) : 항공기 앞쪽으로 불어와 지상 속도를 감소시키는 바람

HEIMLICH MANEUVER (ABDOMINAL THRUSTS)(하임리히법) : 기도가 막히거나 질식한 사람을 구하는 응급 처치 절차

HOLDING (HOLDING PATTERN)(대기 패턴) : 착륙 허가를 기다리며 공항 주위를 도는 비행 패턴

HUB (HUB AND SPOKE)(허브) : 항공사의 중심지

IMMIGRATION(출입국 관리) : 승무원과 승객의 비자와 여권을 확인하는 국가의 출입국 관리소

IMMIGRATION AUTHORITY(출입국 관리 당국) : 출입국 관련 문서를 확인하고 입국을 허가하거나 금지하는 기관

INBOUND(입항) : 공항으로 들어오는 승객이나 항공편

INBOARD(기내) : 항공기 중앙에 가까운 위치

INTERLINE(인터라인) : 다른 항공사로 환승하여 목적지에 도달하는 것

INTERMEDIATE STOP (TRANSIT)(중간 기착지) : 비행이 시작점과 종점 사이에 멈추는 도시

INITIAL OPERATING EXPERIENCE (IOE)(초기 운항 경험) : 신입 승무원이 평가자와 함께 비행 업무를 수행해야 하는 기간

JET STREAM(제트 기류) : 고속으로 서쪽에서 동쪽으로 부는 좁은 바람대

JETWAY (JETTY, JETBRIDGE, AIRBRIDGE)(탑승교) : 항공기에 연결되어 승객이 탑승하고 하기할 수 있는 터널형 통로

JUMP SEAT(점프 시트) : 조종사와 승무원을 위한 특정 설계의 좌석

KNOT(노트) : 항공기의 속도를 나타내는 단위로, 해리당 시간(nm/h)을 의미함

L

LEADING EDGE(선두 가장자리) : 항공기 날개의 앞쪽 가장자리

LANDING(착륙) : 항공기가 활주로에 착지하는 것

LANDING CARD(입국 카드) : 승객이 입국 시 작성하여 출입국 관리국에 제출하는 양식

LANDSIDE (GROUNDSIDE)(공항 외부) : 공항의 일반 접근 가능 구역

LAYOVER(경유지) : 승객의 경우 항공편 간의 대기 시간, 승무원의 경우 근무지 외에서의 휴식 시간

LEG(비행 구간) : 목적지로 가는 비행의 일부분

LIQUOR CART (LIQUOR KIT, WINE CAR, WINE KIT)(주류 카트) : 비행 중 서비스에 사용되는 주류와 와인을 담은 카트 또는 구획

LINE EVALUATIONS(현장 평가) : 항공사가 승무원의 절차 및 정책 이해도를 점검하는 검사

LOW COST CARRIER(저가 항공사) : 기본 서비스와 적은 편의를 제공하는 저가 항공사

E

MANIFEST(적하 목록) : 승객과 화물 목록

MANUAL (INFLIGHT HANDBOOK, INFLIGHT MANUAL)(매뉴얼) : 항공사가 승무원에게 발행하는 핸드북으로, 모든 규정과 절차를 포함함

MINIMUM CREW REQUIREMENTS(최소 승무원 요구사항) : 항공기가 정기 운항 서비스를 제공할 때 필요한 최소 승무원 수

MINIMUM EQUIPMENT LIST (MEL)(최소 장비 목록) : 항공기 안전 운항에 필요한 최소 장비 목록

N

NARROW-BODY AIRCRAFT(협동체 항공기) : 단일 통로 항공기

NAVIGATIONAL LIGHTS(항법 등) : 비행 방향을 나타내는 날개 끝의 색깔 등

NO SHOW(노쇼) : 예약했지만 체크인하지 않거나, 배정된 비행 근무에 나타나지 않은 승무원

NON REVENUE PASSENGER(비수익 승객) : 무료 또는 서비스 요금으로 여행하는 승객

OFFICIAL AIRLINE GUIDE (OAG)(공식 항공 가이드) : 모든 항공사 경로, 일정 및 공항 정보를 포함한 출판물

OFFLOADING(승객 하기) : 만취 승객의 탑승을 막는 것

ON THE LINE(현장 근무) : 활동 중인 승무원

OUT AND BACK (TURN)(왕복 비행) : 같은 날에 출발지로 돌아오는 비행 일정

OUTBOARD(외부) : 항공기 중앙에서 가장 먼 위치

OUTBOUND(출항) : 공항에서 출발하는 항공편이나 승객

OVERHEAD LOCKERS (OVERHEAD BINS)(머리 위 수납함) : 승객의 소지품을 보관하는 좌석 위쪽의 구획

PA(공공 안내 시스템) : 공공 안내 시스템

PASSENGER(PAX)(승객) : 승객

PASSENGER INFORMATION LIST(승객 정보 목록) : 체크인한 승객의 세부 정보를 포함한 문서

PASSENGER LOAD(승객 수) : 항공기의 총 승객 수

PASSENGER SERVICE UNIT(PSU)(승객 서비스 유닛) : 승객 좌석 위에 위치한 유닛으로, 독서등, 공기 배출구, 산소 마스크 등이 포함됨

PASSPORT(여권) : 소지자를 국가의 국민 또는 시민으로 식별하는 정부 발행 공식 문서

PER DIEM(일일 수당) : 근무지 외 체류 시 발생하는 비용을 충당하기 위해 지급되는 금액

PIC(기장) : 기장

PRESSURIZATION(압력 유지) : 기압을 일정하게 유지하기 위해 항공기 내부에 공기를 펌핑하는 과정

PORT(좌현) : 항공기의 좌측

POSITIVE SPACE(확정 좌석) : 확정된 예약 또는 보장된 좌석

PRESSURIZED CABIN(압력 조절 객실) : 기압이 항공 시스템에 의해 제어되는 항공기 객실

PUSHBACK(후진) : 지상 장비를 사용하여 항공기를 게이트에서 뒤로 밀어내는 것

PURSER(사무장) : 객실 승무원 책임자

QUARANTINE(검역) : 질병 확산을 줄이기 위해 인간이나 동물을 격리하는 것

RADAR(레이더) : 물체의 위치와 속도를 식별하는 라디오 신호 시스템

RAMP (APRON, TARMAC)(램프) : 항공기가 승객을 탑승시키고 하기시키기 위해 주기되는 터미널 건물의 포장 구역

RAMP SERVICE AGENT(램프 서비스 직원) : 항공기에 수하물과 화물을 적재하는 사람

RANGE(항속 거리) : 재급유 없이 최대 중량을 운반하여 항공기가 비행할 수 있는 거리
RECOMMENDED PRACTICE(권장 실습) : 안전, 규칙성 또는 효율성을 위해 권장되는 사양
RECURRENT TRAINING(정기 훈련) : 승무원의 자격 유지를 위한 연례 훈련
REPORT TIME (SHOW TIME)(보고 시간) : 승무원이 공항에서 근무를 위해 보고해야 하는 시간
RESERVE(대기 승무원) : 한 달 내내 대기 상태인 승무원의 상태
REVENUE(수익) : 항공 운송 요금을 지불한 고객
ROOT(루트) : 동체에 부착된 날개의 부분
ROSTER (CREW LIST)(승무원 명단) : 비행 승무원 명단
RUDDER ASSEMBLY(방향타 조립체) : 항공기의 좌우 회전 경향을 보정하는 수직 안정판
RUNWAY(활주로) : 이륙 및 착륙을 위해 특별히 준비된 콘크리트 표면

S

SCHEDULE FLIGHT TIME(예정 비행 시간) : 이륙에서 착륙까지의 총 예상 비행 시간
SEAPLANE(수상 비행기) : 물 위에서 이륙하고 착륙할 수 있는 고정익 항공기
SEAT ASSIGNMENT(좌석 배정) : 탑승 전에 승객에게 배정된 좌석
SEAT BELT EXTENSION(안전벨트 연장) : 더 큰 승객을 위한 확장 벨트
SECURITY CHECK(보안 검사) : 비행기 탑승 전 모든 승객, 승무원 및 공항 직원이 검사를 받는 지점
SERVICE FLOW(서비스 흐름) : 객실 서비스가 수행되는 방향
SILENT REVIEW (30 SECOND REVIEW)(침묵 리뷰) : 이륙 및 착륙 시 승무원이 응급 절차에 집중하는 시간
SLATS(슬랫) : 양력을 제공하는 조종면
SLOT(슬롯) : 항공편이 출발, 비행 및 착륙하도록 예정된 시간
SPECIAL MEAL(특별 식사) : 특수 식단 요구 사항을 충족하는 식사
SPOILER(스포일러) : 속도 브레이크와 같은 기능을 하는 조종면
STANDARD(표준) : 안전 또는 규칙성을 위해 필요한 사양
STANDBY DUTY (RESERVE DUTY)(대기 근무) : 단기간에 대기 상태로 준비해야 하는 승무원의 사전 지정 시간
STARBOARD(우현) : 항공기의 우측
STERILE FLIGHT DECK PROCEDURE(비행 갑판 무균 절차) : 비행의 중요한 단계 동안 승무원이 비행 승무원을 방해하지 않는 절차
STOW(보관) : 이착륙을 위해 물품을 안전하고 안전한 장소에 보관하는 것

SKY MARSHAL (AIR MARSHAL OR FLIGHT MARSHAL)(항공 보안관) : 상업 항공기에서 항공기 납치를 방지하기 위해 탑승한 비밀 수사관

TAIL ASSEMBLY (EMPENNAGE)(꼬리 조립체) : 수직 안정판, 방향타, 수평 안정판 및 수직 엘리베이터로 구성된 꼬리 구조

TAILCONE(꼬리 원뿔) : 특정 항공기의 꼬리 부분에 있는 원뿔 모양의 부분

TAILWIND(뒷바람) : 항공기 뒤쪽에서 불어와 지상 속도를 증가시키는 바람

TAXI(택시) : 항공기가 자체 동력으로 지상에서 이동하는 것

TAXIWAY(유도로) : 램프와 활주로를 연결하는 포장 도로

TELEPHONE SPELLING ALPHABET(전화 철자 알파벳) : NATO 음성 알파벳의 일종으로, 중요한 메시지나 호출 부호를 음성 통신으로 전달하는 코드

TERMINAL BUILDING(터미널 건물) : 승객이 체크인하고 출발하거나 비행에서 도착하는 공항 건물

TERMINATING STATION(종착역) : 비행이 하루 동안 마지막으로 정차하는 도시

THROUGH PASSENGER(통과 승객) : 중간 정차를 통해 계속 목적지로 향하는 승객

TICKET(티켓) : 항공사가 발행한 쿠폰으로, 승객의 예약을 확인하고 항공기에 탑승할 수 있도록 함

TIME OF USEFUL CONSCIOUSNESS(유용한 의식 시간) : 산소 공급이 부족한 환경에서 개인이 효율적으로 비행 임무를 수행할 수 있는 시간

TIP(끝부분) : 날개 끝 부분

TOP OF CLIMB(상승 정점) : 항공기가 순항 고도에 도달한 지점

TOP OF DESCENT(하강 정점) : 항공기가 하강을 준비하는 지점

TRAILING EDGE(후방 가장자리) : 날개의 가장 뒤쪽 부분

TRANSIT PASSENGER(환승 승객) : 중간 정차를 통해 계속 목적지로 향하는 승객

TURN TIME(회전 시간) : 도착과 항공기의 다음 비행 사이의 시간

TURNAROUND (TURNS, OUT AND BACK)(왕복 비행) : 동일한 날에 근무지로 돌아오는 비행 일정을 설명하는 용어

TURBULENCE(난기류) : 고르지 못한 비행을 유발하는 난기류

UNACCOMPANIED MINOR (UMNR)(비동반 미성년자) : 성인 없이 여행하는 어린이

UNIT LOAD DEVICE(단위 적재 장치) : 넓은 동체 항공기 및 특정 협동체 항공기에 수하물, 화물 및 우편물을 적재하는 데 사용되는 팔레트 또는 컨테이너

VERTICAL STABILISER(수직 안정판) : 항공기의 수직 꼬리 구조의 일부로, 방향 안정성을 제공함

VISA(비자) : 특정 기간 동안 특정 목적을 위해 국가에 입국할 수 있는 기회를 제공하는 문서

VIP(귀빈) : 특별한 요청이 있는 중요한 승객

WAKE TURBULENCE (WASH)(후류 난기류) : 앞선 항공기가 발생시킨 교란된 공기

WEATHER(날씨) : 기압 변화로 인한 대기 상태

WEIGHT AND BALANCE(무게와 균형) : 항공기 안정성과 비행 안전을 보장하기 위해 출발 전에 수행되는 수학적 계산

WHEELS UP(이륙) : 항공기가 활주로를 떠나는 실제 이륙 시간

WIDE-BODY AIRCRAFT(광동체 항공기) : 두 개의 통로가 있는 고용량 항공기

WIND SHEAR(바람 전단) : 항공기 비행 능력에 부정적인 영향을 미치는 풍향 또는 풍속의 변화

자격증 시험문제*

* 본 자격증 시험문제는 IATA 공인교육센터 KAT에서 진행하는 Airline Crew Training 민간 자격증의 기출문제입니다. 50문제를 50분 동안 풀어 70점 이상 득점하면 자격증을 받을 수 있습니다. 자세한 내용은 www.iataedu.com 홈페이지를 참조 바랍니다.

1. 다음 중 터키항공이 대륙간 횡단 비행에서 승객에게 최초로 무료로 제공한 서비스는 무엇인가?

A. 스타벅스 커피
B. 기내 엔터테인먼트 시스템
C. 초고속 무선 인터넷
D. 기내식

2. 1930년에 '스튜어디스'라는 개념을 도입한 항공사는 어디인가?

A. 다임러 에어웨이
B. 보잉 항공운송
C. 팬아메리칸 항공
D. 브리티시 에어웨이

3. 저비용 항공사의 비즈니스 모델에 해당하지 않는 것은 무엇인가?

A. 비용을 절감하고 서비스를 간소화한다.
B. 필수 서비스 외의 추가 비용을 부과한다.
C. 대부분의 서비스를 온라인으로 판매하여 중간 유통 비용을 없앤다.
D. 특정 계절이나 이벤트에 맞춰 비행 스케줄을 조정한다.

4. IATA의 주요 목적 중 하나로 옳은 것은 무엇인가?

A. 항공기의 기술적 개발을 감독한다.
B. 전 세계 항공 교통의 표준을 설정한다.
C. 항공 운송의 프로세스를 단순화하고 승객 편의를 향상시킨다.
D. 각국의 항공사 운영 매뉴얼을 작성한다.

5. 로스터링부의 주요 역할로 옳지 않은 것은 무엇인가?

A. 승무원의 질문이나 문제를 해결하고 항공편을 배정하는 업무를 수행한다.
B. 승무원이 항공기 유형에 대한 자격을 갖추었는지 확인한다.
C. 승무원이 피로를 관리할 수 있도록 비행 시간 제한을 설정한다.
D. 승무원의 개인 일정을 관리하여 항공편 지연이나 변경 시 재배치한다.

6. 기내 서비스부가 관리하지 않는 업무는 무엇인가?

A. 승객에게 제공되는 식사와 음료의 관리
B. 기내 엔터테인먼트 선택 및 관리
C. 항공기의 좌석, 조명, 카펫 등의 유지 보수
D. 기내 청소와 물품 관리

7. 공항의 랜드사이드 구역에서 제공되지 않는 시설은 무엇인가?

A. 레스토랑
B. 환전소
C. 비행 정보 디스플레이
D. 승객 전신 금속 탐지기

8. 도착 구역의 수하물 회수 과정에서 제공되지 않는 것은 무엇인가?

A. 항공편 번호
B. 벨트 번호
C. 입국 목적 확인
D. 컨베이어 벨트를 통한 수하물 회수

9. 다음 중 항공사 IATA 코드가 'DL'인 항공사는 무엇인가?

A. Delta Air Lines　B. British Airways
C. Qatar Airways　D. Korean Air

10. 다음 중 캐나다 토론토 피어슨 국제공항의 IATA 코드는 무엇인가?

A. YVR　B. YUL
C. YYZ　D. YYC

11. 다음 중 런던의 IATA 도심 코드는 무엇인가?

A. LHR　　B. LGW
C. LON　　D. STN

12. 다음 중 공항 보안 검사 시 수행해야 할 행동이 아닌 것은 무엇인가?

A. 노트북을 가방에서 꺼내 별도의 바구니에 놓는다.
B. 겉옷, 벨트, 금속 물체를 제거해 바구니에 넣는다.
C. 액체가 든 밀봉된 플라스틱 백을 가방에 넣는다.
D. 신발을 벗어 바구니에 넣는다.

13. 객실승무원이 24시간제를 사용하는 이유는 무엇인가?

A. 시간을 단축하기 위해
B. 아침과 오후 시간을 구분하기 위해
C. 항공기 속도를 높이기 위해
D. 승객의 편의를 위해

14. 런던의 시간이 13시일 때, 로스앤젤레스의 시간은 무엇인가?

A. 03:00　　B. 05:00
C. 21:00　　D. 23:00

15. 일 광 절 약 시 간 제(Daylight Saving Time, DST)는 무엇을 위해 시계를 한 시간 앞당기는 제도인가?

A. 겨울 동안 하루를 더 길게 활용하기 위해
B. 여름 동안 하루를 더 길게 활용하기 위해
C. 특정 국가의 표준 시간을 유지하기 위해
D. 국제 표준 시간을 맞추기 위해

16. 항공사에서 수익 극대화를 위해 지상 대기 시간을 최소화하려는 중요한 과정은 무엇인가?

A. 청소　　B. 급수 서비스
C. 턴어라운드　　D. 화장실 서비스

17. 착륙 후 게이트에 도착할 때까지의 상태는 무엇이라고 하는가?

A. 착륙 전　　B. 접근
C. 택싱　　D. 순항

18. 협동체 항공기의 특징으로 맞는 것은 무엇인가?

A. 약 180명의 승객을 수용하고 중앙에 하나의 통로가 있다.
B. 대형 항공기로 두 개의 통로를 갖추고 있다.
C. 여러 층으로 이루어진 멀티플 데크 구조를 갖고 있다.
D. 항상 고급 객실에 바를 설치한다.

19. 협동체 항공기에서 좌석 행의 문자 순서는 어떻게 배치되는가?

A. ABCDE　　B. ADFBC
C. A, B, E, C, D, F　　D. A, B, C, D, E, F

20. 기내에서 승객 좌석 위에 설치되어 독서등, 객실승무원 호출등, 환기구, 비상 산소 호흡기를 포함하는 설비는 무엇인가?

A. 갤리
B. 오버헤드 빈
C. PSU(Passenger Service Unit)
D. 독박스

21. 비행기의 엔진이나 프로펠러가 만들어내는, 비행기를 앞으로 움직이는 힘은 무엇인가?

A. 양력　　B. 중력
C. 저항력　　D. 추력

22. 비행기의 세 가지 기본 동작 중 비행기의 코가 위나 아래로 움직이는 것을 무엇이라고 하는가?

A. 피치　　B. 롤
C. 요　　D. 트림

23. 고도가 높아짐에 따라 인체 내 가스가 팽창하여 불편함을 유발할 수 있는 이유는 무엇인가?

A. 공기 온도의 변화 B. 산소 농도의 증가
C. 대기압의 감소 D. 기내 습도의 감소

24. 객실승무원의 주된 역할은 비행 중 무엇을 모니터링하고 관리하는 것인가?

A. 항공기 연료 상태 B. 승객과 기내 안전
C. 항공기 엔진 성능 D. 항공기 외부 환경

25. 1970년대 항공 사고 조사에서 인간 오류가 사고의 주요 원인으로 밝혀졌고, 이에 따라 NASA가 리더십과 팀 조정, 의사 결정을 실패 원인으로 지목하며 도입한 승무원 교육 과정은 무엇인가?

A. 비행기 조종 교육
B. 승무원자원관리(CRM) 교육
C. 안전장비 사용 교육
D. 승객 서비스 교육

26. 객실 사무장이 비행 중 기장에게 이륙 준비 완료 상태를 알리는 방법은 무엇인가?

A. 인터폰을 통해 구두로 보고
B. 문서를 통해 전달
C. 'CABIN READY' 표시등 사용
D. 무선 통신을 통해 알림

27. ICAO가 항공 여행의 공용어로 지정한 언어는 무엇인가?

A. 스페인어 B. 프랑스어
C. 영어 D. 중국어

28. 부정적인 대인 관계 요인 중 승무원이 극복하기 위해 정기적인 훈련과 팀워크 강화를 필요로 하는 것은 무엇인가?

A. 피로 B. 두려움
C. 언어 장벽 D. 문화적 차이

29. 문화적 갈등의 일반적인 유형으로 볼 수 없는 것은 무엇인가?

A. 우선 탑승 권리 B. 종교적 선호
C. 수하물 공간 공유 D. 객실 사무장의 결정

30. 평등주의 가치관을 가진 승객은 어떤 상황에서 갈등을 느낄 수 있는가?

A. 비즈니스 클래스 고객이 우선 탑승하는 경우
B. 모든 승객이 동시에 탑승하는 경우
C. 승객의 요청에 따라 좌석을 변경하는 경우
D. 특정 승객이 좌석을 거부하는 경우

31. 문화적 갈등을 해결하기 위해 승무원이 취할 수 있는 적절한 행동은 무엇인가?

A. 승객에게 특정 좌석으로 이동할 것을 강요한다.
B. 승객이 원하는 해결책을 논의하고 이유를 물어본다.
C. 모든 승객을 동일하게 대우하여 갈등을 방지한다.
D. 좌석을 바꿀 수 없다고 강력하게 주장한다.

32. 문화적 갈등을 해결하기 위해 승무원이 가장 먼저 해야 할 일은 무엇인가?

A. 모든 승객이 동등하게 대우받아야 한다고 주장한다.
B. 고정관념에 따라 행동하는 승객을 제재한다.
C. 승객의 행동 뒤에 있는 이유를 파악하고, 실제 이유를 이해하려고 노력한다.
D. 승객에게 즉시 사과하고 모든 요구를 들어준다.

33. 브리핑 중 객실 사무장이 수행하지 않는 업무는 무엇인가?

A. 필요한 최소 인원의 객실승무원이 충분한지 확인
B. 객실승무원에게 할당된 업무, 위치 및 비상 상황 시의 역할 지정
C. 기내 청소와 점검
D. 서비스 일정, 식음료 서비스, 면세 판매에 관한 설명 제공

34. 비행 전 객실승무원이 수행하는 보안검사의 목적은 무엇인가?

A. 기내식의 신선도 확인
B. 기내 모든 부분을 검사하여 의심스럽거나 관계없는 물품이 있는지 확인
C. 승객의 탑승 절차 관리
D. 기내 엔터테인먼트 시스템 점검

35. 객실승무원이 탑승 절차 중 특별한 도움이 필요한 승객에게 우선 탑승을 제공하는 이유는 무엇인가?

A. 특별한 도움이 필요한 승객이 먼저 비행기를 떠날 수 있도록
B. 특별한 도움이 필요한 승객이 통로의 혼잡을 줄일 수 있도록
C. 특별한 도움이 필요한 승객이 더 많은 좌석을 차지할 수 있도록
D. 특별한 도움이 필요한 승객이 무료로 업그레이드될 수 있도록

36. 다음 중 항공기 이륙 전 객실승무원이 점검해야 하는 사항으로 옳지 않은 것은 무엇인가?

A. 화장실이 비어 있고 잠겨 있는지 확인한다.
B. 모든 객실, 옷장, 오버헤드 빈이 닫혔는지 확인한다.
C. 갤리 장비가 제대로 고정되고 잠겨 있는지 확인한다.
D. 승객이 안전벨트를 풀고 휴식을 취할 수 있도록 한다.

37. 다음 중 항공기 이륙 중에 객실승무원이 반드시 지켜야 하는 규칙은 무엇인가?

A. 기내 청소를 완료한다.
B. 승객의 음료 요청을 처리한다.
C. 비상 상황 발생 시 취할 행동을 생각하며 "30 second review"를 수행한다.
D. 운항승무원에게 비행 중 필요한 정보를 전달한다.

38. 객실승무원이 운항 중 유휴 시간에 수행하는 업무로 옳지 않은 것은 무엇인가?

A. 정기 안전 검사를 수행하여 기내, 갤리, 화장실, 조종실의 안전을 유지한다.
B. 승객과의 상호작용을 통해 요구를 미리 파악하고 지원한다.
C. 승객들에게 무료 또는 유료로 음료 서비스를 제공한다.
D. 난기류 대비를 위해 승객들이 좌석 벨트를 착용했는지 확인한다.

39. 다음 중 승객 하기가 완료된 후 객실승무원이 수행해야 할 작업으로 옳지 않은 것은 무엇인가?

A. 모든 장비를 올바른 위치에 둔다.
B. 사용한 안전 또는 의료 장비를 유지보수 팀에게 알린다.
C. 기내와 화장실을 점검하여 이전 승객이 남긴 물건이 없는지 확인한다.
D. 승객의 탑승을 준비하여 다시 서비스를 시작한다.

40. 객실승무원이 비상 상황 발생 시 신속하게 대응하여 위험 수준을 낮추기 위해 필요한 준비 사항이 아닌 것은 무엇인가?

A. 사전 대책을 취하는 것
B. 비정상적인 상황을 처리하는 것
C. 승객에게 비상 상황을 알리는 것
D. 신속하고 전문적으로 대응할 준비가 되어 있는 것

41. 비정상적인 상황을 예방하기 위해 객실승무원이 먼저 알아야 하는 것은 무엇인가?

A. 비상 장비의 위치
B. 정상 상태
C. 승객의 상태
D. 비상구 위치

42. 객실승무원이 탑승 중 승객 상태를 확인하는 이유는 무엇인가?

A. 승객의 좌석 배치 조정
B. 승객의 수하물 확인
C. 비행 중 악화될 수 있는 질병이나 알코올 중독 징후를 판단
D. 승객의 비상구 사용 능력 확인

43. 기내 수하물 모니터링 시 객실승무원이 확인하는 사항은 무엇인가?

A. 승객의 휴대폰 사용 여부
B. 너무 크거나 무거운 수하물
C. 승객의 좌석 번호
D. 승객의 탑승권 확인

44. 객실승무원이 기내 물품을 보관할 때 유의할 사항이 아닌 것은 무엇인가?

A. 모든 물품은 고정할 수 있는 장소에만 보관한다.
B. 표시된 무게 제한을 준수한다.
C. 화장실에 물품을 보관한다.
D. 비상 장비 접근을 방해하지 않는다.

45. 비상 장비 점검 시 객실승무원이 확인해야 할 사항이 아닌 것은 무엇인가?

A. 비상 장비의 위치
B. 비상 장비의 사용 준비 상태
C. 비상 장비의 색상
D. 비상 장비의 적절한 위치

46. 객실승무원이 탈출 장비를 점검할 때 포함되는 장비가 아닌 것은 무엇인가?

A. 슬라이드　　B. 래프트
C. 비상손전등　　D. 화장실 연기 감지기

47. 수상 대피 시 사용되는 장비가 아닌 것은 무엇인가?

A. 슬라이드　　B. 슬라이드/래프트
C. 구명조끼　　D. 할론 소화기

48. 화재 진압 장비 중 연기와 유해 가스로부터 보호할 수 있는 장비는 무엇인가?

A. 할론 소화기　　B. 물 소화기
C. 스모크 후드　　D. 화장실 연기 감지기

49. 객실승무원이 비상 상황을 대비하기 위해 작성해야 하는 보고서가 아닌 것은 무엇인가?

A. 항공 안전 보고서
B. 서면 보고서
C. 항공기 결함 기록서
D. 고객 서비스 보고서

50. 다음 중 난기류 발생의 원인으로 옳지 않은 것은 무엇인가?

A. 높은 온도
B. 산과 같은 지형
C. 다른 항공기의 방해 기류
D. 항공기의 내부 구조

51. 난기류 발생 시 승객과 승무원이 부상을 예방하기 위해 취할 수 있는 조치가 아닌 것은 무엇인가?

A. 좌석벨트를 착용한다.
B. 갤리와 작업 공간을 깨끗이 유지한다.
C. 가장 가까운 빈 승객 좌석에 앉는다.
D. 기장의 지시를 기다리지 않고 서서 이동한다.

52. 완만한 감압이 발생했을 때 승객과 승무원이 가장 먼저 알아챌 수 있는 징후는 무엇인가?

A. 산소 마스크가 떨어진다.
B. 기내 온도가 급격히 떨어진다.
C. 기내가 어두워진다.
D. 승객의 귀가 아프다.

53. 화재 진압 시 객실승무원이 가장 먼저 해야 할 일은 무엇인가?

A. 승객을 안심시킨다.
B. 운항승무원에게 알린다.
C. 화재의 연료를 제거한다.
D. 소화기를 사용한다.

54. 객실에서 화재가 발생했을 때 연기를 제거하기 위한 방법이 아닌 것은 무엇인가?

A. 에어컨을 조절한다.
B. 승객에게 몸을 앞으로 기울이도록 지시한다.
C. 승객을 연기가 덜한 구역으로 이동시킨다.
D. 항공기 창문을 연다.

55. 비행 중 기압 변화로 인해 심장병을 앓고 있는 승객이 가슴 통증과 호흡 곤란을 겪고 있습니다. 객실승무원이 이 상황에서 해야 할 첫 번째 조치는 무엇인가?

A. 응급 착륙을 준비한다.
B. 승객의 약물을 찾아서 제공한다.
C. 승객을 안심시키고 증상을 완화하는 조치를 취한다.
D. 의학 전문가에게 연락한다.

56. 객실승무원이 응급 상황에서 의료 전문가의 자격을 확인하는 이유는 무엇인가?

A. 승객의 신원을 파악하기 위해
B. 항공사의 절차를 준수하기 위해
C. 의료 장비를 제공하기 위해
D. 응급 착륙을 준비하기 위해

57. 다음 중 항공기에서 발생할 수 있는 일반적인 기내 의료 응급 상황이 아닌 것은 무엇인가?

A. 신경성 실신　　B. 멀미
C. 심장병　　D. 골절

58. 다음 중 기내 응급 처치 키트(First Aid Kit)에 포함되지 않는 항목은 무엇인가?

A. 일회용 장갑
B. 소독제
C. 항생제
D. 팔걸이와 팔 감기용 붕대

59. 의식 없는 승객을 발견했을 때 객실승무원이 가장 먼저 해야 할 조치는 무엇인가?

A. 음식이나 틀니로 인한 기도 폐쇄 여부를 조사한다.
B. 심장 박동을 확인한다.
C. 구조호흡을 시작한다.
D. 주변이 안전한지 확인한다.

60. 질식 승객에게 복부 압박 방법(하임리히 구명법)을 사용하기 전에 먼저 해야 할 조치는 무엇인가?

A. 구조호흡을 시도한다.
B. 환자를 앉게 한다.
C. 등을 두드려본다.
D. 심폐소생술을 시작한다.

61. 운항승무원이 비행 중 건강 이상으로 업무를 수행할 수 없을 때, 객실승무원이 최우선으로 해야 할 조치는 무엇인가?

A. 운항승무원을 좌석에서 빼내고 기내로 옮긴다.
B. 운항승무원을 조종 장치에서 분리하고 좌석을 뒤로 밀어 공간을 확보한다.
C. 다른 객실승무원에게 도움을 요청한다.
D. 산소마스크를 착용시킨다.

62. 전염성 질병의 징후와 증상이 아닌 것은 무엇인가?

A. 38° C 이상의 열 B. 지속적인 기침
C. 호흡 장애 D. 두통

63. 기내에서 전염병 의심 증상이 나타난 승객에 대해 객실승무원이 우선적으로 취해야 할 조치는 무엇인가?

A. 승객에게 마스크를 제공한다.
B. 승객을 가능한 한 분리된 공간으로 이동시킨다.
C. 다른 승무원에게 상황을 알린다.
D. 승객에게 체온을 측정한다.

64. IATA의 위험물 규정(DGR)은 무엇을 제공하는가?

A. 항공기 내 음식물 안전 규정
B. 승객 서비스 가이드라인
C. 위험물 안전 운송을 위한 포괄적인 지침
D. 항공기 연료 관리 지침

65. 다음 중 항공기 운송 시 폭발물에 해당하는 등급은 무엇인가?

A. 등급 2 B. 등급 4
C. 등급 1 D. 등급 3

66. 항공기 내에서 허용되지 않는 위험물은 무엇인가?

A. 휴대용 호흡 장비
B. 산소 발생기
C. 리튬 배터리를 포함한 컴퓨터
D. 부탄 가스 실린더

67. 다음 중 승객이 기내에 반입할 수 있는 물품으로 잘못 짝지어진 것은 무엇인가?

A. 등산객 – 캠핑 가스 스토브
B. 미용용품 사용자 – 가연성 액체
C. 축제 여행자 – 폭발성 물질
D. 필름 제작자 – 리튬 배터리 포함 촬영 장비

68. 객실승무원이 기내에서 위험물을 발견했을 때 취해야 할 첫 번째 조치는 무엇인가?

A. 즉시 위험물을 제거한다.
B. 운항승무원에게 알린다.
C. 승객에게 위험물을 신고한다.
D. 위험물을 안전한 장소로 옮긴다.

69. 불법적인 간섭 행위가 주로 발생하는 대상이 아닌 것은 무엇인가?

A. 항공기 B. 공항 사무실
C. 항공기 격납고 D. 항공기 청소 도구

70. 국제 항공보안 협약 중 기장이 폭력적이거나 부주의한 승객에 대해 신체적 구속을 명령할 수 있도록 허용하는 협약은 무엇인가?

A. 도쿄 협약
B. 헤이그 협약
C. 시카고 협약
D. 국가항공보안 프로그램

71. 다음 중 항공기 운송 중에 발생할 수 있는 위험을 줄이기 위해 IATA(국제항공운송협회)가 제공하는 포괄적이고 정확한 지침서로, 항공사가 위험물을 안전하게 운송할 수 있도록 돕는 규정 매뉴얼은 무엇인가?

A. ICAO 항공 보안 실행 계획
B. 도쿄 협약
C. 위험물 규정(DGR)
D. 국가항공보안 프로그램

72. 다음 중 항공기 보안을 유지하기 위해 객실승무원이 수행해야 할 보안 절차가 아닌 것은 무엇인가?

A. 승객 수 확인
B. 항공기 보안 검사
C. 기내 공급품 허가
D. 승객의 짐을 대신 꾸려주는 것

73. 객실승무원이 승객의 소란 행위가 계속될 경우 기장에게 보고해야 하는 정보가 아닌 것은?

A. 관련된 승객 수　B. 행동 설명
C. 승무원의 조치
D. 다른 승객의 개인정보

74. 테러리스트 조직이 불법 간섭을 시도하는 주요 동기가 아닌 것은 무엇인가?

A. 정치적 목적　B. 종교적 신념
C. 경제적 이득　D. 스포츠 이벤트 홍보

75. 항공기 납치 상황에서 객실승무원이 해야 할 올바른 조치는 무엇인가?

A. 납치범과 적극적으로 대치하여 상황을 해결하려고 시도한다.
B. 승객을 진정시키고 통로를 비워 구조 대원의 접근을 용이하게 한다.
C. 납치범에게 승객의 위치와 정보를 제공한다.
D. 납치범의 요구를 무시하고 자신만의 판단으로 행동한다.

76. 폭탄 위협이 발생했을 때 기내에서 객실승무원이 해야 할 적절한 행동으로 맞지 않는 것은 무엇인가?

A. 의심스러운 장치를 발견하면 즉시 기장에게 보고한다.
B. 발견된 장치를 안정적인 위치로 이동시키기 전에 안전 여부를 확인한다.
C. 승객을 한쪽 통로로 이동시키고 빈 좌석을 철저히 검색한다.
D. 발견된 장치를 즉시 폐기하거나 무력화한다.

77. 객실승무원이 고객 서비스에서 우수함을 발휘하기 위해 필수적인 대인 관계 기술로 맞지 않는 것은 무엇인가?

A. 듣기　B. 커뮤니케이션
C. 판단　D. 감정 관리

78. 다음 중 객실승무원이 우수한 고객 서비스를 실천하기 위해 해야 할 행동으로 맞지 않는 것은 무엇인가?

A. 승객의 이름을 사용하여 개인화된 서비스를 제공한다.
B. 승객이 필요로 하는 물품을 예측하고 제공한다.
C. 승객의 불안감을 이해하고 친절하게 대한다.
D. 특정 식사나 음료가 부족할 때 제공할 수 없는 것에 초점을 맞춘다.

79. 다음 중 객실승무원이 어려운 상황을 처리할 때 취해야 할 올바른 행동이 아닌 것은 무엇인가?

A. 승객에게 안전 규칙을 정중하게 설명하고 이해를 구한다.
B. 승객의 요청에 방어적인 태도로 대응한다.
C. 침착하고 부드러운 목소리로 승객과 대화한다.
D. 규칙이나 절차가 지켜져야 하는 이유를 설명한다.

80. 다음 중 비행 공포증을 가진 승객을 돕기 위해 객실승무원이 취할 수 있는 적절한 조치가 아닌 것은 무엇인가?

A. 승객이 불쾌한 상황 대신 다른 생각을 하도록 유도한다.
B. 승객에게 비행기의 안전성을 설명하며 안심시킨다.
C. 승객에게 비행이 두려우면 다음 항공편을 예약하지 말라고 조언한다.
D. 승객에게 긍정적인 말을 하도록 유도하고 격려한다.

81. **다음 중 ACAA(Air Carrier Access Act)에 따라 항공사가 제공해야 할 서비스와 관련된 내용으로 옳지 않은 것은 무엇인가?**

A. 30개 이상의 좌석이 있는 새로운 항공기는 기내 통로 좌석 절반에 이동식 통로 팔걸이를 갖추어야 한다.
B. 100명 이상의 좌석이 있는 신규 항공기는 접는 휠체어를 우선순위로 보관할 수 있는 공간을 마련해야 한다.
C. 장애인 승객이 화장실을 이용하기 위해 48시간 전에 요청하면, 항공사는 기내 휠체어를 준비해야 한다.
D. 모든 항공사는 장애인 승객을 위해 광범위한 개인 서비스를 제공해야 한다.

82. **다음 중 승객 정보 코드와 그 의미가 올바르게 짝지어진 것은 무엇인가?**

A. WCHC – 자력으로 계단을 오르내릴 수 있으나 좌석에 도달할 수 있는 승객
B. DPNA – 시각 장애로 도움이 필요한 승객
C. OXYG – 비행 중 산소가 필요한 승객
D. LEGL – 오른쪽 다리에 깁스를 한 승객

83. **특별한 도움이 필요한 승객을 지원할 때, 객실승무원이 준수해야 할 일반적인 예의에 대한 설명으로 옳지 않은 것은 무엇인가?**

A. 장애인 승객을 직접 보며 커뮤니케이션한다.
B. 승무원의 가정하에 결정을 내린다.
C. 장애에 관한 질문은 피하고, 불가피한 경우 민감한 사안임을 고려하여 배려하는 자세로 질문한다.
D. 휠체어는 그들의 개인 공간의 일부이므로 요청을 받지 않는 한 휠체어를 밀거나, 기대거나 붙잡는 행동을 피한다.

84. **지적 및 정신적 장애가 있는 승객을 지원할 때 객실승무원이 지켜야 할 예절로 옳지 않은 것은 무엇인가?**

A. 따뜻하고 진실한 태도로 소개한다.
B. 승객들이 응답하거나 질문하는 데 시간이 걸릴 수 있음을 고려해 인내심을 가진다.
C. 긴장하거나 불안해하는 승객을 도와주고 안심시킨다.
D. 응답을 빨리 하기 위해 승객의 말을 자른다.

85. **보호자 비동반 소아(UMNR)에 대한 다음 절차 중 틀린 것은 무엇인가?**

A. 객실승무원이 쉽게 볼 수 있는 곳에 좌석을 배치한다.
B. 동반자 없이 비행기에서 내리거나 공항에 가지 못한다.
C. 도착 시 아이를 만나는 사람은 신분증을 제시해야 하며, 운송 요청서에 기재된 사람이어야 한다.
D. UMNR은 에스코트 없이 항공기를 떠날 수 있다.

86. **다음 중 기내 방해 행위의 4단계에 해당하는 것은 무엇인가?**

A. 승무원의 안전 지시 사항을 준수하지 않음
B. 신체적 공격 (펀치, 발로 차기, 침 뱉기 등)
C. 무기 또는 기타 물건으로 다른 사람을 위협
D. 조종실 문을 열려는 시도 또는 조종실에 침입하여 항공기를 장악하려는 시도

87. 기내 방해 행위를 효과적으로 관리하기 위해 객실승무원이 취할 수 있는 1단계 대응 방법이 아닌 것은 무엇인가?

A. 승객의 불만 사항이나 문제를 해결하기 위해 차분하고 재치 있는 접근을 시도한다.
B. 난기류로 인해 좌석벨트 표시가 켜졌을 때, 승객을 깨우고 좌석벨트를 착용하도록 안내한다.
C. 1단계 승객의 비이성적 또는 예측 불가능한 행동을 경고하고, 객실 사무장에게 보고한다.
D. 1단계 승객이 흡연을 시도할 때, 경고 후 중단하지 않으면 객실 사무장과 기장에게 보고하고 경찰에 인계한다.

88. 다음 중 기내에서 술을 제공할 때 승객의 중독을 예방하기 위한 객실승무원의 지침이 아닌 것은 무엇인가?

A. 승객에게 한 번에 두 가지 이상의 음료를 제공하여 선택의 폭을 넓힌다.
B. 술을 제공할 때는 정확한 양을 생각하고 많은 양을 제공하지 않는다.
C. 승객이 술을 많이 마시지 않도록 얼음을 더 많이 넣어 음료를 희석한다.
D. 승객이 충분한 양의 알코올을 섭취했다는 것이 명백할 때 더 이상의 알코올 제공을 중단한다.

89. 다음 중 항공기 내 갤리 장비와 관련된 설명으로 옳지 않은 것은 무엇인가?

A. 아틀라스 박스는 필요한 품목을 담은 금속 상자이다.
B. 바와 바 박스는 주류 및 면세품을 보관하는 데 사용된다.
C. 트롤리는 음식과 음료를 저장하고 제공하는 주요 도구로, 브레이크가 장착되어 있지 않다.
D. 칠러는 항공기 내에서 음식이 차가워지도록 유지하는 데 필요하다.

90. 다음 중 항공사가 제공하는 특별식 코드와 그 설명으로 옳지 않은 것은 무엇인가?

A. BLML – 소화 문제가 있는 승객을 위한 부드럽고 섬유질이 적은 식사
B. KSML – 유대교 식습관에 따라 제공되는 식사로, 완제품을 밀봉된 상태로 제공
C. HNML – 힌두교 식습관에 맞는 식사로, 쇠고기, 송아지고기, 돼지고기를 포함한 매운 카레 요리
D. MOML – 이슬람교도를 위한 식사로, 돼지고기, 젤라틴, 알코올을 제외

91. 다음 중 기내에서 기내식 서비스의 청결과 위생을 관리하는 객실승무원의 역할에 대한 설명으로 올바르지 않은 것은 무엇인가?

A. 승무원은 음식을 다루기 전 손을 자주 씻어야 하며, 상처가 있는 경우 방수 붕대로 완전히 보호해야 한다.
B. 음식을 다루는 동안에는 더러워진 도구와 깨끗한 도구를 함께 보관해도 무방하다.
C. 객실 승무원은 제복과 개인 위생 상태를 철저히 관리하고, 갤리를 항상 청결하게 유지해야 한다.
D. 승객이 질병 증상을 보일 경우 의료 지원을 요청하고, 적절한 신고 양식을 작성하여 객실 사무장과 기장에게 보고해야 한다.

92. 다음 중 저비용항공사(LCC)에서 일반적으로 제공하는 식품으로 옳지 않은 것은 무엇인가?

A. 샌드위치
B. 감자 칩, 견과류, 과자, 초콜릿
C. 해산물 요리
D. 수프와 컵라면

93. 다음 중 객실승무원이 기내 서비스 후 남은 물품과 쟁반을 수거할 때 올바르지 않은 방법은 무엇인가?

A. 재활용 가능한 물품을 분리하기 위해 특별히 지정된 수거용 카트를 사용한다.
B. 포장을 열지 않은 기내식을 수거하여 자선 기관에 기부하기도 한다.
C. 재활용 가능한 물품을 일반 쓰레기와 분리하지 않고 함께 처리한다.
D. 작은 공항에서는 재활용 물품을 다른 지역으로 운반하여 처리할 수 있도록 조치를 취한다.

94. 다음 중 객실승무원이 기내식 서비스 중 승객의 불만을 처리하는 올바른 방법으로 알맞은 것은 무엇인가?

A. 승객이 기내식에 불만을 표시하면 즉시 항공사에 보고하고, 대체 기내식을 제공하지 않는다.
B. 기내식이 먹지 않은 채 반환되면 승객에게 상태를 확인하고, 대체 기내식을 제공할 수 있으면 이를 제공한다.
C. 대체할 수 없는 경우에도 승객의 불만을 무시하고 넘어간다.
D. 승객이 불만을 제기하지 않으면, 기내식 상태에 대해 아무런 조치를 취하지 않는다.

95. 기내 판매 전략 중 성공적인 기내 판매를 위한 방법으로 옳지 않은 것은 무엇인가?

A. 승객의 구매 신호를 주의 깊게 관찰한다.
B. 제품의 기능과 이점을 승객에게 설명한다.
C. 승객에게 판매를 강요하고 즉시 구매를 유도한다.
D. 명확하고 간결한 공지를 통해 특별 판매 제품을 강조한다.

96. 기내 판매 서비스 수입을 평가하는 지표로 올바르게 짝지어진 것은 무엇인가?

A. 고객 보급률 - 총 매출액을 총 거래 수로 나눈 값
B. 한 명당 평균 소비 - 총 수익을 기내 고객 수로 나눈 값
C. 평균 거래 금액 - 구매 고객 수를 탑승한 총 승객 수로 나눈 후 100을 곱한 값
D. 거래당 평균 제품 수 - 일정 기간의 총 수익을 해당 노선 항공편 수로 나눈 값

97. 객실승무원의 피로 관리를 위한 올바른 방법은 무엇인가?

A. 모든 비행 후 즉시 카페인을 섭취하여 피로를 극복한다.
B. 여행 중에는 낮잠을 피하고 긴 활동을 유지한다.
C. 개인 생활과 업무 균형을 맞추고, 가족에게 휴식의 필요성을 알린다.
D. 비행 중에는 단백질 섭취를 피하고, 탄수화물 스낵을 자주 먹는다.

98. 객실승무원이 안전 업무 수행에 있어 준수해야 하는 알코올 섭취 규칙은 무엇인가?

A. 업무 시작 4시간 전에는 알코올 섭취가 허용되지 않는다.
B. 업무 시작 시 혈중알코올농도가 리터당 0.4mL를 초과해서는 안 된다.
C. 업무 시작 전날에는 알코올 섭취를 제한 없이 할 수 있다.
D. 업무 중과 업무 시작 8시간 전에는 알코올 섭취가 허용되지 않는다.

99. 장기간의 스트레스가 객실승무원에게 미치는 영향으로 옳지 않은 것은 무엇인가?

A. 불안감, 우울함, 감정 기복 등의 정신적 증상
B. 심장병, 고혈압 등의 심장 및 순환계 문제
C. 체지방 감소, 인슐린 민감성 증가 등의 신진대사 문제
D. 근육의 양과 기능 감소, 통증 및 근육 뭉침 등의 근육 및 관절 문제

100. 객실승무원의 스트레스 관리 방법으로 옳지 않은 것은 무엇인가?

A. 규칙적인 운동과 신체 활동 유지
B. 알코올, 담배, 카페인 등의 의존성 물질 사용
C. 친구와 가족과의 사회적 연결 유지
D. 긍정적인 면을 찾으려 노력하고 낙관적인 태도 유지

| 정답과 해설 |

1. 정답 : C
해설 : 터키항공은 대륙간 횡단 비행에서 승객에게 초고속 무선 인터넷을 무료로 제공하는 최초의 항공사가 되어, 장시간 비행 중 피로를 줄이고 승객 경험을 향상시켰다.

2. 정답 : B
해설 : 1930년에는 보잉 항공운송이 간호사 출신의 엘렌 처치를 고용하면서 '스튜어디스'라는 개념을 도입했으며, 이는 객실승무원의 역할이 확대되는 계기가 되었다.

3. 정답 : D
해설 : 저비용 항공사는 경제적인 운임과 필수 서비스 외의 추가 비용을 부과하는 비즈니스 모델을 채택한다. 반면, 특정 계절이나 이벤트에 맞춰 비행 스케줄을 조정하는 것은 전세 항공사의 특징이다.

4. 정답 : C
해설 : IATA의 주요 목적은 항공 운송의 프로세스를 단순화하고 승객 편의를 향상시켜 항공사의 효율성과 경제성을 높이는 것이다.

5. 정답 : D
해설 : 로스터링부는 승무원의 개인 일정을 관리하지 않으며, 이는 승무원의 개인적 책임이다. 로스터링부는 승무원의 질문이나 문제를 해결하고 항공편을 배정하는 업무를 수행한다.

6. 정답 : C
해설 : 기내 서비스부는 승객에게 제공되는 식사와 음료, 기내 엔터테인먼트 선택 및 관리, 기내 청소와 물품 관리 등을 담당한다. 항공기의 좌석, 조명, 카펫 등의 유지 보수는 유지관리부의 역할이다.

7. 정답 : D
해설 : 랜드사이드 구역에는 레스토랑, 환전소, 비행 정보 디스플레이 등의 시설이 제공된다. 승객 전신 금속 탐지기는 보안 검색 구역에서 사용된다.

8. 정답 : C
해설 : 수하물 회수 과정에서는 항공편 번호와 벨트 번호 등의 정보가 제공되며, 수하물은 컨베이어 벨트를 통해 회수된다. 입국 목적 확인은 입국 심사 과정에서 이루어진다.

9. 정답 : A
해설 : Delta Air Lines의 IATA 코드는 'DL'이다. British Airways는 'BA', Qatar Airways는 'QR', Korean Air는 'KE'이다.

10. 정답 : C
해설 : 캐나다 토론토 피어슨 국제공항의 IATA 코드는 'YYZ'이다. YVR은 밴쿠버 국제공항, YUL은 몬트리올 피에르 엘리오트 트뤼도 국제공항, YYC는 캘거리 국제공항의 코드이다.

11. 정답 : C
해설 : 런던의 IATA 도심 코드는 'LON'이다. LHR은 히드로 공항, LGW는 개트윅 공항, STN은 스탠스테드 공항의 코드이다.

12. 정답 : C
해설 : 액체가 든 밀봉된 플라스틱 백은 가방이 아닌 별도의 바구니에 넣어야 한다. 나머지 행동은 보안 검사를 통과하기 위해 필요한 절차이다.

13. 정답 : B
해설 : 24시간제를 사용하면 오전과 오후를 구분하는 혼란을 방지할 수 있다. 이는 특히 국제 항공편 시간 관리에서 중요하다.

14. 정답 : B
해설 : 런던은 GMT 시간대이고, 로스앤젤레스는 GMT-8 시간대에 위치한다. 따라서 런던 시간이 13시일 때, 로스앤젤레스의 시간은 13시에서 8시간을 뺀 05:00이다.

15. 정답 : B
해설 : 일광절약시간제(DST)는 여름 동안 시계를 한 시간 앞당겨 하루를 더 길게 활용하기 위해 사용되는 제도이다.

16. 정답 : C
해설 : 턴어라운드는 항공기의 지상 대기 시간을 최소화하고 다음 비행 준비를 위해 여러 작업을 신속히 수행하는 과정을 포함한다.

17. 정답 : C
해설 : 착륙 후 게이트에 도착할 때까지 택싱 상태가 계속되며, 객실승무원은 승객에게 도착 발표를 하지만, 항공기가 갑자기 정지할 수 있으므로 착석 상태를 유지해야 한다.

18. 정답 : A
해설 : 협동체 항공기는 약 180명의 승객을 수용할 수 있으며 중앙에 하나의 통로를 갖추고 있다. 이러한 항공기로는 보잉 737과 에어버스 A320이 있다.

19. 정답 : D
해설 : 협동체 항공기에서는 보통 A부터 F까지의 문자가 사용된다. 왼쪽 창문(A), 센터(B, E), 통로(C, D), 오른쪽 창문(F) 순서로 좌석이 배치된다.

20. 정답 : C
해설 : PSU(Passenger Service Unit)는 각 승객 좌석 위에 설치된 독서등, 객실승무원 호출등, 환기구, 비상 산소 호흡기를 포함하는 설비로, 승객의 편의를 위해 중요한 역할을 한다.

21. 정답 : D
해설 : 비행기의 엔진이나 프로펠러가 만들어내는 추력은 비행기를 앞으로 움직이는 힘이다.

22. 정답 : A
해설 : 피치는 비행기의 코가 위나 아래로 움직이는 동작이며, 승강기(Elevator)에 의해 제어된다.

23. 정답 : C
해설 : 고도가 높아지면 대기압이 감소하여 신체 내 가스가 팽창하게 된다. 이는 불편함을 유발할 수 있으며, 충분한 수분 섭취가 권장된다.

24. 정답 : B
해설 : 객실승무원의 주된 역할은 비행 중 승객과 기내 안전을 모니터링하고 관리하는 것으로, 승객 간의 갈등, 의료적 문제, 기술적 오류 등에 대응해야 한다.

25. 정답 : B
해설 : 1970년대 항공 사고 조사에서 인간 오류가 주요 원인으로 밝혀지자, NASA는 리더십과 팀 조정, 의사 결정을 실패 원인으로 지목하며 승무원자원관리(CRM) 교육을 도입했다.

26. 정답 : C
해설 : 객실 사무장은 비행 중 이륙 준비가 완료되면 'CABIN READY' 표시등을 통해 기장에게 이륙 준비 완료 상태를 알린다.

27. 정답 : C
해설 : ICAO는 2001년에 영어를 항공 여행의 공용어로 지정했다. 모든 조종사, 운항승무원, 항공교통관제원은 영어 능력 시험을 통과해야 한다.

28. 정답 : B
해설 : 두려움은 승무원이 실수를 두려워해 필요한 정보를 보고하지 않을 때 발생할 수 있다. 이를 극복하기 위해 정기적인 훈련과 팀워크 강화를 통해 승무원의 자신감을 높이고, 필요한 정보를 주저 없이 보고할 수 있도록 한다.

29. 정답 : D
해설 : 객실 사무장의 결정은 문화적 갈등의 일반적인 유형에 해당하지 않는다. 우선 탑승 권리, 종교적 선호, 수하물 공간 공유 등은 문화적 갈등의 일반적인 유형에 해당한다. 객실 사무장의 결정은 항공사 정책에 따른 것으로, 문화적 갈등과 직접적으로 관련이 없다.

30. 정답 : A
해설 : 평등주의 가치관을 가진 승객은 비즈니스 클래스 고객이 우선 탑승하는 경우 갈등을 느낄 수 있다. 이들은 모든 승객이 동등하게 대우받아야 한다고 생각하며, 특정 고객이 우선권을 가지는 상황에 대해 불만을 가질 수 있다.

31. 정답 : B
해설 : 승무원은 문화적 갈등을 해결하기 위해 승객이 원하는 해결책을 논의하고 이유를 물어보며 유연하게 대처해야 한다. 특정 좌석으로 이동을 강요하거나 좌석을 바꿀 수 없다고 강력하게 주장하는 것은 갈등을 해결하는 적절한 방법이 아니다.

32. 정답 : C
해설 : 문화적 갈등을 해결하기 위해 승무원은 승객의 행동 뒤에 있는 이유를 파악하고, 실제 이유를 이해하려고 노력해야 한다. 고정관념에 따른 판단보다는 문제의 원인을 이해하는 것이 중요하다.

33. 정답 : C
해설 : 브리핑 중 객실 사무장은 필요한 최소 인원의 객실승무원이 충분한지 확인하고, 승무원에게 할당된 업무와 비상 상황 시의 역할을 지정하며, 서비스 일정, 식음료 서비스, 면세 판매에 관한 설명을 제공한다. 기내 청소와 점검은 브리핑 중 수행하지 않는다.

34. 정답 : B
해설 : 보안 검사의 목적은 객실의 모든 부분을 검사하여 의심스럽거나 관계없는 물품이 있는지 확인하는 것이다. 이는 항공사 운영 매뉴얼에 따라 수행되며, 보안 업체와의 계약에 따라 다를 수 있다.

35. 정답 : B
해설 : 객실승무원이 탑승 절차 중 특별한 도움이 필요한 승객에게 우선 탑승을 제공하는 이유는 특별한 도움이 필요한 승객이 통로의 혼잡을 줄일 수 있도록 하기 위함이다. 이를 통해 객실승무원은 더 효율적으로 탑승을 관리하고, 필요한 지원을 제공할 수 있다.

36. 정답 : D
해설 : 항공기 이륙 전 객실승무원은 화장실이 비어 있고 잠겨 있는지, 모든 객실, 옷장, 오버헤드 빈이 닫혔는지, 갤리 장비가 제대로 고정되고 잠겨 있는지 확인해야 한다. 그러나 승객이 안전벨트를 풀고 휴식을 취할 수 있도록 하는 것은 이륙 전에 점검해야 할 사항이 아니다. 이륙 및 착륙 시에는 모든 승객이 안전벨트를 착용하고 있어야 한다.

37. 정답 : C
해설 : 항공기 이륙 중에 객실승무원은 비상 상황 발생 시 취할 행동을 생각하며 "30 second review"를 수행해야 한다. 이륙 중에는 "sterile cockpit" 규칙이 적용되어 객실승무원은 운항승무원을 방해하지 않도록 하고, 자신이 승무원 좌석에 앉아 있어야 한다. 기내 청소나 승객의 음료 요청 처리, 운항승무원에게 비행 중 필요한 정보 전달은 이륙 중에 수행하는 업무가 아니다.

38. 정답 : C
해설 : 객실승무원이 운항 중 유휴 시간에 수행하는 업무는 정기 안전 점검, 승객과의 상호작용, 난기류 대비를 포함한다. 그러나 음료 서비스는 유휴 시간 동안 수행하는 업무가 아니라, 서비스 업무 중에 포함되는 것이다.

39. 정답 : D
해설 : 승객 하기가 완료된 후 객실승무원은 모든 장비를 올바른 위치에 두고, 사용한 안전 또는 의료 장비를 유지보수 팀에게 알리며, 기내와 화장실을 점검하여 이전 승객이 남긴 물건이 없는지 확인한다. 그러나 승객의 탑승을 준비하여 다시 서비스를 시작하는 것은 하기 이후 점검 작업이 완료된 후 수행된다.

40. 정답 : C
해설 : 승객에게 비상 상황을 알리는 것은 필요할 수 있지만, 질문의 조건에서 '준비 사항'이 아닌 것은 승객에게 비상 상황을 알리는 것이다.

41. 정답 : B
해설 : 객실승무원은 비정상적이거나 이상한 점을 인식하기 위해 먼저 정상 상태를 알아야 한다.

42. 정답 : C
해설 : 객실승무원은 탑승 수속 과정에서 승객이 비행 중 악화될 수 있는 질병이나 알코올 중독 징후를 판단한다.

43. 정답 : B
해설 : 객실승무원은 승객이 탑승하는 동안 너무 크거나 무거운 수하물을 확인한다.

44. 정답 : C
해설 : 객실승무원은 화장실에 물품을 보관하지 않는다.

45. 정답 : C
해설 : 비상 장비 점검 시 객실승무원은 장비의 위치와 사용 준비 상태를 확인하지만, 색상은 중요한 요소가 아니다.

46. 정답 : D
해설 : 탈출 장비에는 슬라이드, 래프트, 비상손전등이 포함되지만, 화장실 연기 감지기는 포함되지 않는다.

47. 정답 : D
해설 : 할론 소화기는 화재 진압 장비로, 수상 대피 시에는 사용되지 않는다.

48. 정답 : C
해설 : 스모크 후드는 연기와 유해 가스로부터 보호할 수 있는 장비이다.

49. 정답 : D
해설 : 비상 상황에 대비한 보고서로는 항공 안전 보고서, 서면 보고서, 항공기 결함 기록서가 포함되지만, 고객 서비스 보고서는 포함되지 않는다.

50. 정답 : D
해설 : 난기류는 높은 온도, 지형, 다른 항공기의 방해 기류 등으로 발생할 수 있지만, 항공기의 내부 구조와는 관련이 없다.

51. 정답 : D
해설 : 난기류 발생 시 승무원은 기장의 지시를 기다리지 않고 즉시 앉아야 하며, 서서 이동해서는 안 된다.

52. 정답 : A
해설 : 완만한 감압이 발생하면 첫 번째로 산소마스크가 자동으로 떨어진다.

53. 정답 : B
해설 : 화재 진압 시 객실승무원이 가장 먼저 해야 할 일은 운항승무원에게 알리는 것이다.

54. 정답 : D
해설 : 항공기 창문을 여는 것은 불가능하며, 연기 제거를 위해 에어컨을 조절하거나 승객을 연기가 덜한 구역으로 이동시키는 것이 필요하다.

55. 정답 : C
해설 : 승객이 가슴 통증과 호흡 곤란을 겪는 경우, 객실승무원은 먼저 승객을 안심시키고 증상을 완화하는 조치를 취해야 한다. 이는 승객의 상태를 안정시키고 적절한 대응을 준비하는 중요한 단계이다.

56. 정답 : B
해설 : 객실승무원이 응급 상황에서 의료 전문가의 자격을 확인하는 이유는 항공사의 절차를 준수하기 위해서이다. 이는 객실승무원이 절차에 따라 올바르게 행동했음을 보장하고, 의도하지 않은 결과에 대해 비난받지 않도록 한다.

57. 정답 : D
해설 : 골절은 비행 중 발생할 가능성이 낮은 부상으로, 일반적인 기내 의료 응급 상황에는 포함되지 않는다. 신경성 실신, 멀미, 심장병은 비행 중 흔히 발생할 수 있는 의료 응급 상황이다.

58. 정답 : C
해설 : 기내 응급 처치 키트에는 항생제가 포함되지 않는다. 응급 처치 키트는 기본적인 응급 상황을 대처할 수 있는 장비와 의약품을 포함하며, 항생제는 고급 의료 장비가 있는 응급 의료 키트(EMK)에 포함될 수 있다.

59. 정답 : D
해설 : 의식 없는 승객을 발견했을 때 가장 먼저 해야 할 조치는 주변이 안전한지 확인하는 것이다. 이는 승객과 구조자의 안전을 보장하기 위함이다.

60. 정답 : C
해설 : 질식 승객에게 복부 압박을 시행하기 전에 등을 두드려 기도를 막고 있는 이물질을 제거하려고 시도하는 것이 우선이다.

61. 정답 : B
해설 : 운항승무원이 건강 이상으로 업무를 수행할 수 없을 때, 객실승무원의 최우선 사항은 조종사를 조종 장치에서 분리하고 좌석을 뒤로 밀어 더 많은 공간을 확보하는 것이다. 이를 통해 조종사의 무게 때문에 조종 장치를 건드리지 않고 의료 지원을 제공할 수 있다.

62. 정답 : D
해설 : 전염성 질병의 징후와 증상으로는 38°C 이상의 열, 지속적인 기침, 호흡 장애 등이 있다. 두통은 전염성 질병의 주요 징후나 증상에 포함되지 않는다.

63. 정답 : B
해설 : 전염병 의심 증상이 나타난 승객을 가능한 한 분리된 공간으로 이동시켜 다른 승객과의 접촉을 최소화하고 감염 확산을 막는 것이 우선적으로 취해야 할 조치이다.

64. 정답 : C
해설 : IATA의 위험물 규정(DGR)은 항공사가 위험물을 안전하게 수송할 수 있도록 포괄적이고 정확한 지침을 제공한다.

65. 정답 : C
해설 : 폭발물은 등급 1에 해당하며, 자체적으로 우연히 점화될 수 있고 항공기를 파괴할 수 있는 장치에 사용된다.

66. 정답 : D
해설 : 부탄 가스 실린더는 항공기 내에서 허용되지 않는 위험물이다. 휴대용 호흡 장비, 산소 발생기, 리튬 배터리를 포함한 컴퓨터는 특정 조건 하에 항공기 내에서 예외적으로 허용된다.

67. 정답 : A
해설 : 등산객이 휴대할 수 있는 캠핑 가스 스토브는 열을 발생시킬 수 있어 기내 반입이 제한된다. 미용용품 사용자는 가연성 액체를 포함할 수 있고, 축제 여행자는 폭발성 물질을 포함한 축하용품을 휴대할 수 있으며, 필름 제작자는 리튬 배터리를 포함한 촬영 장비를 가지고 있을 수 있다.

68. 정답 : B
해설 : 객실승무원이 기내에서 위험물을 발견했을 때 취해야 할 첫 번째 조치는 운항승무원에게 알리는 것이다. 이를 통해 정확한 정보가 기장에게 전달되고, 적절한 대응이 이루어질 수 있다.

69. 정답 : D
해설 : 불법적인 간섭 행위는 주로 항공기, 공항 사무실, 항공기 격납고 등을 대상으로 발생하며, 항공기 청소 도구는 주요 대상이 아니다. 불법적인 간섭 행위는 명성을 얻기 위해 수행되며, 시설물 공격이나 사보타주 등이 포함된다.

70. 정답 : A
해설 : 도쿄 협약은 1963년에 발효된 국제 협약으로, 기장이 폭력적이거나 부주의한 승객에 대해 신체적 구속을 명령할 수 있도록 허용하며, 승무원이 다른 승객의 도움을 받아 납치범을 제압할 수 있는 권한을 부여한다.

71. 정답 : C
해설 : IATA(국제항공운송협회)의 위험물 규정(DGR, Dangerous Goods Regulations) 매뉴얼은 항공사가 위험물을 안전하게 운송할 수 있도록 돕기 위한 포괄적이고 정확한 지침서로, 모든 항공사가 준수해야 할 규정을 포함하고 있다.

72. 정답 : D
해설 : 객실승무원은 보안 절차의 일환으로 승객 수 확인, 항공기 보안 검사, 기내 공급품 허가 등의 업무를 수행해야 한다. 하지만 승객의 짐을 대신 꾸려주는 것은 객실승무원의 역할이 아니며, 오히려 보안상의 이유로 피해야 할 행동이다. 객실승무원은 자신의 가방 내용물을 정확히 알고 있어야 하고, 다른 사람의 짐이나 편지를 휴대하지 않아야 한다.

73. 정답 : D
해설 : 객실승무원이 소란 행위를 보고할 때는 관련된 승객 수, 행동 설명, 승무원의 조치, 승객의 이름과 좌석 번호를 포함한 정보를 제공해야 한다. 다른 승객의 개인정보는 포함되지 않는다.

74. 정답 : D
해설 : 테러리스트 조직은 주로 정치적 목적, 종교적 신념, 경제적 이득 등을 동기로 불법 간섭을 시도한다. 스포츠 이벤트 홍보는 테러리스트 조직의 주요 동기에 해당하지 않는다.

75. 정답 : B
해설 : 항공기 납치 상황에서 객실승무원은 승객을 진정시키고, 통로를 비워 구조 대원의 접근을 용이하게 해야 한다. 납치범과 적극적으로 대치하거나 요구를 무시하는 대신, 침착하게 움직이고 상황을 파악하여 기장 및 구조 대원에게 필요한 정보를 제공해야 한다.

76. 정답 : D
해설 : 폭탄 위협이 발생했을 때, 객실승무원은 의심스러운 장치를 발견하면 즉시 기장에게 보고하고, 장치를 안정적인 위치로 이동시키기 전에 안전 여부를 확인해야 한다. 승객을 한쪽 통로로 이동시키고 빈 좌석을 철저히 검색하는 것도 중요하다. 그러나 발견된 장치를 즉시 폐기하거나 무력화하는 것은 객실승무원이 할 수 있는 행동이 아니다. 이는 보안 전문가의 판단과 지시가 필요하다.

77. 정답 : C
해설 : 고객 서비스에서 중요한 대인 관계 기술에는 듣기, 커뮤니케이션, 공감, 보디랭귀지, 감정 관리 등이 포함된다. 판단은 기술적인 능력이지만, 대인 관계 기술로는 간주되지 않는다. 승무원은 판단력을 통해 문제를 해결할 수 있지만, 고객 서비스 측면에서는 다른 기술들이 더 중요하다.

78. 정답 : D
해설 : 특정 식사나 음료가 부족할 때는 제공할 수 없는 것에 초점을 맞추기보다 선택할 수 있는 대안을 제시하는 것이 중요하다. 따라서 D는 우수한 고객 서비스를 실천하기 위한 행동으로 적절하지 않다.

79. 정답 : B
해설 : 객실승무원은 승객의 요청에 방어적인 태도로 대응하지 말고 침착하고 정중하게 안전 규칙을 설명해야 한다. 방어적인 태도는 상황을 악화시킬 수 있다.

80. 정답 : C
해설 : 비행 공포증을 가진 승객을 돕기 위해 객실승무원이 취할 수 있는 적절한 조치는 승객이 불쾌한 상황 대신 다른 생각을 하도록 유도하고, 비행기의 안전성을 설명하며 안심시키고, 긍정적인 말을 하도록 격려하는 것이다. 승객에게 비행이 두려우면 다음 항공편을 예약하지 말라고 조언하는 것은 적절하지 않다.

81. 정답 : D
해설 : 항공사는 장애인 승객을 위해 탑승, 하기 및 연결에 대해 지원해야 하지만, 화장실 처리와 같은 광범위한 개인 서비스는 제공하지 않는다. 이는 항공사의 기본 책임이 아니며, 개인 서비스는 지원 범위에 포함되지 않는다.

82. 정답 : C
해설 :
- WCHC는 자력으로 이동할 수 없는 승객을 의미한다.
- DPNA는 지적 또는 발달 장애로 도움이 필요한 승객을 의미한다.
- LEGL은 왼쪽 다리에 깁스를 한 승객을 의미한다.
- OXYG는 비행 중 산소가 필요한 승객을 의미하며, 이 항목이 올바르게 짝지어졌다.

83. 정답 : B
해설 : 객실승무원은 장애인 승객의 필요를 가장 잘 판단할 수 있는 사람은 해당 승객 자신이라는 점을 기억하고, 승무원의 가정하에 결정을 내려서는 안 된다.

84. 정답 : D
해설 : 지적 및 정신적 장애가 있는 승객을 지원할 때는 승객이 응답하거나 질문하는 데 시간이 걸릴 수 있음을 고려해 인내심을 가지고, 응답할 때 집중해야 한다. 승객의 말을 자르는 것은 바람직하지 않다.

85. 정답 : D
해설 : UMNR은 에스코트 없이 항공기를 떠날 수 없다. 도착 시 아이를 만나는 사람은 신분증을 제시해야 하며, 운송 요청서에 기재된 사람이어야 한다.

86. 정답 : D
해설 : 조종실 문을 열려는 시도 또는 조종실에 침입하여 항공기를 장악하려는 시도는 기내 방해 행위의 4단계에 해당한다.

87. 정답 : D
해설 : 1단계 대응 방법으로는 승객의 문제를 해결하고, 경고를 통해 행동을 제지하며 객실 사무장에게 보고하는 것이 포함된다. 경찰에 인계하는 것은 더 높은 단계의 대응 방법이다.

88. 정답 : A
해설 : 승객에게 한 번에 두 가지 이상의 음료를 제공하는 것은 술을 더 많이 마시게 유도할 수 있으므로, 이는 중독을 예방하는 지침에 맞지 않는다. 다른 선택지들은 승객의 중독을 예방하기 위한 적절한 지침들이다.

89. 정답 : C
해설 : 트롤리는 음식과 음료를 저장하고 제공하는 주요 도구로, 통로에 맞게 설계되어 있으며 브레이크가 장착되어 있습니다.

90. 정답 : C
해설 : HNML (Hindu Meal)은 힌두교 식습관에 맞춘 식사로, 쇠고기, 송아지고기, 돼지고기를 제외하며 매운 카레 요리를 포함합니다.

91. 정답 : B
해설 : 음식을 다루는 동안에는 더러워진 도구와 깨끗한 도구를 분리 보관해야 하며, 교차 오염을 방지하기 위해 반드시 위생적인 상태를 유지해야 한다.

92. 정답 : C
해설 : 저비용항공사(LCC)에서는 간편하게 서비스할 수 있는 스낵, 따뜻한 음식, 차가운 식사, 뜨거운 식사 등을 제공하지만, 해산물 요리와 같은 고급 요리는 일반적으로 제공되지 않는다.

93. 정답 : C
해설 : 재활용 가능한 물품은 일반 쓰레기와 분리하여 처리해야 한다. 재활용 가능성을 높이기 위해 착륙 전에 재활용 물품을 분리하는 것이 중요하다.

94. 정답 : B
해설 : 승객이 기내식에 불만을 표시하면, 객실승무원은 상태를 확인하고 가능한 경우 대체 기내식을 제공해야 한다. 대체할 수 없는 경우에는 불만 사항을 기록하여 항공사에 보고해야 한다.

95.. 정답 : C
해설 : 성공적인 기내 판매를 위해 승객에게 판매를 강요하지 않고, 제품의 기능과 이점을 설명하며, 구매 신호를 관찰하고, 명확하고 간결한 공지를 통해 특별 판매 제품을 강조하는 것이 중요하다. 승객에게 판매를 강요하는 것은 효과적인 판매 전략이 아니다.

96. 정답 : B
해설 : 한 명당 평균 소비는 총 수익을 기내 고객 수로 나눈 값이다. 고객 보급률, 평균 거래 금액, 거래당 평균 제품 수는 다른 방식으로 계산된다.

97. 정답 : C
해설 : 객실승무원은 피로를 관리하기 위해 개인 생활과 업무 균형을 맞추고, 가족에게 휴식의 필요성을 알리는 것이 중요하다. 이는 업무의 성과와 개인의 건강을 유지하는 데 도움이 된다.

98. 정답 : D
해설 : 객실승무원은 업무 중과 업무 시작 8시간 전에는 알코올을 섭취할 수 없으며, 업무 시작 시 혈중알코올농도가 리터당 0.2mL 또는 0.007oz를 초과해서는 안 된다.

99. 정답 : C
해설 : 장기간의 스트레스는 체지방 증가와 인슐린 저항성 증가 등의 신진대사 문제를 일으킬 수 있다. 체지방 감소와 인슐린 민감성 증가는 스트레스로 인한 증상이 아니다.

100. 정답 : B
해설 : 스트레스 관리 방법 중 알코올, 담배, 카페인 등의 의존성 물질 사용은 피해야 한다. 나머지 방법들은 스트레스 관리에 도움이 된다.

IATA 국제(글로벌)자격증 시험문제와 정답*

* 본 자격증 시험문제는 IATA(캐나다 몬트리올, 온라인 시험, 년 6회)에서 진행하는 Airline Crew Training 국제(글로벌) 자격증의 영어 기출문제입니다. 100문제를 3시간 동안 풀며, 60점 이상 득점하면 IATA로부터 자격증을 받을 수 있습니다.

1. 1. When did airlines introduce more than one class of travel?

- A. 1952 - B. 1962
- C. 1972 - D. 1982

2. Which department is responsible for the catering, cleaning, and entertainment on board an aircraft?

- A. Airport Ramp Services - B. Cabin Crew Management
- C. Inflight Services - D. Crewing/operations

3. Which of the following is NOT one of the primary responsibilities of the cabin crew?

- A. Serving passengers food and beverages
- B. Teaching passengers safety procedures
- C. Maintaining safe conditions in the airplane cabin
- D. Assisting passengers during emergency situations

4. A test flight is:

- A. A flight that is conducted without passengers on board
- B. A flight that is conducted for training purposes
- C. Made for observing the performance and characteristics of a new aircraft
- D. Conducted due to operational reasons

5. What is a familiarization flight?

- A. A flight that is conducted with a minimum crew complement
- B. A flight that is conducted in close supervision of a senior crew member
- C. A flight that is conducted with a flight engineer on board
- D. A flight that is conducted under the supervision of a cabin crew instructor

6. Which of the following is a membership organization that aims to streamline airline processes?

- A. National Aviation Authority
- B. National Air Transport Association
- C. International Civil Aviation Organization
- D. International Air Transport Association

7. Who is responsible to comply with flight duty time limitations?

- A. The air crew and the pilot in command
- B. The operator and the Operations Control Center (OCC)
- C. The European Aviation Safety Agency (EASA)
- D. Joint responsibility of the certificate holder and each air crew member

8. Within an airline, who has the overall responsibility for all aspects of safe operations of the aircraft?

- A. Director of Flight Operations
- B. Head of Flight Operations/Chief Pilot
- C. Head of Inflight Services
- D. Head of Operations Control

9. Regulations require that once staff are qualified as cabin crew they will need to receive further training:

- A. Prior to every shift
- B. Once every month
- C. Once every year and every three years
- D. Whenever their supervisor determines it is necessary

10. If national aviation authority inspectors noticed that a member of the cabin crew was NOT following the procedures as set out in the airline' s Operations Manual, what would they do?

- A. Notify the senior cabin crew member
- B. Issue a finding of non-compliance
- C. Speak to the crew member in question
- D. Make an entry in the cabin log

11. What was the most important way in which the introduction of the Boeing 247 improved the customer experience?

- A. It had fully reclining seats
- B. It offered in-flight entertainment and refreshments
- C. It allowed customers to take checked baggage over 5 kilograms
- D. It provided a thermostatically-controlled and sound-proof cabin

12. Which of the following items are NOT suitable to pack in your carry-on luggage?

- A. A toothbrush
- B. A full 3 oz (100mL) bottle of shampoo
- C. A 6 oz (200mL) bottle of shampoo with only 1.5 oz (50mL) remaining
- D. Any toiletries not in clear containers

13. The period of time between an aircraft arriving and departing again is known as:

- A. Ground control
- B. Disembarking
- C. Turnaround
- D. Gap

14. A permanent interior partition in a cabin is called a:

- A. Zone
- B. Curtain
- C. Bulkhead
- D. Cabin divider

15. What must occur for an aircraft to become airborne?

- A. The plane must be moving forward faster than the downward force of gravity
- B. The wing must create a lifting force greater than the downward force of gravity
- C. The force of the engines must be less than the drag on the aircraft
- D. The aircraft must reach a speed of 100 km per hour

16. Which type of code is BA an example of?

- A. Airport
- B. Flight
- C. Airline
- D. Ticket

17. What components make up a flight number?

- A. The time, date, and destination of the flight
- B. The number the airline assigned the flight plus the passenger' s seat number
- C. The three-digit code for the airport from which the flight departs plus the airline' s two or three digit code
- D. The airline' s two or three digit code, plus the number the airline assigned the flight

18. Where is the flight check-in point placed?

- A. Airside
- B. Landside
- C. Baggage claim
- D. Arrivals Hall

19. What aircraft boarding option is generally preferred?

- A. Open
- B. Transfer vehicle
- C. Passenger jet bridge
- D. Walking from the exit door to aircraft

20. When a plane begins to gain altitude, which of the following are passengers likely to feel?

- A. Nausea
- B. Shortness of breath
- C. Dizziness
- D. Pressure in their ears

21. What would the pilot do to make an aircraft descend?

- A. Decrease the speed slightly
- B. Apply the brakes
- C. Point the nose of the plane towards the ground
- D. Decrease lift on one of the wings

22. Where in the airport would you be most likely to find railway tickets, or coach and bus travel information?

- A. Departure gate
- B. Commercial Facilities (Airside)
- C. Baggage reclaim hall
- D. Arrivals hall

23. When boarding is complete, before the doors are closed which is NOT one of the cabin crew members' duties?

- A. Inspect the cabin to ensure that lavatories are unoccupied and locked
- B. Confirm that all compartments, closets and overhead bins are closed
- C. Confirm that all passengers are seated with seat belts fastened
- D. Confirm that cabin crew members are seated

24. Which of the following is NOT the aim of the CRM course?

- A. Taking into account human factors and their impact on the error chain
- B. Identify customer service inefficiencies and suggest mitigation methods
- C. Taking into account the ability to communicate effectively
- D. To focus on teamwork and handling of information and resources

25. A passenger appears to be getting agitated on the flight. What should a cabin crew do when serving him?

- A. Be empathetic to the passenger and realize that traveling can be stressful
- B. Tell him to relax and ask him not to disturb any of the other passengers
- C. Stand next to him with arms crossed to express authority and strength
- D. Offer to bring him an alcoholic drink to calm him down

26. During the boarding process, a woman traveling with her 18-month-old child sits down in an exit row. As a crew member, what would you do?

- A. Allow them to sit there
- B. Find another seat for them, and help them to move
- C. Ask her to sit nearest the emergency exit so that they could get out of the way in the event of an emergency
- D. Make sure there is another able-bodied adult seated in the row as well

27. Who prepares customs paperwork and summarizes any irregularities or special situations that may have occurred during the flight?

- A. The captain
- B. A cabin crew member
- C. The first officer
- D. The senior cabin crew member

28. A joint pre-flight briefing is an example of:

- A. Meeting involving cabin crew serving First, Business and Economy class passengers
- B. Meeting involving both the captain and first officer
- C. Method to improve communication between the cabin and flight crew
- D. Time when crew members can pick up their mail

29. Cabin crew can work to build rapport with the flight crew:

- A. By respecting their seniority
- B. Using the interphone to chat with them throughout the flight
- C. By limiting their contact with the flight crew so as not to annoy them
- D. When they deliver food or drinks to the flight crew

30. What is NOT part of cabin crew pre-flight check?

- A. Safety equipment
- B. Aircraft exterior
- C. Toilets, including all cupboards and waste bins
- D. Passenger cabin seating areas and overhead lockers

31. Which is NOT part of the 5 key points when dealing with cultural conflicts?

- A. Never stereotype
- B. Most conflicts are caused by misunderstandings
- C. Remember that crew members have authority over passengers
- D. Emphasize the commonalities instead of the differences

32. What is the objective of the crew briefing?

- A. It establishes the basis for communication
- B. It sets the tone for how everyone will work together
- C. It ensures a safe and pleasant flight by reviewing information
- D. All of the above

33. Cultural value systems help us decide which behavior is acceptable and which is not. When there are different perceptions of acceptable behavior:

- A. Unacceptable behavior must be reported to the supervisor
- B. We should walk away to defuse the situation
- C. A cultural conflict may start
- D. We should call a senior staff member

34. According to the principles of Crew Resource Management (CRM), what should a crew member do if his/her colleague is NOT there to do a job, such as arming the doors?

- A. Do the job and then notify the colleague
- B. Wait for the colleague to return and do the job
- C. Report the colleague to the Senior Crew Member
- D. Do nothing as this job is the colleague' s responsibility

35. In case of decompression when should cabin crew remove their oxygen masks?

- A. Once the aircraft reaches an altitude where the human body can breathe normally
- B. When the oxygen generator stops providing oxygen
- C. After flight crew command
- D. During emergency descent

36. When an emergency landing is about to occur, which command will the flight crew make?

- A. Prepare
- B. Sit
- C. Brace
- D. Hold

37. During the boarding of a sold-out flight a cabin crew member notices that a passenger has two suitcases with him, which exceeds the allowance for carry-on baggage. What should the cabin crew member do?

- A. Ask the passenger to disembark
- B. Offer to stow one suitcase in the galley
- C. Have the excess bag moved to the hold
- D. Determine if another passenger can stow one of the bags

38. When fighting an electrical fire, what is the first thing cabin crew should do?

- A. Put water on the fire
- B. Turn off the power supply
- C. Use a Halon/BCF fire extinguisher
- D. Isolate the device

39. What are jetstreams?

- A. Air disturbances caused by other airliners
- B. Typical winds close to the earth' s surface
- C. Storms common at certain times of year in tropical areas
- D. Wind patterns caused by the earth' s rotation and heat

40. The Biohazard Kit and Universal Precaution Equipment is used for:

- A. Safe disposal of body fluids and dirty equipment, as well as providing protection for the cabin crew or medical volunteers
- B. Serious first aid emergencies and contains bandages and other equipment to be used following an evacuation or serious incident
- C. Serious first aid emergencies and contains restricted drugs for a doctor or other suitably qualified medical practitioner to use when dealing with a serious medical emergency
- D. All of the above

41. During turbulence, when is it appropriate for cabin crew to stop the in-flight service and sit down?

- A. When the captain instructs them to
- B. When passengers begin to spill drinks
- C. When instructed or when they feel it is dangerous to continue
- D. Whenever passengers are advised to keep their seatbelts fastened

42. If there is smoke in the cabin after a fire, what should cabin crew provide to the passengers?

- A. Portable breathing equipment
- B. Oxygen masks
- C. Wet towels
- D. Smoke hoods

43. Which of the following is NOT part of the 30-second silent review?

- A. Alertness to any unusual sights or sounds
- B. Counting the number of cabin crew members
- C. Reviewing evacuation and emergency procedures
- D. Identifying passengers requiring additional assistance

44. What is TRUE about the Crowd Control procedure?

- A. Cabin crew's actions and commands that will influence the performance of the passengers during an evacuation
- B. The procedure to be followed in case of disruptive passenger behavior
- C. The procedure to be followed in case of pilot incapacitation
- D. Cabin crew's actions and commands that will influence the performance of the passengers during severe air turbulence

45. Which of the following is NOT typically included in the evacuation equipment?

- A. Flashlights
- B. Megaphone
- C. Fire extinguishers
- D. Emergency Location Transmitters (ELT)

46. Which types of people would be ideal ABPs?

- A. Tall and muscular passengers who have been briefed by the pilot in command
- B. Deadhead crew or members of crew who travel off duty
- C. Physically and mentally fit adults aged 16 or over who have had some experience dealing with emergency situations
- D. Passengers traveling with their families

47. Obvious incapacitation is:

- A. A total functional failure and loss of capabilities
- B. A total loss of state of mind
- C. A crew member's cardiac arrest
- D. A partial functional failure and loss of capabilities

48. What is the purpose of cardiac defibrillators known as Automated External Defibrillators (AED)?

- A. Provide oxygen through a respirator
- B. Inject people with a dose of adrenaline
- C. Provide life support until a passenger can be transported to a hospital
- D. Detect the heart rhythm and administer a shock if needed

49. If someone becomes ill on board and has influenza-like signs and symptoms, what should the cabin crew do?

- A. Leave them alone to rest
- B. Try to isolate them from the rest of the passengers
- C. Provide surgical masks to the people sitting around the passenger
- D. Begin disinfecting the entire plane

50. During a flight, one of the passengers experiences a medical emergency. What should the cabin crew do?

- A. Try to make the passenger comfortable as they are not trained medical professionals
- B. Find out if there is a doctor on board, but not take any action themselves
- C. Follow the procedures set out by the airline
- D. Diagnose the issue and determine what type of medication will help the patient

51. Who is authorized to use the Emergency Medical Kit (EMK) on board an aircraft?

- A. Anyone treating an injured passenger
- B. Medically trained personnel
- C. A doctor or the captain
- D. Doctors

52. In first aid procedure "Check, Call, and Care" what is the meaning of "check" ?

- A. To notify the captain
- B. To diagnose the person's condition
- C. To identify any medical personnel on board
- D. To gather information from the patient

53. What is flight crew member incapacitation?

- A. When a crew member loses consciousness for 2 minutes or more
- B. When a crew member is incapable of performing their duties due to a health condition
- C. When a crew member feels sick due to transmittable diseases
- D. When the mental health of a crew member is affected

54. If a passenger collapses and is NOT able to respond, what should cabin crew do immediately?

- A. Start CPR
- B. Check the person's pulse
- C. Raise the person's legs
- D. Fetch the Emergency Medical Kit

55. Which of the following is NOT standard procedure when a cabin crew member becomes incapacitated during a flight?

- A. The remaining cabin crew may need to adapt their procedures
- B. Cabin crew may need to leave a door unattended during landing
- C. A written report must be provided to the national aviation authority
- D. Depending on the injury, cabin crew would not receive the same medical attention as a passenger

56. Which of the following are symptoms of an angina attack?

- A. Nausea and confusion
- B. Diarrhea and vomiting
- C. Fever, coughing, and nausea
- D. Irregular heartbeat, chest pain, difficulty breathing

57. The cabin crew has located a chemical spill. What should they NOT do when cleaning up the spill?

- A. Use water
- B. Use a mop
- C. Cover the spill
- D. Place contaminated objects in polythene bags

58. Following an incident involving dangerous goods, what report must the cabin crew complete?

- A. Class 1 Report
- B. Air Safety Report
- C. Maintenance Safety Report
- D. Dangerous Goods Checklist

59. Which of the following statements about gas containers is FALSE?

- A. Many gases are flammable
- B. A container that is damaged or dropped could explode
- C. When the pressurization changes, the container could leak gas into the cabin
- D. Only containers that hold dangerous gases pose a threat onboard an aircraft

60. What is the shape of hazard labels?

- A. Circle
- B. Rectangle
- C. Diamond
- D. Inverted triangle

61. Which of the following items are passengers NOT permitted to carry on board?

- A. Aerosol containers
- B. Fireworks
- C. Perfume
- D. Clinical thermometer containing mercury

62. If passengers want to carry spare batteries for their cameras or laptop computers, what must occur?

- A. Receive approval from the airline
- B. Inform the captain of their location
- C. Pack them in the carry-on baggage
- D. Pack them in the checked baggage

63. Which organization is responsible for the international standards for handling dangerous goods?

- A. United Nations
- B. National Aviation Authority
- C. International Civil Aviation Organization (ICAO)
- D. International Air Transport Association (IATA)

64. What Dangerous Good may be part of a motorized mobility device?

- A. Butane
- B. Fuel cells
- C. Flammable gases
- D. Lithium or lithium-ion battery

65. To which class of Dangerous Goods does a used hypodermic needle belong?

- A. Class 3
- B. Class 6
- C. Class 9
- D. None, as it is not considered a dangerous good

66. Cabin crew are an important element of the transportation chain because:

- A. They oversee the passengers and their luggage in the cabin
- B. They are specially trained
- C. They are the last line of defense
- D. All of the above

67. When moving an explosive device to the Least Risk Bomb Location (LRBL), which step is NOT part of the process?

- A. Keeping the device at the same angle as it was found
- B. Placing the device on a platform near an exit door
- C. Disarming the door nearest the LRBL
- D. Placing a heavy box over the device

68. The Hague Convention on the Suppression of Unlawful Seizure of Aircraft defines:

- A. When it is acceptable to restrain a passenger
- B. When it is appropriate for a country' s military to take down an aircraft
- C. Hijacking and suggested government responses
- D. Best practices for complying with international Aviation Security Regulations

69. If cabin crew are approached by an inspector about security measures and activities, what is the first thing they should do?

- A. Inform the captain
- B. Check the inspector' s credentials
- C. Answer the inspector' s questions
- D. Notify the senior cabin crew member

70. During a flight, a passenger has become very disruptive and threatened to hurt the other passengers and crew members. The crew informed the captain, who has given permission for the passenger to be restrained. After being given a Stage Two warning, the disruptive passenger calms down. Which of the following statements about this situation is FALSE?

- A. The captain may still inform law enforcement about the passenger' s behavior
- B. All witnesses should be prepared to provide statements about what they observed
- C. The crew will continue to monitor the passenger and restrain if necessary
- D. Authorities will not charge people who have not carried out their threats

71. How are traveler details such as identity and passport information used by the Advance Passenger Information System?

- A. To pre-screen passengers
- B. To allocate seats based on certain preferences
- C. To identify passengers who don' t require screening
- D. To have a complete list of all passengers in the event of an accident

72. Which of the following recent advances in aviation security remains controversial and considered as an intrusion?

- A. Biometric passports
- B. Iris scanning
- C. Fingerprinting
- D. Advanced Imaging Technology

73. Advanced Imaging Technology is used to scan:

- A. Checked baggage
- B. Passengers
- C. Carry-on baggage
- D. The aircraft

74. One example of airport security is:

- A. Surveillance and fencing
- B. Security equipment
- C. Staff screening
- D. Profiling

75. The Tokyo Convention applies only to:

- A. IATA members
- B. ICAO members
- C. International flights
- D. Domestic flights in Japan

76. The rules regarding serving alcohol on board an aircraft are determined by the:

- A. Country of airline registration
- B. Country of departure
- C. Destination country
- D. International regulations

77. Assistance animals for passengers with additional needs must be transported:

- A. In the hold
- B. In the cabin
- C. In the cabin wearing a muzzle
- D. In the cabin inside a travel carrier

78. When communicating with passengers during normal in-flight activities, it is important that cabin crew:

- A. Express a sense of authority and power
- B. Treat everyone exactly the same, regardless of age or ethnicity
- C. Modify their communication to suit the individual passenger
- D. Do not deviate from the procedures established in airline training manuals

79. Which of the following is NOT one of the effects of the "fight or flight" response?

- A. Irritability
- B. Mental clarity
- C. Agitation
- D. Increased adrenaline levels

80. During the preparation for landing one passenger has NOT stowed his carry-on baggage appropriately. What should the cabin crew member say to the passenger?

- A. May I assist you by putting that in the overhead compartment?
- B. You have to put that away now.
- C. Having a bag on the seat like that is against the rules.
- D. You must put that bag under the seat in front of you, or in the overhead compartment.

81. Which of the following procedures do NOT apply to Unaccompanied Minors (UMNR)?

- A. Deplane with a cabin crew member
- B. Attended by the senior cabin crew member
- C. Sit where visible by the cabin crew
- D. Released to specified person on arrival

82. If a cabin crew member notices that a passenger is already intoxicated during boarding, what should he/she do?

- A. Inform the captain
- B. Inform the senior cabin crew member
- C. Ask the passenger to disembark
- D. Contact the ground staff

83. An attempt to open the flight deck door is considered to be which level of disruptive behavior?

- A. Level 1
- B. Level 2
- C. Level 3
- D. Level 4

84. A passenger who requires assistance with eating or visiting the lavatory will usually:

- A. Be traveling with an escort
- B. Require medical clearance to travel
- C. Be assigned a specific cabin crew member
- D. Ask a cabin crew member of the same gender for assistance

85. Following the announcement regarding turning off mobile devices, one passenger is still talking on her cell phone. What should the cabin crew member say to her?

- A. Are you aware that you are no longer permitted to use your phone?
- B. By talking on your phone you are endangering everyone on board.
- C. We have already made the announcement regarding cell phones. Please turn it off immediately.
- D. I understand this may be an important call but it would be best if you end it shortly as cell phones should be turned off at this time.

86. A passenger has been caught smoking in the lavatory. What should the cabin crew member do first?

- A. Warn the passenger that it is forbidden to smoke on board
- B. Notify the captain so that he/she can reprimand the passenger
- C. Use service-oriented language to request that the passenger stop smoking
- D. Inform the senior cabin crew member so that he/she can call the appropriate authorities at the destination to arrest the passenger

87. An intoxicated passenger orders a double drink. What should the cabin crew member do?

- A. Refuse to serve the customer
- B. Serve the customer, but dilute the drink with ice
- C. Mix the drink by pouring in the alcohol shots last
- D. Politely explain why the customer cannot be served

88. Which of the following is an example of typical food offering on a short flight operated by a Low-Cost Airline?

- A. Pizza
- B. Wok-fried beef
- C. Roasted chicken
- D. Braised lamb shank

89. Which of the following is NOT a factor taken into account when designing the menu for a particular flight?

- A. The season of the year
- B. The length of the flight
- C. The time of the day of the flight
- D. The number of cabin crew on board

90. What type of plates and silverware is more appropriate to use in the cabin' s business class?

- A. Cardboard
- B. Plastic
- C. Paper
- D. China

91. Which of the following can be an early symptom of a food-borne illness?

- A. Severe coughing
- B. Abdominal cramps
- C. High blood pressure
- D. Loss of consciousness

92. Which of the following should NOT be in a Hindu meal?

- A. Beef
- B. Pork
- C. Fish
- D. Milk

93. What should cabin crew do while catering loading onto the aircraft procedure is in progress?

- A. Verify that the food is properly sealed
- B. Stay out of the galleys during catering loading in order to prevent from injuring themselves
- C. Distribute the containers according to the loading plan
- D. Verify the correct amount of food and drinks are loaded

94. What kind of meal service is more likely to be offered on a 40-minute flight?

- A. Hand-held hot item
- B. Hot meal with tea or coffee
- C. Hot meal with salad and beverages
- D. Two full meals

95. With respect to drinks, the best practice for cabin crew during the flight is to:

- A. Drink plenty of water to avoid dehydration
- B. Drink plenty of coffee as it helps keep the mind alert
- C. Drink fizzy (soft) drinks as they quench the thirst better
- D. Avoid drinking too much liquid as there is little time to use the bathroom

96. The most common customer complaint regarding food served during the flight is that food is:

- A. Tasteless
- B. Served on plastic trays
- C. Served too late after take-off
- D. Too cold by the time it is served

97. On long flights, the flight crew is required to eat their meals:

- A. In the galleys
- B. On the flight deck
- C. In the crew rest area
- D. In the business class cabin

98. What should a cabin crew do if a passenger returns a meal that is uneaten?

- A. Ignore the fact and offer dessert
- B. Apologize and offer a free drink
- C. Find out the reason why the food is uneaten
- D. Report the case to the senior cabin crew member

99. How are cabin crew expected to maintain a certain level of competency with regards to physical, mental, and emotional capability?

- A. Keeping Fit and Managing Fatigue
- B. Avoiding Drugs, Alcohol and Psychoactive Substances
- C. Managing Stress
- D. All of the above

100. The general requirement is that cabin crew should NOT consume alcohol within _ hours prior to starting a duty.

- A. Four
- B. Six
- C. Eight
- D. Ten

| 정답 |

1.	C	21.	C	41.	C	61.	B	81.	D
2.	C	22.	D	42.	C	62.	C	82.	B
3.	A	23.	A	43.	B	63.	C	83.	C
4.	C	24.	B	44.	A	64.	D	84.	A
5.	B	25.	A	45.	D	65.	B	85.	C
6.	D	26.	B	46.	C	66.	D	86.	C
7.	D	27.	D	47.	A	67.	D	87.	D
8.	B	28.	C	48.	D	68.	C	88.	A
9.	C	29.	D	49.	B	69.	B	89.	D
10.	B	30.	B	50.	C	70.	D	90.	D
11.	D	31.	C	51.	C	71.	A	91.	B
12.	D	32.	D	52.	B	72.	D	92.	A
13.	C	33.	C	53.	B	73.	B	93.	B
14.	C	34.	A	54.	A	74.	A	94.	A
15.	B	35.	A	55.	D	75.	C	95.	A
16.	C	36.	C	56.	D	76.	A	96.	D
17.	D	37.	C	57.	A	77.	B	97.	B
18.	B	38.	B	58.	D	78.	C	98.	C
19.	C	39.	D	59.	D	79.	B	99.	D
20.	D	40.	A	60.	C	80.	A	100.	C

Global • • • • •
Airline Cabin Service

저/자/약/력(가나다 순)

김미영 현) 중부대학교 항공서비스학전공 교수
한국관광연구학회 영문저널 부편집위원장
전) 대한항공 부사무장
춘천 MBC 리포터
한국생산성본부 SMAT(서비스경영능력)전문강사

서효원 현) 서원대학교 항공관광학과 교수
전) 중국동방항공 상위클래스 객실승무원 / 인사팀 팀장
아시아나항공 객실승무원

손태복 현) 부천대학교 항공서비스과 학과장
한국항공운항학회 부회장
대한항공 객실사무장
한국항공대학교 경영학박사

신경희 현) 한양여자대학교 항공과 교수
전) 세명대 항공서비스학과 교수
세한대 항공서비스학과 교수
아시아나 객실승무원
동방항공 객실승무원

유정선 현) 호서대학교 항공서비스학과 부교수

이은희 현) 세한대학교 항공서비스학과 학과장
전) 한국영상대학교 항공서비스경영과 교수
한국형 피로위험관리 시스템 기반 구축연구원 (국토교통부)
대한항공 객실승무원(2002년~2012년)

이지윤 현) 한남대학교 호텔항공경영학과 조교수
P&GBA(People and Global Business Association) 국제학술위원
한국호텔외식관광경영학회 상임이사
전) 우석대학교 항공관광학과 겸임교수
대한항공 객실승무원 부사무장

전진명 현) 광주대학교 문화산업대학 항공서비스학과 교수
전) 아시아나항공 캐빈서비스팀 사무장
아시아나항공 캐빈훈련팀 서비스교관
아시아나항공 캐빈훈련팀 프리미엄클라스교관

정희경 현) 신라대학교 항공서비스학과 학과장
신공항교수회 공동대표, (사)한국관광레저학회 사무국장,
(사)한국마이스관광학회 학계이사, (사)한국호텔외식관광경영학회 편집위원
전) 에어부산 캐빈서비스팀 그룹장, 캐빈매니저, 신입승무원 교육총괄
창신대학교 항공서비스학과 학과장 역임
창원시 관광진흥위원회 위원, (사)대한관광경영학회 편집위원

최수형 현) 재능대학교 항공서비스과 교수
전) 아시아나항공 국제선 승무원/객실사무장(1997. 2~2020. 2)
아시아나항공 신입승무원 & 프리미엄클래스 교관
아시아나항공 승무원체험과정 교관 / 서비스컨설팅 강사

한서윤 현) 오산대학교 항공서비스과 교수
전) 대한항공 국제선 객실승무원 사무장
연성대학교 항공서비스과 교수

글로벌 항공객실업무론

초판 1쇄 발행 2024년 8월 30일

저자 | 김미영·서효원·손태복·신경희·유정선·이은희
이지윤·전진명·정희경·최수형·한서윤
펴낸이 | 김주래
펴낸곳 | 두루 출판사

등록 | 396-95-02021
주소 | 서울시 용산구 효창원로 17
전화 | 010-8767-4253
전자우편 | kjla12@naver.com

ISBN 979-11-987424-1-4
정가 28,000 원